Brigitte Küster

Von empfindsam bis hochsensibel

Brigitte Küster

Von empfindsam bis hochsensibel

Kraft entwickeln aus ungenutztem Potenzial

Kösel

MIX
Papier aus verantwortungsvollen Quellen
FSC® C014496

Penguin Random House Verlagsgruppe FSC® N001967

Umschlag: Weiss Werkstatt München
Umschlagmotiv: © plainpicture / Frank Baquet
Druck und Bindung: GGP Media GmbH, Pößneck
Printed in Germany
ISBN 978-3-466-34730-8
www.koesel.de

Dieses Buch ist auch als E-Book erhältlich.

Inhaltsverzeichnis

Teil II: Gibt es »die« Hochsensiblen?

Teil III: Was stärkt, was schwächt?

Dank

Zuallererst möchte ich Ulrike Hensel danken, ohne die dieses Buch nicht erschienen wäre. Sie ist eine wundervolle und großzügige Kollegin, deren Meinung ich sehr schätze.

Es ist mir ein großes Bedürfnis, Urs Honauer für seine Begleitung zu danken. Sein Glaube an mein Potenzial war unerschütterlich, gerade in den Momenten, in denen ich alles andere als überzeugt davon war. Seine Begabungen haben meine gefördert. Dafür werde ich ihm immer dankbar sein. Weiterhin danke ich Ingrid Parlow für ihre stete Bereitschaft, sich mit mir und meinen komplexen Gedanken auseinanderzusetzen, und ich schätze ihre Sorgfältigkeit, ihre Differenziertheit und ihr offenes Ohr für meine Fragen. Ein großer Dank gebührt den Mitarbeitern und Mitarbeiterinnen des Kösel-Verlages, allen voran Sandra Czech und Vera Baschlakov, die kompetent, strukturiert und wohlwollend den Entstehungsprozess dieses Buches begleitet haben. Letztlich erlebe ich, dass meine Bücher nicht denkbar wären ohne die vielen Menschen, die mit ihrer Sensibilität ringen und deren Begleitung mich ehrfürchtig gemacht hat. Sie haben mich gelehrt, nicht aufzugeben, das Potenzial in Kleinigkeiten zu sehen und immer, immer an die Kraft zu glauben, die in jedem Menschen steckt.

Worum es geht

Was wäre, wenn eine hohe Empfindsamkeit als eine natürliche Spielart des Lebens angesehen würde? Wenn grundsätzlich angenommen würde, dass jeder Wesenszug ein Potenzial in sich trüge, das es zu entdecken gilt? Was wäre, wenn wir einfach einmal annehmen würden, dass jede Veranlagung ihren Sinn hätte und jeder Einzelne einfach so sein könnte, wie er oder sie ist, ohne sich dafür zu schämen oder von anderen abgewertet zu werden? Wenn auch Entscheidungsträger in Politik und Wirtschaft der Sensibilität Beachtung schenkten und ihr einen angemessenen Platz einräumten? Das klingt zu schön, um wahr zu sein. Sensibilität als Charakterstärke? Jemand, der über ein hohes Maß an Sensibilität verfügt, wird im mitteleuropäischen Raum als wenig belastbar, als nervös bis labil angesehen, als seien Energie und Sensibilität unvereinbar. Wenn Sie die Literatur zum Thema Sensibilität betrachten, fällt Ihnen bestimmt auf, dass die meisten Bücher dieses Phänomen als Stärke deklarieren. Wie kommt es dann, dass viele empfindsame Menschen ihre Veranlagung als Schwäche und Mangel wahrnehmen? Wie ist es möglich, aufgrund hoher Empfindsamkeit sich in einem Zustand immerwährender Vorsicht und Reaktivität zu bewegen? Könnte es nicht auch möglich sein, dass direkt neben diesem Erleben auch ein anderes denkbar wäre? Ein Erleben, das sich auf die positiven Aspekte der Sensibilität fokussiert und eine gesunde Neugier daran hat, dieses Persönlichkeitsmerkmal zu entwickeln?

Und wie verhält es sich mit der Potenzialentfaltung? Dieser Begriff wird in unserer Zeit fast schon inflationär gebraucht. Der gängigen Meinung zufolge besitzt jeder Mensch Potenzial und damit auch die Verpflichtung, etwas daraus zu machen. Selbstoptimierung, Selbstmanagement, Selbstheilung und Selbstcoaching sind zu Schlagwörtern geworden, die eine Art Machbarkeitswahn suggerieren, man müsse sich nur genug anstrengen, um das Optimum aus sich herauszuholen. Selbstverständlich kann jeder Mensch sehr viel dazu beitragen, ein erfülltes Leben zu leben. Zu den Erkenntnissen eines reifen Erwachsenenlebens gehört jedoch auch, dass eben nicht alles in der eigenen Hand liegt und zahlreiche äußere Faktoren unser Leben beeinflussen. Mitunter ist man auf Unterstützung anderer angewiesen.

Vielleicht erleben Sie sich ja gerade als geschwächt. Möglicherweise haben Sie den Eindruck, dass die ganze Welt gegen Sie ist und es Ihnen besser gehen würde, wenn die anderen mehr Rücksicht auf Sie nähmen. Von Alexandra David-Néel, der berühmten französischen Reiseschriftstellerin und Tibetforscherin, stammt die Einsicht, dass man sich selbst sein eigenes Licht und seine eigene Zuflucht sein sollte.[1] Ich möchte Sie gerne auf diesem Weg zu sich selbst begleiten, wohl wissend, dass dieser Weg länger oder kürzer, steiniger oder sandiger, unebener oder gerader verlaufen kann.

Es wird leicht übersehen, dass ein Potenzial nicht nur positive Möglichkeiten umfassen, sondern auch destruktive und dunkle Seiten beinhalten kann. Potenzial zu haben bedeutet, beide Richtungen einschlagen zu können, und oft entspringen beide Möglichkeiten derselben Quelle. Ein Potenzial zu haben heißt nicht automatisch, es ausleben zu können. Ist die Entfaltung eines Sensibilitätspotenzials überhaupt möglich? Wenn ja, was ist dazu nötig, und wenn nein, welche Mechanismen verhindern es?

Ich möchte in diesem Buch versuchen, mit Ihnen darüber nachzudenken, wie eine hohe Sensibilität wirklich zur Kraft werden kann und wie es gelingt, das positive Potenzial auszuloten und zur Entfaltung zu bringen. Dieses Buch ist das Ergebnis meiner langjährigen Praxiserfahrung sowie meiner eigenen persönlichen Entwicklung von einem schüchternen und linkischen, sehr sensiblen kleinen Mädchen über einige Irrungen und Wirrungen zu einer Mutter, psychologischen Beraterin und Autorin. Sollte Ihr Leben auch nur ansatzweise dem meinen gleichen, dann haben Sie wahrscheinlich auch schon oft darüber nachgedacht, wieso es so verlaufen ist, wie Sie es erinnern. Vielleicht fragen Sie sich auch, was Ihre erhöhte Sensibilität mit Ihrem Lebensverlauf zu tun hat. Möglicherweise machen Sie Ihre Veranlagung für ungünstige Entscheidungen oder Wendungen verantwortlich, die Ihr Leben negativ beeinflusst haben. Oder aber Sie sind stolz auf das, was Sie erreicht haben, trotz oder gerade wegen Ihrer Sensibilität.

Vielleicht haben Sie in Ihrer Kindheit eine ähnliche Erfahrung gemacht wie ich. Ich sitze mit zwei Mädchen aus der Nachbarschaft auf den sonnenwarmen Stufen meines Elternhauses. Wir überlegen uns, wie wir den Nachmittag verbringen wollen. Schließlich schlägt eines der Mädchen vor, zu ihm nach Hause zu gehen, und dann passiert es. Mit einem Seitenblick auf mich behauptet es, aber nur ein Mädchen mit nach Hause bringen zu dürfen, mehr erlaube seine Mutter nicht. In diesem Moment wurde mir zweierlei klar. Erstens wusste ich, dass die Entscheidung schon gefallen war. Und zweitens, dass ich keine Chance hatte, daran etwas zu ändern. Sie wollten mich loswerden. Ich kann noch heute spüren, wie ich innerlich förmlich zusammensackte. In Sekundenbruchteilen nahm ich jedoch Verschiedenes gleichzeitig wahr: Ich bemerkte die Lüge, sah die verstohlenen Blicke der Mädchen, hörte den falschen Unterton in der Behauptung des einen, fühlte mich einsam und ausgeschlossen und sagte und tat – nichts. Ich war vier Jahre alt.

Als ich dreißig Jahre später selbst eine kleine Tochter hatte, war ich stets darum besorgt, dass sie Freundinnen hatte und sich nicht ausgeschlossen fühlte (als hätte eine Mutter das in der Hand), denn ich erlebte sie ebenfalls als sehr sensibel. Heute, mit einem Abstand von zwanzig Jahren, blicke ich auf diese Geschichte zurück und weiß, dass ich aufgrund meiner frühen Erfahrungen besonders aufmerksam auf Ausgrenzung reagiere und damit meiner Tochter wahrscheinlich auch an der einen oder anderen Stelle ein eigenes Erleben, eine selbstständige Handlungsoption blockiert habe. Sicherlich habe ich ihr in vielen Situationen helfen können, sie aber – beeinflusst durch meine eigene Geschichte – nicht vollständig in ihrer eigenen Kraft und ihrem Potenzial unterstützt.

Ich bin in den Sechzigerjahren des letzten Jahrhunderts geboren, gehöre also zu den geburtenstärksten Jahrgängen der Nachkriegszeit, den sogenannten Babyboomern. Als ich eingeschult wurde, waren wir über vierzig Kinder in der Klasse. Ich erinnere mich noch sehr gut daran, dass eine Lehrerin uns in den glühendsten Farben ausmalte, wie unser Leben verlaufen würde. Wir würden uns schwertun, eine Lehrstelle zu finden und mit sehr vielen anderen Gleichaltrigen um Studienplätze, Jobs, Wohnungen und andere knappe Ressourcen kämpfen müssen. Sicherlich war es die Absicht der Lehrerin gewesen, unseren Ehrgeiz anzustacheln. Die implizite Botschaft lautete: Nur die Besten gewinnen diesen Wettkampf. Aber mir als empfindsamem

Mädchen vermittelte sich, keine Chance zu haben. Mir fuhr die Angst buchstäblich in alle Knochen. Ich war davon überzeugt, mit den anderen nicht mithalten zu können. Ich hatte ja schon die zuvor beschriebene Erfahrung der Ausgrenzung verinnerlicht. Ich erzähle Ihnen davon deshalb so ausführlich, weil ich annehme, dass Angehörige der gleichen Generation ähnliche Erfahrungen gemacht haben, die bis ins reife Erwachsenenalter oder noch länger nachwirken. Sie verhindern oder erschweren auf diese Weise, dass Menschen ihr ganzes Potenzial ausleben und in ihre Kraft kommen können. Gerade sensible Menschen lassen sich oft von Schreckensszenarien beeinflussen und glauben sofort, dass sie so und nicht anders eintreffen werden.

Was hätte ich damals gebraucht, um mich von diesen vermeintlichen Gespenstern nicht einschüchtern zu lassen? Vielleicht zunächst einmal Zutrauen in meine Empfindungen, sodass ich es gewagt hätte, meinen Bezugspersonen davon zu erzählen. Und dann wäre es schön gewesen, Bestärkung und Ermutigung zu erfahren, als vertrauensförderndes Gegengewicht zu den angsteinflößenden Statements anderer Erwachsener. Das war aber in den Sechziger- und Siebzigerjahren des letzten Jahrhunderts nicht üblich. Noch viel weniger als heute konnte damals kaum jemand mit Sensibilität umgehen. Das war nicht in allen Geschichtsepochen so. Es gibt Zeugnisse dafür, dass Sensibilität bereits im Altertum ein beliebtes Diskussionsthema war und verschiedene Philosophen dazu angeregt wurden, über Temperamentsunterschiede und Sensibilität im Allgemeinen nachzudenken.

Wie konnte es dann geschehen, dass die Eigenschaft der Sensibilität über die Jahrhunderte hinweg so in Misskredit geraten ist, dass heutzutage fast jeder, der sich als sensibel bezeichnet, sofort als weniger belastbar eingestuft wird, obwohl in früheren Zeiten Sensibilität zum guten Ton gehörte?

In den letzten fünfzehn Jahren ist sehr viel über erhöhte Sensibilität geschrieben worden. Ich denke, es ist nicht nötig, noch ein beschreibendes Buch hinzuzufügen. Vielmehr möchte ich einen Schritt weitergehen und das Thema ausdehnen und vertiefen. Könnte es nicht sein, dass es eine Eigenschaft wie Sensibilität und damit verwandte Eigenschaften braucht, um gerade in der heutigen Zeit ein erfülltes Leben zu führen? Könnte nicht in der Veranlagung zur Hochsensibilität auch ein Versprechen liegen, etwas Sinnstiftendes zur Gesellschaft beizutragen? Es wäre doch denkbar, dass sensible Wahrnehmung und Reflexion in der heutigen Zeit ein wichtiger Faktor sein könnten, um ein Gegengewicht gegen den politischen »Rechtsruck« in der Welt zu bieten.

Wie kann es gelingen, sensibel und gleichzeitig durchsetzungsfähig zu sein? Ich verbinde damit die Hoffnung, nachfolgenden Generationen den Weg zu einem erfüllten und kraftvollen Leben zu ebnen, in dem sie erleben dürfen, dass sie in ihrer Empfindsamkeit wichtig sind für die Welt und für ihre Familien.

Ich bin zutiefst überzeugt davon, dass, egal, wie Ihr Leben als hochsensibler Mensch bis jetzt verlaufen sein mag, es möglich ist, Zugang zu Ihrem eigentlichen Potenzial zu finden. Vielleicht hadern Sie noch mit Ihren Erfahrungen, die Sie als Kind machen mussten. Es ist aber auch möglich, dass Sie bereits damit im Reinen sind und nun nach Wegen suchen, um hochsensiblen Menschen – Kindern und Erwachsenen gleichermaßen – mit Respekt und Wertschätzung zu begegnen. Vielleicht haben Sie auch schon einiges zum Thema Hochsensibilität gelesen und möchten sich tief greifender damit auseinandersetzen. Denkbar ist es aber auch, dass das Thema Empfindsamkeit für Sie eine Bedeutung hat, die Sie zwar unterschwellig immer schon gespürt, aber nie verstanden haben.

Ich möchte Sie mitnehmen auf eine Reise – eine Reise, auf der ich mit Ihnen meine Gedanken und Erfahrungen teilen will, die über die Jahre in mir und aufgrund meiner Arbeit und meiner persönlichen Entwicklung gereift sind. Es ist ein persönliches Buch, das alle angeht. Denn was wäre, wenn jeder und jede von uns einmal ehrlich sein könnte und sein oder ihr authentisches Selbst zu zeigen wagte? Die Welt ist manchmal ein überwältigender und furchteinflößender Ort. Lassen Sie uns schauen, wie es gelingen kann, Inseln der Zuversicht, der Hoffnung und der Handlungsmöglichkeiten zu kreieren, mit allem, was Sie in sich zur Verfügung haben. Meine Überzeugung ist, dass jeder Mensch, ganz gleich, welche Ausgangslage er hat, mehr Kraft entwickeln kann, als ihm bis jetzt bewusst ist. Da ich diese Erfahrung auch in meinem Leben machen durfte, möchte ich Sie sehr gerne darin unterstützen, mehr Würde, Haltung und Freude in Ihrem Leben zu erfahren, sodass Sie aus dieser Fülle heraus etwas zur Gesellschaft beitragen können. Mit Gerald Hüther bin ich der Meinung, der sinngemäß schrieb, dass eine Eigenschaft oder menschliche Fähigkeit immer dann an Dominanz in einer Gesellschaft gewinnt, wenn diese sie auch braucht.

Es braucht beides, die Empfindsamen und die weniger Empfindsamen, um eine gesunde und vielfältige Gesellschaft zu gestalten. In einer Zeit, in der Menschen in Not im Mittelmeer ertrinken, während sich Politiker darüber streiten, ob und wie viele Flüchtlinge sie aufnehmen sollen (und Häfen geschlossen werden), während die Schere zwischen Arm und Reich immer weiter auseinanderklafft, Mobbing, Ausgrenzung und Egoismus die Welt zu beherrschen scheinen und viele Menschen an fehlender Sicherheit leiden, braucht es empfindsame Menschen, die aus ihrer Kraft und Fülle heraus warmherzig und empathisch Einfluss nehmen und gangbare Lösungswege erarbeiten, im Kleinen wie im Großen.

Brigitte Küster
Altstätten, im Herbst 2019

Teil I:
Auf Spurensuche

Ein Ausflug in die Geschichte der Sensibilität

Lange Zeit meines Lebens war ich der Meinung, dass mein Dasein nur mir selbst gehörte. Es begann bei meiner Geburt und würde eines – hoffentlich noch fernen – Tages mit mir enden. Erst in meinem reiferen Erwachsenenalter begann ich zu verstehen, dass ich in einer langen Ahnenreihe stehe, obwohl ich fast nichts über meine Familie weiß. Ich begann mich für Geschichte zu interessieren, denn ich bin überzeugt davon, dass wir nicht verstehen können, wer wir sind, wenn wir nicht wissen, woher wir kommen. Damit meine ich nicht, dass wir unseren Stammbaum bis in die hundertste Generation aufsagen können, sondern ein Gefühl des Eingebundenseins in geschichtliche Zusammenhänge. In allen Epochen existierten nämlich Menschen, von denen Sie abstammen, sonst wären Sie heute nicht hier.

Jeder von uns hat eine sehr lange Ahnenreihe – auch wenn wir nicht viel von unseren Vorfahren wissen. Und interessanterweise lassen sich auch Charaktereigenschaften oder Wesenszüge zurückverfolgen. Ich denke, dass die Geschichte der eigenen Empfindsamkeit sich bereichern lässt durch das Wissen darum, wie zu anderen Zeiten und in früheren Epochen über Empfindsamkeit und Sensibilität gedacht wurde.

Ich lade Sie also ein, einen kleinen Ausflug in die Geschichte mit mir zu unternehmen, schließlich habe ich Ihnen eine Reise versprochen – auf geht's.

Sensibilität, Pflanzen, Tiere und mechanische Reizbarkeit

Als ich mich auf die Spurensuche nach der Sensibilität begab, bin ich reich beschenkt worden durch Menschen, die vor über zweitausend Jahren gelebt haben. Es ist ein tröstlicher Gedanke, in den überlieferten Schriften der griechischen und römischen Philosophen Hinweise darauf zu finden, wie man mit Empfindsamkeit umgehen soll, sodass sie einem nützt und nicht etwa im Wege steht. Die Weisheit in diesen Schriften, durch viel Lebenserfahrung und Nachdenken erworben, berührt mich tief. Marc Aurel zum Beispiel, römischer Kaiser und auch »kaiserlicher Philosoph« genannt, entwarf in seinen Selbstbetrachtungen folgendes Bild: Er verglich den Menschen mit einer Klippe, an der sich die Brandung bricht. Er ermutigte dazu, unerschüttert durchzuhalten, sich weder vom gegenwärtigen Unglück zerbrechen zu lassen noch Zukünftiges zu fürchten. Eine solche Situation sei kein Unglück, sondern eine Chance, Haltung zu zeigen, und damit ein Glücksfall.[2]

Klingt das nicht wie ein ermutigender Zuruf aus der Vergangenheit? Und ist dies nicht etwas, das vielen sensiblen Menschen heutzutage eine Richtung vorgeben kann, in die sie ihre Gedanken lenken können? Wir können davon ausgehen, dass ein römischer Kaiser zu Zeiten Marc Aurels schon aufgrund seiner Position viele Feinde hatte. Und trotz Lebensbedrohung und seines sicher schwierigen Jobs war er in der Lage, das Gute im Schlechten zu sehen, eine Haltung, die man durchaus üben kann. Marc Aurel gehörte zur Schule der Stoiker, die Denken und Handeln, nicht Schreiben und Reden, in den Vordergrund stellte.[3] Es ist ein praktisch orientierter Ansatz, der heutigen Hochsensiblen einen Leitfaden bieten kann.

Ich finde es sehr interessant, dass im Altertum sehr viel über die Unterschiede zwischen den Menschen und über verschiedene Charaktere nachgedacht wurde, obwohl es speziell zur Sensibilität nicht viele schriftliche Belege gibt. Manchmal ist es einfach auch bemerkenswert, wenn etwas nicht erwähnt wird, wie zum Beispiel in den *Charakteren* von Theophrast. Er beschreibt darin menschliche Ausprägungen wie den ›Redseligen‹, den ›Gerüchtemacher‹, den ›Aufschneider‹, den ›Hochmütigen‹ und noch viele andere mehr, nicht aber den ›Sensiblen‹[4]. Gleichzeitig wurde aber in den privilegierten Gesellschaftsschichten Sensibilität, Nachdenklichkeit und Differenziertheit durchaus zelebriert. Es gehörte zum guten Ton, anlässlich von Gastmählern differenzierte Diskussionen über philosophische Fragen zu führen. Ein berühmtes Beispiel ist das Gastmahl zu Ehren des Dichters Agathon, bei dem unter anderem Sokrates seine bekannte Rede zur ursprünglichen Verfassung des Menschengeschlechts hielt.[5] Bei solchen Gelegenheiten wurde empfindsame Rede sehr geschätzt und ihr ein fester Platz eingeräumt, während es bei anderen Gelegenheiten galt, nicht zu sensibel zu sein.

Schon vor über zweitausend Jahren galt es als wichtig, das Gegenüber in seinen grundlegenden charakterlichen Prägungen zu erkennen, damit der Umgang, die Lehrmethoden und das Verhalten darauf abgestimmt werden konnten. Die Grundidee mutet sehr modern an: Menschen unterscheiden sich in ihren Eigenschaften, und die Lehrmethoden und der Umgang müssen darauf abgestimmt sein, um das bestmögliche Ergebnis zu erzielen.

Kommen wir wieder zur Empfindsamkeit zurück: Das Wissen um die Verschiedenheit der Temperamente galt durchaus nicht nur für den Menschen, sondern für alle Lebewesen. Es beschäftigten sich im Altertum kluge Köpfe ernsthaft mit der

Frage, ob zum Beispiel Pflanzen Empfindsamkeit besitzen. Die Beobachtung, dass gewisse Pflanzen sich der Sonne zuneigen, sich morgens öffnen und mittags wieder schließen, war Anlass genug davon auszugehen, dass diese pflanzlichen Organismen über Empfindung verfügen müssten. Man vermutete, dass es dafür einen Sitz, ein Organ geben müsse, das diese Empfindung hervorrufen und steuern könne.

Theophrastos von Eresos (ca. 371 v. Chr. bis 287 v. Chr.) schließlich, Schüler des Aristoteles, griechischer Philosoph und Naturforscher, widerlegte diese Ansicht. Er behauptete, dass Empfindung ohne Bewusstsein nicht möglich sei und Pflanzen nicht über ein derartiges Bewusstsein verfügten. Er war der Meinung, dass allein Menschen zur Sensibilität fähig sind, weil sie als einzige Gattung der Lebewesen über ein Bewusstsein verfügen.

Außerdem unterschied er Sensibilität von einer, wie er es nannte, »mechanischen Reizbarkeit«[6].

Heutzutage ist aber das, was unter Empfindsamkeit verstanden wird, auch bei über hundert Tierarten nachgewiesen worden.[7][8][9][10] Jeder Tierbesitzer, der in seinem Leben bereits mehrere Hunde oder Katzen betreut hat, wird wahrscheinlich bestätigen können, dass die Tiere jeweils einen ganz eigenen Charakter hatten. Es gibt Tiere, die lärmempfindlicher sind als andere, die eher scheu auf Menschen oder Artgenossen reagieren, die sich mehr »sichern« müssen, bevor sie an ihren Futternapf gehen, die mit Stresssymptomen auf Umzüge oder Ferienabwesenheiten ihrer Besitzer reagieren, während andere diese Umstände relativ gelassen und unbeschadet hinnehmen.

Die Stoiker im Altertum riefen zur Mäßigung in allen Dingen auf. Eine übermäßige Emotionalität galt als charakterliche und geistige Schwäche, der entgegengesteuert werden musste. Das rechte Maß zu finden ist für hochsensible Menschen tatsächlich ein wichtiges Ziel. Im täglichen Erleben scheinen sie allzu oft zwischen den Extremen hin- und hergerissen zu sein. Himmelhoch jauchzend, zu Tode betrübt – dieses Sprichwort trifft oft auf sehr sensible Menschen zu. Aristoteles beobachtete dies unter seinen Zeitgenossen mit Sorge und legt in seiner *Nikomachischen Ethik* dar, dass die wahre Tugend in der Mitte zwischen zwei ungünstigen Extremen liege. Es gelte deshalb, nach dieser Mitte zu streben, alles Extreme zu vermeiden und so seinen Charakter zu bilden. Die Fähigkeit zur Mäßigung betrachtete er als etwas, das den Menschen vom Tier unterscheidet. Mit der Unmäßigkeit sei derjenige unserer Sinne verbunden, der allen Tieren, aber nicht dem Menschen gemeinsam ist.[11] Im dritten Teil dieses Buches werde ich noch einmal ausführlicher auf das »rechte Maß« zu sprechen kommen.

Halten wir fest: Das Wissen um die Verschiedenheit der Temperamente ist alt. Heute weiß man, dass eine hohe Empfindsamkeit in vielen Spezies vorkommt.

Es lohnt sich, die Schriften von Aristoteles, Marc Aurel, Platon und Theophrast zu lesen. Viele Denkansätze dieser Philosophen bieten Hilfestellungen zur Charakterformung und können für empfindsame Menschen eine gute Unterstützung sein.

Die »dunkle Epoche«, Minne und Hildegard von Bingen

Das Mittelalter ist ein faszinierender geschichtlicher Zeitraum. Dass sich viele Menschen von dieser Zeit angezogen fühlen, belegen die populären Mittelalterfeste, auf denen man in historischen Gewändern mittelalterliches Handwerk, Speisen und Turniere erleben kann, oder die unzähligen Historienromane, die in dieser Zeit angesiedelt sind. Die Epoche des Mittelalters, die einen Zeitraum zwischen 500 bis 1450 n. Chr. umfasste und eine Brücke schlug zwischen der Antike und der Neuzeit, wird trotzdem gerne auch als die »dunkle Epoche« voller Gewalt, Krieg, Brutalität und Krankheit bezeichnet. Tatsächlich waren humanistische Gelehrte des 15. und 16. Jahrhunderts der Ansicht, dass Kultur und Bildung der Antike im Mittelalter einem dramatischen Verfall ausgesetzt waren.[12] Es stimmt schon: Diese tausend Jahre waren geprägt von Folter, Krieg und Pest. Aber darüber hinaus gab es auch institutionalisierte Bereiche, in denen Sensibilität ihren Platz hatte, zum Beispiel bei der Werbung um die Liebste. Es wurde dabei deutlich unterschieden zwischen niederer und hoher Minne. Die niedere Minne war ausgerichtet auf das Begehren und die körperliche Erfüllung der Liebenden, während die hohe Minne das Ideal der Anbetung verfolgte, ohne nach körperlicher Erfüllung zu streben. Diesem Ideal strebten vor allem Adlige und Ritter nach. Ritter trugen bei Turnieren die Farben ihrer Angebeteten, und es gab die Minnesänger, die in epischen Gesängen der Liebe huldigten. Man könnte zu der Ansicht gelangen, dass Sensibilität nur im Bereich der Beziehungen zwischen Mann und Frau gesellschaftlich akzeptiert wurde. Im Gegensatz dazu war der Alltag hart.

Die Bevölkerung war streng hierarchisch gegliedert. Die Landbevölkerung arbeitete hart auf den Feldern, um ihren Lebensunterhalt zu sichern und die Abgaben an ihre Herren leisten zu können. Es blieb ihnen oftmals nicht viel zum Leben. Die meisten konnten weder lesen noch schreiben, und es war in ihren Lebensentwürfen nicht vorgesehen, dass sie eine höhere Bildung (in der damaligen Zeit hieß das, Latein zu lernen) bekamen oder anstrebten. Ein Bauernsohn wurde Bauer, der Sohn eines Schmieds erlernte das Handwerk von seinem Vater, die Töchter wurden mit den Söhnen anderer Bauern, Schmiede oder Müller verheiratet, jeder und jede füllte ihre Rolle so gut aus, wie er oder sie konnte. Es gab praktisch keine Möglichkeit, aus dem Leben, das durch die Geburt vorgezeichnet war, herauszutreten.

Trotz dieser gesellschaftlich determinierten Enge entstanden die ersten Universitäten Europas, und in den Klöstern wurde das geistige Erbe verwaltet und aufbewahrt. Bücher wurden in den Schreibstuben der Klöster kunstvoll von Hand kopiert, und Bibliotheken stellten einen wertvollen Schatz dar.

Hatten die Angehörigen der niederen Stände kaum Möglichkeiten, aus ihren vorgezeichneten Lebensbahnen auszubrechen, besaßen die Adligen und freien Bürger die Möglichkeit, sich durch die Überschreibung von Land und Besitz in ein Kloster einzukaufen und somit einen geistlichen Weg zu gehen. Oft wurde ein Kind in einer Familie schon bereits bei der Geburt zu diesem Weg bestimmt, so zum Beispiel auch Hildegard von Bingen (1098 bis 1178), die als zehntes Kind ihrer Eltern, Edelfreien, nach dem damals geltenden Grundsatz »ein Zehnter an Gott« dem kirchlichen Leben bestimmt wurde.[13] Aus heutiger Sicht mag diese rigide Bestimmung des Lebens wie ein Gefängnis anmuten, aber in der damaligen Zeit waren die Klöster ein Sinnbild für Wohlstand und Gelehrsamkeit. So entwickelte sich Hildegard von Bingen auch zu einer Universalgelehrten, die eine umfangreiche Korrespondenz mit einflussreichen Persönlichkeiten führte, ein eigenes Kloster gründete, Bücher schrieb (die sie einem Schreiber diktierte, weil sie im Lateinischen nicht sattelfest genug war) und die heute als Kirchenlehrerin gilt. Außerdem beschäftigte sie sich mit der Heilwirkung von Pflanzen. Die Kräuterkunde der Hildegard von Bingen erlebt seit einigen Jahrzehnten eine Renaissance. Ob sie wohl dieses Potenzial hätte entfalten können, wenn sie die Tochter eines Schmieds gewesen wäre?

Am Beispiel von Hildegard von Bingen lässt sich ablesen, welche Eigenschaften beziehungsweise Fähigkeiten ihr zu diesem Bekanntheitsgrad verholfen haben:

- Die Fähigkeit, genau zu beobachten.
- Die Intelligenz, ihre Beobachtungen mit vorhandenen Theorien zu verknüpfen.
- Ihre Wissbegierde, die ihr half, Wissen aus dem Volk zusammenzutragen und sich weiterführend dazu eigene Gedanken zu machen.

Es sind Fähigkeiten, über die sehr sensible Menschen in der Regel verfügen und die auch die Philosophen des Altertums auszeichneten. Natürlich wäre es reine Spekulation anzunehmen, dass Hildegard von Bingen nach heutigen Maßstäben hochsensibel gewesen ist. Es liegt jedoch meines Erachtens auf der Hand, dass oben genannte Fähigkeiten sensiblen Menschen zu eigen sind, und sie sind notwendig, um das eigene Potenzial heben zu können.

Lassen Sie uns noch ein Stückchen weiter durch die Geschichte reisen, um genauer herauszuarbeiten, welche Fähigkeiten neben der Sensibilität nötig sind, um in Kontakt mit dem eigenen Potenzial zu kommen.

Renaissance, Leonardo und sieben Prinzipien

War das Mittelalter überwiegend geprägt von langen Strecken des Stillstands, geschah in der nun einsetzenden Renaissance ein gigantischer Aufbruch, der beinahe alle Lebensbereiche umfasste. Der Buchdruck wurde erfunden, und 1452–1454 erschien die Gutenberg-Bibel. Das war der Beginn einer Bildung, die für alle Schichten zugänglich war. Bücher wurden erschwinglich und standen somit auch ärmeren Bevölkerungsschichten zur Verfügung. Diese Epoche war geprägt von einer Wiederbelebung des Wissens und der kulturellen Leistungen des Altertums. Generell kann man diese Epoche zwischen dem 15. und 16. Jahrhundert als eine Zeit des geistigen und kulturellen Erwachens bezeichnen.

Diese Zeit brachte besonders in Italien herausragende Künstler wie unter anderem Alberti, Donatello, Botticelli, Raffael oder Michelangelo hervor. Auch der deutsche Maler Albrecht Dürer und der Schriftsteller William Shakespeare gehören in diese Zeit.

Ein Künstler sticht vor allen anderen durch sein Werk hervor: Die Rede ist von Leonardo da Vinci. Er gilt auch heute noch als das größte Genie aller Zeiten. Dabei war ihm dieser Ruhm nicht unbedingt in die Wiege gelegt. Er wurde 1452 als uneheliches Kind einer unstandesgemäßen Beziehung zwischen einer Bauerntochter und dem Notar Ser Piero geboren. Bereits ein Jahr nach seiner Geburt waren seine Eltern mit jeweils anderen Partnern verheiratet. Sein leiblicher Vater erkannte ihn aber als Sohn an, und Leonardo wuchs bei ihm auf. Da er aufgrund seiner Herkunft nicht für den Notarberuf infrage kam, früh aber schon eine künstlerische Begabung zeigte, trat er auf Vermittlung seines Vaters in die Werkstatt von Verrocchio, einem bekannten Florentiner Bildhauer, Maler und Goldschmied, ein. Verrocchio erkannte Leonardos Begabung und erteilte ihm, wie es damals üblich war, den Auftrag, Teile seiner Gemälde fertigzustellen. Ein besonders berühmtes Beispiel dafür ist die »Taufe Christi« (1472–1475). Bei diesem Gemälde malte Leonardo den Engel links im Bild. Eine Anekdote dazu: Als Verrocchio diesen Engel sah, soll er voll Erstaunen über dieses Meisterstück gewesen sein und fortan keinen Pinsel mehr angerührt haben.[14]

Als unehelichem Kind waren ihm die Universitäten verwehrt. Das hielt ihn aber nicht davon ab, sich das, was ihn interessierte, selbst anzueignen. Viel ist darüber gerätselt worden, was Leonardo da Vincis Genie ausmachte. Es gibt in neuerer Zeit Bemühungen, Leonardos Werden und Wirken zu verstehen. Für unser Thema Sensibilität und *Potenzialentfaltung* ist es von Bedeutung, dass wir die Prinzipien begreifen, aufgrund derer Leonardo sein Werk geschaffen hat. Es lassen sich tatsächlich sieben verschiedene Prinzipien aus Leonardos Leben ableiten, die für unsere heutige Zeit, in der so viel von *Potenzialentfaltung* die Rede ist, Bedeutung haben. Diese sind:

- Neugier und Wissbegierde
- Das eigene Wissen überprüfen, ergänzen, anpassen und aus Fehlern lernen
- Die Sinne schärfen
- Unsicherheit und Verwirrung aushalten
- Kunst und Wissenschaft verbinden – ganzheitlich denken
- Für den Körper sorgen – Anmut und Beweglichkeit pflegen
- Alles ist mit allem verbunden – Kohärenz bewirken

Um es vorweg zu sagen: Sensibilität alleine reicht oft nicht, um in die Kraft zu kommen und das eigene Potenzial ausschöpfen zu können. Leonardos Prinzipien stellen eine Möglichkeit dar, die Gesamtpersönlichkeit zu schulen und den eigentlichen Wesenskern zur Entfaltung zu bringen.

Schauen wir uns diese Prinzipien im Einzelnen und genauer an. Ich orientiere mich hierbei an dem Buch von Michael J. Gelb *Das Leonardo-Prinzip,* dem sie entnommen sind. Gleichzeitig unternehme ich den Versuch, diese Prinzipien in einen Zusammenhang mit Hochsensibilität zu bringen.

Neugier und Wissbegierde

Jeder Mensch ist von Natur aus neugierig. Denken Sie an kleine Kinder, die ihren Eltern buchstäblich Löcher in den Bauch fragen und sich nicht mit oberflächlichen Antworten zufriedengeben. Jedes gesunde Kind zeigt großes Interesse an der Welt und möchte verstehen, wie etwas funktioniert und warum. Wir werden alle mit dieser Neugier auf das Leben geboren, bis sie uns dann im Laufe unserer Sozialisation verloren geht.

Leonardo da Vinci scheint ein Mensch gewesen zu sein, der sich diese Neugier ein Leben lang erhalten konnte. Er wurde nicht müde, sich Fragen zu stellen und den Dingen auf seine eigene Art und Weise auf den Grund zu gehen. Er nahm regen Anteil an der Welt und suchte nach Lösungen für die dringenden Fragen seiner Zeit. Damit war er seinen Zeitgenossen weit voraus. Seine Entwürfe für Flugmaschinen können als Vorläufer des heutigen Helikopters bezeichnet werden. Er begnügte sich auch nicht damit, eine Pflanze nur aus einer Perspektive zu zeichnen, sondern fertigte mindestens drei Ansichten des Objektes an. Er zielte mit seiner Wissbegierde immer in die Tiefe und gab sich nicht leicht zufrieden.

Diese Art der unstillbaren Neugier, gepaart mit hoher Sensibilität, kann eine große Antriebskraft für das Leben sein. Ich würde Sie gerne dazu einladen, Ihre Neugier neu zu entdecken. Damit meine ich natürlich nicht die verpönte Art, Nachbarn hinterherzuspionieren oder seine Nase in fremde Angelegenheiten zu stecken. Vielmehr ist damit gemeint, dass Sie sich wieder erlauben dürften, Fragen zu stellen wie folgende: Warum und wie funktioniert das? Was könnte man daran verbessern? Welche Gedanken stecken dahinter?

Bei meiner Arbeit mit hochsensiblen Menschen stelle ich immer wieder fest, dass so gut wie alle über diese Art von Wissbegierde verfügen. Sie möchten etwas in der Tiefe erfassen, ob es nun technische Details oder psychologische Mechanismen sind. Das Problem ist nur, dass sie sich eine solche Neugier nicht unbedingt selbst zugestehen. Dabei können, wenn man dieser Wissbegierde folgt, durchaus visionäre Impulse entstehen.

Beschränken Sie sich dabei nicht nur auf das Gebiet, das Sie am meisten interessiert, sondern beschäftigen Sie sich auch mit Bereichen, die Ihnen vielleicht nicht so liegen, sei es Mathematik, Technik oder Psychologie.

Ich möchte Sie vor allem auch dazu ermutigen, Ihre Fragen und Ihre Wissbegierde ernst zu nehmen und nicht daran zu zweifeln, dass Ihre Fragen einen Wert haben, der Sie weiterbringen kann. Beschäftigen Sie sich mit Geschichte, vielleicht mit bestimmten Epochen, denn wir sind alle aus der Geschichte heraus entstanden und unser heutiges Leben ist nicht in Gänze zu verstehen ohne das Bewusstsein für geschichtliche Hintergründe.

Sie sagen, dass Sie dazu keine Zeit haben? Nun, dann räumen Sie sich einen gewissen Zeitraum in Ihrer Agenda für die Neugier und die Beschäftigung mit Ihren Fragen ein. Es gibt genug Zeit für die Dinge, die uns wichtig sind. Manchmal müssen wir bloß die Prioritäten überdenken. Bei der wissbegierigen Neugier geht es aber nicht nur darum, die Dinge im außen – in der Welt und der Gesellschaft – zu verstehen, sondern die Wissbegierde darf sich durchaus auch nach innen richten.

Folgende Fragen sollen Sie dazu inspirieren, die wissbegierige Neugier zu pflegen:

- Wissen Sie, wie es sich anfühlt, ganz bei sich zu sein? Versuchen Sie, diesen Zustand zu beschreiben.
- Überprüfen Sie Ihre Gewohnheiten: Welche behindern die Entfaltung Ihrer Lebensqualität, welche befördern sie?
- Was können Sie am besten?
- Gibt es Menschen, die Sie beeindrucken? Wenn ja, weshalb?
- Was können Sie zum Wohl anderer Menschen und/oder der Gesellschaft im Allgemeinen tun?
- Was sind Ihre tiefsten Bedürfnisse?
- Wofür können Sie dankbar sein?
- Woran soll man sich erinnern, wenn Sie nicht mehr da sind?

Diese Fragen sollen Ihnen ermöglichen, neugierig auf sich selbst zu werden, auf die eigene Wirkung und auf das, was in Ihnen steckt. Zugegeben, sie sind teilweise nicht einfach zu beantworten. Für manche sollten Sie Feedback aus Ihrem Umfeld einholen. Beginnen Sie mit den Menschen, die Ihnen wohlwollend gesonnen sind. Und machen Sie sich jederzeit bewusst, dass jegliches Feedback nur ein Puzzleteil Ihrer Ausstrahlung darstellt und nie das Ganze abbildet. Werden Sie neugierig auf sich selbst und auf Ihre Möglichkeiten. Versuchen Sie dann, diese Neugier als Inspirationsquelle und Antriebskraft zu behalten, die Sie in Ihrer Entwicklung voranbringen wird.

Durch Ihre Wissbegierde gepaart mit Ihrer Sensibilität werden Sie fähig sein, sich mit Themen intensiv zu beschäftigen. Dadurch gelangen Sie zu einer tiefen Erfüllung und können andere Menschen inspirieren.

Mir sind in meiner Arbeit sehr oft hochsensible Menschen begegnet, die geradezu darunter gelitten haben, dass sie so viele Interessen haben. Da bilden sich Hunderte von Papierstapeln (oder elektronischen Dokumenten) zu unterschiedlichen Themen, Projektordner werden angelegt und Notizbücher angefangen. Selbstverständlich ist unsere heutige Zeit von einer viel größeren Informationsflut geprägt, als es die Zeit Leonardos war. Unsere heutige Herausforderung besteht darin, sich nicht zu verzetteln, sondern einem Bereich oder Thema für einen bestimmten Zeitraum den Vorrang zu geben.

Wie Sie schon merken, sind Sie als sensibler Mensch dazu aufgerufen, verschiedene Spannungsfelder auszuhalten: das zwischen Wissbegierde und Verzettelung in zu vielen Themen, das Spannungsfeld, Prioritäten zu setzen, obwohl doch alles gleich interessant und vielversprechend wirkt, und schließlich das Spannungsfeld zwischen der Zeit, die Sie zur Verfügung haben und den zeitlichen Anforderungen der verschiedenen Lebensbereiche, die nicht immer zulassen werden, dass Sie sich ausschließlich mit Ihren Interessensgebieten beschäftigen.

Mir erscheint es sinnvoll, dass Sie sich, sollten Sie sich in diesen Beschreibungen wiederfinden, einmal probeweise einen Wochenplan erstellen, in dem Sie die Zeiten markieren, die Sie für bestimmte Lebensbereiche aufwenden. Zeit ist ein kostbares Gut, und jeder scheint zu wenig davon zu haben. Ich denke, dass es deswegen sinnvoll ist, sich darüber bewusst zu werden, wofür man seine Zeit ausgibt. Erst durch die Erkenntnis darüber kann man auch Korrekturen vornehmen.

Und letztlich möchte ich Sie dazu einladen, sich an Ihrer Neugier und Ihrer Wissbegierde zu freuen, auch wenn das heißt, dass Sie ständig angefangene Projekte irgendwo herumliegen haben und die Themenstapel kein Ende nehmen. Fühlen Sie sich gut aufgehoben in der Tradition Leonardo da Vincis und vergleichen Sie sich nicht mit denjenigen, die ihre Neugier verloren haben.

Das eigene Wissen überprüfen, ergänzen, anpassen und aus Fehlern lernen

Leonardo da Vinci genoss eine praxis- und erfahrungsbasierte Ausbildung. In der Werkstatt Verrocchios lernte er, Farben anzumischen und Leinwände vorzubereiten. Er wurde mit der Perspektive vertraut gemacht, und hinzu kamen noch Beobachtungen zu Pflanzen und anatomische Studien zu Menschen. Sein Leben lang war Leonardo ein Verfechter des Erfahrungswissens und weniger der Theorie. Aufgrund seiner Intelligenz überprüfte er aber auch regelmäßig seine Erfahrungen und hinterfragte sie. Er suchte deswegen den Kontakt zu namhaften Gelehrten seiner Zeit und diskutierte mit ihnen seine Beobachtungen. Er war ein selbstbewusster Autodidakt, der ohne Universitätsstudium mit großen Männern seiner Zeit Umgang pflegte. Sein Leben lang betrachtete er sich als discepolo dell'esperienza, einen Schüler der Erfahrung: Er lehnte jene Wissenschaften ab, die nicht auf Erfahrungswissen fußten, und befürwortete die der Erfahrung aus erster Hand, die durch einen der fünf Sinne vermittelt wird.[15]

In diesem Prinzip wird eine Unabhängigkeit des Geistes deutlich, wie sie auch sehr vielen hochsensiblen Menschen eigen ist. Sie hinterfragen gern, oft und viel, stellen Autoritäten infrage und sind häufig Wahrheitssucher im besten Sinne des Wortes. Sie spüren sehr genau, wenn sich etwas »richtig« oder »stimmig« anfühlt und eben auch, wenn es sich nicht so verhält.

Im besten Fall geben sie dann keine Ruhe, bis es sich »stimmig« anfühlt. Im schlechtesten Fall geben sie auf und erstarren in Ehrfurcht vor Autoritäten. In der heutigen Zeit scheint es so zu sein, dass alle Wissenschaften bereits zur Genüge erforscht sind und dass es kaum noch neues Wissen zu entdecken gibt. Das war zu Leonardos Zeiten nicht anders. Auch damals glaubte man, das Wissen in seiner Gänze erfasst zu haben. Über welche Erkenntnisse und welches Wissen wird man in ein paar hundert Jahren verfügen? Zu Leonardos Zeiten gab es sehr viele Menschen, die an Alchemie glaubten und überzeugt davon waren, dass aus jedem Material Gold zu gewinnen sei. Mittlerweile wird es kaum noch jemanden geben, der diese Überzeugung teilt, aber heute gibt es andere, denen genauso gehuldigt wird wie damals.

Einfach einmal anzunehmen, dass das zurzeit allgemeingültige Wissen noch nicht das ultimative Ende der Dinge darstellt, ist bereits der Anfang davon, seiner eigenen Erfahrung (und den Fragen, die sich aus der Neugier und Wissbegierde ergeben) zu vertrauen.

Die eigene Erfahrung zu überprüfen heißt aber auch, mitunter Fehler einzugestehen und Kurskorrekturen vorzunehmen.

Folgende Fragen, die auch dem Buch von Michael J. Gelb *Das Leonardo-Prinzip* entnommen sind, sollen Ihnen helfen herauszufinden, wie Sie mit Fehlern umgehen:

- Welche Einstellung zu Fehlern hat man Ihnen in der Schule beigebracht?
- Was haben Ihnen Ihre Eltern in dieser Hinsicht vermittelt?
- Was war der größte Fehler, der Ihnen je unterlaufen ist?
- Was haben Sie aus diesem Fehler gelernt?
- Welche Fehler machen Sie immer wieder?
- Welche Rolle spielt die Angst, Fehler zu machen, in Ihrem Alltag, in Ihrem Beruf oder zu Hause?
- Bestehen Ihre Fehler eher darin, dass Sie das Falsche tun, oder darin, dass Sie das Richtige unterlassen?

Gerade sehr sensible Menschen neigen nach meiner Erfahrung dazu, die Fehler bei sich zu suchen. Aber nun geht es natürlich nicht darum, sich selbst zu verteufeln für das, was man falsch gemacht hat, sondern die eigenen Fehler in einem wohlwollenden Licht zu betrachten. Es ist doch durchaus möglich, aus Fehlern zu lernen, ohne mit ihnen über Gebühr zu hadern. Kein Mensch ist perfekt, wichtig ist nur, mit etwas Distanz auf das eigene Verhalten zu schauen und eigene Vorstellungen und Haltungen zu überprüfen. Den eigenen Erfahrungen einen hohen Stellenwert beizumessen heißt auch, sich für neue Erfahrungen zu öffnen, sich nicht auf altem Erfahrungswissen auszuruhen, sondern gegebenenfalls auch korrigierende Erfahrungen in das eigene Leben einzuladen.

Im Grunde genommen entspricht dieses Prinzip der hochsensiblen Veranlagung sehr, da sehr sensible Menschen sowieso über geschärfte Sinne verfügen. Hier geht es nun aber darum, die Sinne Sehen, Hören, Fühlen, Schmecken und Riechen bewusst zu verfeinern, um Erfahrungen zu beleben.

Für Leonardo da Vinci war unter allen Sinnen das Sehen derjenige, dem er am meisten Bedeutung beimaß. Er entwickelte unter der Anleitung seines Lehrmeisters Verrocchio eine scharfe Beobachtungsgabe. Ein eindrückliches Beispiel dafür ist Leonardos Beobachtungen zum Flugverhalten der Vögel. Er beschrieb in seiner Abhandlung über den Flug der Vögel die Bewegung der Federn und der Flügel mit einer Genauigkeit, die erst Jahrhunderte später durch Zeitlupenaufnahmen bestätigt werden konnte.

Welchem der Sinne jemand den Vorzug gibt, ist natürlich sehr individuell. Ich kenne viele Hochsensible, bei denen das Gehör sehr stark reagibel ist, aber auch der Geruchssinn scheint bei manchen Menschen besonders ausgeprägt zu sein (sensorische Empfindlichkeit ist eines der Kernkriterien der hochsensiblen Veranlagung, wie ich an späterer Stelle noch ausführen werde).

Sich bewusst auf Sinneserfahrungen einzulassen und Sehen oder Hören zu lernen, erweitert den Horizont und steigert das Bewusstsein. Bewusst Hörerfahrungen zu sammeln bedeutet nicht nur, sich Lärm auszusetzen, sondern zum Beispiel auch verschiedene Interpretationen des gleichen Musikstücks zu hören. Sehen zu lernen bedeutet nicht, überflutet zu werden von den visuell wahrnehmbaren Reizen, sondern es heißt, Details wahrzunehmen, sei es als mimischer Ausdruck in einem Gesicht oder als eine besonders feine Maserung eines Blattes am Wegrand.

Die Sinne zu schärfen bedeutet nicht, unter ihnen zu leiden, sondern sie sich nutzbar zu machen und als Werkzeug zur Verfügung zu haben, um davon zu profitieren.

Die Sinne zu erkunden und zu verfeinern ist in der Tat ein sinnliches Vergnügen. Ich lade Sie dazu ein, sich mehrmals in der Woche einen Zeitraum dafür freizuhalten. Nehmen Sie sich Zeit, um wirklich zu sehen, zu hören, zu riechen oder zu schmecken. Nehmen Sie den Geschmack verschiedener Schokoladen wahr und versuchen Sie, ihn zu beschreiben. Oder wenn Sie sich mit dem Riechen beschäftigen: Finden Sie Worte dafür, wie Katzenfell riecht, oder beschreiben Sie weihnachtliche Lieblingsgerüche.

Wenn wir uns mit den Sinnen beschäftigen, haben wir einen direkten Zugang zu unserer Kreativität. Hier gibt es kein Richtig oder Falsch, sondern nur Ihre individuelle Wahrnehmung, die über allem Urteil erhaben ist. Lernen Sie, Ihrer Wahrnehmung zu vertrauen, und wagen Sie es, Ihren Empfindungen Ausdruck zu verleihen, sei es, dass Sie Ihre Sinneswahrnehmungen in einem Notizbuch festhalten oder vertrauten Menschen davon erzählen.

Auch die Räume, in denen wir uns aufhalten, stellen selbstverständlich ein Übermaß an sinnlichen Eindrücken dar. Es ist möglich, die Arbeits- und Wohnumgebung so zu gestalten, dass sie Kreativität weckt und Harmonie ausstrahlt. Vielleicht finden Sie eine Möglichkeit, in Ihrem Zuhause sich einen Raum oder eine Zimmerecke mit Farben und Gegenständen so einzurichten, dass Sie sich gerne dort aufhalten und sich entspannt fühlen können.

Sie merken schon: Das Schärfen der Sinne ist eine komplexe Angelegenheit. Als sehr sensibler Mensch sollte es Ihnen aber leichtfallen, sich auf die Entdeckungsreise zu Ihren Sinnen zu begeben. Das Prinzip der Achtsamkeit nimmt auf diese Fähigkeit Bezug, auf das ich später noch einmal zurückkommen werde. Die meisten Hochsensiblen scheinen ihre ausgeprägte Wahrnehmungsfähigkeit über die Sinne eher abzulehnen als zu begrüßen. Sie empfinden sich zum Beispiel als lärmempfindlich, und das stört sie. Es wäre aber auch möglich, einen entspannteren Zugang zu den Sinnen zu finden, indem es zwar manchmal »zu viel« ist, aber diese Fähigkeit auch bedeutet, Feinheiten wahrzunehmen, die für die meisten Menschen gar nicht spürbar sind. Es bedeutet, ein reiches Repertoire an Empfindungen zu haben und sich daran zu freuen. Hier sollten Hochsensible ein wenig umdenken und nicht nur das Störende wahrnehmen, sondern auch das Feine kultivieren.

Unsicherheit und Verwirrung aushalten

Wenn Sie den bisher dargelegten Prinzipien folgen, dann gelangen Sie unweigerlich an einen Punkt, an dem Ihnen Unbekanntes begegnet. Ob es andere Meinungen und Vorstellungen sind oder neue Sinneserlebnisse: Sie werden mit Erfahrungen konfrontiert werden, die möglicherweise Ihr bisheriges Weltbild und Ihre Überzeugungen ins Wanken bringen.

Das menschliche Leben ist normalerweise sehr auf das Bedürfnis nach Sicherheit ausgerichtet. Vorurteile, Prinzipien, feste Überzeugungen, alles das, was uns in dem Glauben lässt zu wissen, wer wir sind, kann durch den Windhauch einer anderen Meinung, durch Menschen, die anderen Prinzipien folgen, und auch durch Einflüsse der Umwelt wie Naturkatastrophen in Nullkommanichts infrage gestellt werden. Wir bewegen uns alle auf einem sehr schmalen Grat von Sicherheit, ohne dass es uns bewusst ist.

Wir sollten uns darin üben, einfach einmal anzunehmen, dass die eigene Meinung nicht die einzig richtige sein muss, tolerant gegenüber anderen Ansichten zu sein, sich darüber auszutauschen und sich dabei eben auch öfter einmal der Verunsicherung und Verwirrung auszusetzen. Es gibt in der Malerei eine Technik, die Sfumato genannt wird und die Leonardo meisterlich beherrschte. Dabei werden Konturen nicht mit scharfen Umrissen dargestellt, sondern weich verschwommen gezeichnet. Sfumato, italienisch für »verraucht«, »verschwommen«, kann in einem übertragenen Sinn bedeuten, keinen starren Prinzipien zu folgen, sondern durchlässig zu werden.

Wir sollten immer auch offen für andere Sichtweisen und andere Möglichkeiten des Denkens und Verhaltens sein als die, die wir im Moment sehen können.

Wir befinden uns heute in einer Zeit, die durch den Begriff VUCA geprägt ist. VUCA ist eine Abkürzung und steht für V (Volatility = Unbeständigkeit), U (Uncertainty = Unsicherheit), C (Complexity = Komplexität) und A (Ambiguity = Vieldeutigkeit).[16] Wir sind also so stark wie noch keine Generation vor uns mit Unsicherheit und Unbeständigkeit konfrontiert. Trotz aller Versicherungen, Verträge, Wohnungseigentum und Sparkonten können wir streng genommen nicht wissen, was in der nächsten Sekunde geschieht. Die Schere zwischen dem Bedürfnis nach Sicherheit auf der einen und der zunehmenden Ungewissheit auf der anderen Seite klafft immer weiter auseinander.

Diese Ungewissheit, Vielschichtigkeit und Mehrdeutigkeit sollte nicht als Bedrohung wahrgenommen, sondern auch als Qualität geschätzt werden.

Zu einer Qualität wird etwas dann, wenn das Empfundene neue oder lang unterdrückte Fähigkeiten in uns hervorruft. Eine gute Freundin, die sich von einer langjährigen Beziehung verabschiedete, litt sehr darunter, fortan allein zu sein. Von Natur aus sehr beziehungsorientiert, fühlte sie sich am wohlsten und sichersten in der Gesellschaft anderer. Nun war sie mit vierundfünfzig Jahren wieder Single und fing noch einmal neu an. Ihre Sehnsucht nach Gemeinschaft war so groß, dass sie immer wieder an der Richtigkeit ihrer Entscheidung zweifelte und alle ihre Freundinnen mobilisierte, um Unterstützung zu bekommen. Durch diese Kontakte konnte sie letztlich die Unsicherheit aushalten, um in ihren neuen Lebensabschnitt zu gehen.

Diese Geschichte zeigt zweierlei: Zum einen, dass tatsächlich nichts im Leben wirklich sicher ist, und zum anderen, dass es sehr gut möglich ist, Veränderungen zu wagen, wenn man sich aufgehoben und geborgen fühlt. Und selbst wenn das einmal nicht der Fall sein sollte: Machen Sie sich bewusst, dass Ihnen nichts wirklich Schlimmes geschieht, auch wenn das Leben Purzelbäume schlägt. Sie sind immer noch da, und Sie sind Sie selbst, daran wird nichts und niemand etwas ändern. Vertrauen Sie Ihren Instinkten und Ihrer Intuition und lernen Sie, wie biegsamer Bambus im Wind der Veränderung zu schwingen, ohne zu zerbrechen.

Wie könnten Sie nun im Kleinen üben, Verunsicherung und Verwirrung auszuhalten und zu akzeptieren? Das geht einfacher, als Sie denken. Nehmen wir als Beispiel das morgendliche Aufstehen: Jeder Mensch hat seine morgendlichen Rituale, steht zur selben Zeit auf, geht ins Bad, erledigt dort in derselben Routine seine Tätigkeiten, bedient immer mit derselben Hand die Armaturen der Dusche und des Waschbeckens, faltet sein Handtuch stets in der gleichen Weise und so weiter. Um die Verunsicherung als eine Qualität in Ihrem Leben zu erfahren, möchte ich Ihnen empfehlen, an zwei Tagen in der Woche (nicht mehr, denn zu viel Verunsicherung ist auch nicht förderlich) einmal mit dem anderen Bein zuerst aus dem Bett zu steigen, mit der anderen Hand Zähne zu putzen, das Handtuch einmal anders zu falten als üblich, sich mit der anderen Hand einzucremen und die Routine beim Duschen zu unterbrechen.

Wenn Sie sich diesem Experiment anvertrauen, fragen Sie sich: Was kann ich beobachten? Wie fühlt sich diese oder jene Veränderung an? Verunsichert sie mich so heftig, dass sie bedrohlich wirkt, oder macht sie sogar Spaß? Überanstrengen Sie sich aber bitte nicht dabei – die Sequenz morgens im Bad reicht aus, um Ihnen einen Vorgeschmack auf Verunsicherungen zu geben. Danach können Sie getrost ins alte Fahrwasser wechseln und sich entspannen. Die Übung hat eine Flexibilisierung zur Folge: Mit der Zeit werden Sie weniger abhängig von Routinen und Strukturen sein und feststellen dürfen, dass es nicht gefährlich ist, wenn etwas anders läuft als gewohnt. Das ist eine gute Vorbereitung auf den Ernstfall, wenn das Leben wirklich einmal Purzelbäume schlägt.

Kunst und Wissenschaft verbinden – ganzheitlich denken

Um uns diesem Prinzip zu nähern, sollten wir zunächst einmal annehmen, dass Kreativität und Fantasie sowie Strukturiertheit, Ordnung und Logik keine Gegensätze darstellen. Es sind vielmehr die zwei Seiten einer Medaille, oder um es anders auszudrücken, zwei Pole, die auf einem Kontinuum verbunden sind. Alle Menschen verfügen über beides, nur ist das eine oder andere durch lange Übung meistens ausgeprägter. Wer kennt sie nicht, die sachlichen, strukturierten Menschen und daneben die Künstlertypen, die das kreative Chaos beherrschen?

Es scheint so, als ob Leonardo da Vinci beides gewesen sei und sowohl der Kunst wie auch der Wissenschaft eine gleichrangige Bedeutung zugemessen habe. Er war sinngemäß der Meinung, dass Kunst, welche ohne wissenschaftlich fundiertes Hintergrundwissen praktiziert werde, keine fundierte Basis habe.

Eine Möglichkeit, Kreativität und Logik miteinander zu verbinden, stellt die bewährte Arbeitstechnik des Mind-Mapping dar. In anschaulicher und trotzdem geordneter Weise können Themen oder Projekte strukturiert und bildhaft dargestellt werden. Damit werden die linke und die rechte Hirnhälfte in Kontakt gebracht. Die linke Hirnhälfte ist für mathematisches, logisches und strukturiertes Denken zuständig, während die rechte Hirnhälfte der Kreativität, der Fantasie und dem Humor vorbehalten ist. Ein Merksatz dazu lautet: »Links wird gedacht, rechts wird gelacht«.

Eine andere Möglichkeit, beides zu verbinden, stellt die seit ein paar Jahren im Internet kursierende Methode des »Bullet Journal« dar. Ein Bullet Journal ist im Grunde genommen ein Organizer, Kalender und eine Strukturhilfe für Alltag und Beruf. Wir alle kennen die gängigen Agenden, die in Papeterien oder Buchhandlungen zu kaufen sind. Ein Bullet Journal beinhaltet zwar auch einen Kalender, wird aber von Grund auf individuell gestaltet. Man benötigt dazu am Anfang nur ein Notizbuch (am besten gepunktet) und einen Stift. Ein Bullet Journal ist eine Mischung aus Tagebuch, Organizer und Zukunftsplaner. Jede Seite wird kreativ und den eigenen Bedürfnissen entsprechend gestaltet. Sowohl Wochenübersichten finden darin ihren Platz als auch tägliche oder monatliche Aufgaben, Daten über Geburtstage, Reiseplanung, Gewohnheiten, Befindlichkeiten und alles andere, was das eigene Leben ausmacht. Es macht Spaß, in Kontakt mit der eigenen Kreativität zu kommen und dabei gleichzeitig etwas Nützliches zu erschaffen. Im Internet finden Sie dazu viele Anregungen.[17]

Ich möchte Sie gerne dazu einladen, Ihr Leben anhand eines Bullet Journals zu organisieren. Nach meiner eigenen

Erfahrung kann es äußerst befriedigend sein, eine schöne Seite gezeichnet zu haben und gleichzeitig damit das Ziel zu verfolgen, den nächsten Monat zu strukturieren.

Selbst wenn Sie als sehr sensibler Mensch öfter erschöpft auf dem Sofa liegen, können Sie Ihr Bullet Journal zur Hand nehmen und den nächsten Wochenplan aufzeichnen.

Meine persönliche Erfahrung ist, dass diese Methode mehr zur Entspannung und Zufriedenheit beiträgt als das Ausmalen von Mandalas. Aber probieren Sie es aus. Wichtig dabei ist, dass Kreativität gleichwertig neben Logik und Strukturiertheit in Ihrem Leben Platz findet. Dabei verstehe ich unter Kreativität nicht nur künstlerisches Ausleben und Gestalten, sondern sie kann auch beim Anrichten eines Salates beginnen. Kreativ sein heißt auch, auf dem Boden von Theorien und Erfahrungen eigene Ideen weiterzuspinnen und Visionen zu entwickeln.

Beinahe alle empfindsamen Menschen, mit denen ich bis jetzt gearbeitet habe, waren kreativ. Oft wussten sie allerdings noch nichts davon, sondern entdeckten ihre Kreativität erst im Laufe ihres Entwicklungsprozesses. Kreativität beginnt dort, wo Sie sich erlauben, andere Gedanken zu denken, neue Erfahrungen zu machen und unbekannte Emotionen zuzulassen als nur diejenigen, die Sie bis jetzt gewohnt waren. In Kontakt mit Ihrem Potenzial kommen Sie dann, wenn Sie sich herausfordern, nicht, wenn Sie dasselbe tun wie immer.

Für den Körper sorgen – Anmut und Beweglichkeit pflegen

Wenn von *Persönlichkeitsentwicklung* gesprochen wird, wird meistens der seelisch-geistig-emotionale Aspekt betont und in den Vordergrund gestellt. Dabei wird oft übersehen, dass Menschen auch einen Körper haben. Man sollte gut für ihn sorgen, ihn pflegen und gesund erhalten, denn er macht die seelische, geistige und emotionale Entwicklung erst möglich. Die meisten Menschen jedoch behandeln ihren Körper wie eine Maschine, die zu funktionieren hat.

Offensichtlich verfügte Leonardo da Vinci über eine außergewöhnliche Physis. Seine körperliche Kraft wird gerühmt[18], und er geizte selbst nicht mit Ratschlägen für eine gesunde Lebensführung. Bewegung war ihm außerordentlich wichtig: Er war ein guter Reiter, schwamm und übte sich regelmäßig in der Fechtkunst. Außerdem war er Vegetarier und kochte sich seine Mahlzeiten selbst.

Trotz diverser Fitnesstrends in der heutigen Zeit ist das Körperbewusstsein im Schwinden begriffen. Um ein Bewusstsein für den eigenen Körper und seine Fitness zu erlangen, muss man kein Leistungssportler sein. Es genügt, wenn Sie täglich moderate Bewegung in Ihren Alltag einbauen. Es geht vor allem darum, Ihren Körper zu spüren und sich an ihm zu erfreuen.

Ein auf Ihre Bedürfnisse und Ihren Körper abgestimmtes Krafttraining und Übungen zur Beweglichkeit bietet jedes Fitnesscenter an. Was zu einer gesunden Physis nach Leonardo da Vinci aber noch dazugehört, ist die Pflege der Beidhändigkeit und der Haltung.

Leonardo schrieb sowohl mit rechts als auch mit links, war also Beidhänder. Diese Fähigkeit vernetzt beide Gehirnhälften miteinander. Ich habe die Erfahrung gemacht, dass ich mich wacher fühle, wenn ich die ungeübte Hand benutze, in meinem Fall ist das die rechte. Es ist also ein gutes Training für Präsenz und Aufmerksamkeit, sich ab und zu einmal vorzunehmen, an einem Tag mit der ungeübten Hand zu schreiben. Nur, weil man entweder Rechts- oder Linkshänder ist, heißt das ja nicht, dass man die andere

Hand nicht benutzen kann. Probieren Sie es aus. Sie werden sich wahrscheinlich zu Beginn in Ihre Grundschulzeit versetzt fühlen, als Sie schreiben lernten. Damals mussten Sie auch Buchstaben malen und nicht jeder gelang in der gewünschten Weise.

Üben Sie sich in Ihrer Beidhändigkeit und Sie werden feststellen, dass neben dem praktischen Nutzen auch Ihre Präsenz, Konzentriertheit und Aufmerksamkeit zunimmt. Gerade für sehr sensible Menschen, die oft mit ihrer Aufmerksamkeit außen, also bei anderen Menschen oder ihrer Umgebung sind statt bei sich selbst, ist dies von großer Bedeutung.

Ich möchte Ihnen folgende Fragen und Empfehlungen mitgeben, damit Sie das Bewusstsein für Ihren Körper schulen:

Überprüfen Sie die Möglichkeiten, sich täglich mehr zu bewegen und körperlich zu betätigen.

- Üben Sie Ihre Beidhändigkeit.
- Überprüfen Sie Ihre Ernährungsgewohnheiten, lassen Sie weg, was Ihnen nicht guttut und fördern Sie Ihr körperliches Wohlbefinden durch eine passende Ernährung.
- Steigern Sie Ihre Fitness, sei es in einem Fitnessstudio, mit einem Personaltrainer oder einem Aerobic-Kurs. Es spielt keine Rolle, was Sie tun, sondern dass Sie es tun.
- Inwieweit können Sie beobachten, dass Ihre körperliche Befindlichkeit Ihre Stimmungen beeinflusst und umgekehrt?
- Können Sie beschreiben, wie sich Ihr Körper anfühlt, wenn er angespannt ist, und auch, wenn er entspannt ist?
- Üben Sie sich in der Selbstbeobachtung, indem Sie Ihren Körper bis ins Detail gut kennenlernen. Halten Sie Ihre Beobachtungen in einem Notizbuch fest.

Alles ist mit allem verbunden – Kohärenz bewirken

Kennen Sie das? Sie denken gerade intensiv an eine weit entfernt lebende Freundin und ein paar Minuten später klingelt das Telefon und diese Freundin ist dran … oder Sie spüren, dass es Ihrer Nachbarin nicht gut zu gehen scheint und erfahren etwas später, dass ihr Mann seine Stelle verloren hat. Oder Sie befinden sich an einem fließenden Gewässer, legen ein Blatt auf die Oberfläche und beobachten, wie es durch die Strömung hin und her bewegt wird und seinen Weg den Bachlauf entlang findet. Es entstehen im selben Gewässer Strudel und Gegenstrudel, Strömungen und Zonen, in denen das Wasser scheinbar stillsteht. Und doch ist es immer dasselbe Gewässer, jeder Tropfen scheint mit dem anderen verbunden zu sein, zusammen ergeben sie ein organisches Ganzes.

Ich denke, man kann mit gutem Gewissen behaupten, dass eine der größten Sehnsüchte des Menschen darin besteht, zur Ganzheit zu gelangen, Verbindung zu spüren und herzustellen. Da gibt es die poetische Geschichte von der Einheit als Natur des Menschen, die Platon in seinem *Symposion* erzählt: Anlässlich eines Gastmahls werden die Anwesenden gebeten, Geschichten über Eros zu erzählen. Der Komödiendichter Aristophanes schließlich berichtet, dass es ursprünglich neben dem weiblichen und dem männlichen auch noch ein drittes Geschlecht gegeben habe, das das Weibliche und das Männliche in sich vereinigt habe. Dieses Geschlecht hätte außerdem große und kühne Gedanken gehabt und verfügte über enorme Kräfte, sodass es den Himmel erobern wollte, um die Götter anzugreifen. Zeus schließlich spaltete sie in einen weiblichen und einen männlichen Teil, um ihnen ihre Kraft zu rauben. Fortan suchten die Menschen ihr Leben lang nach ihrer anderen Hälfte, um ihre ursprüngliche Ganzheit wiederzufinden.[19]

Leonardo hat das unter anderem so formuliert, dass sich jeder Teil mit dem Ganzen verbinden wolle, um die eigene Unvollkommenheit zu überwinden.[20]

Die Sehnsucht nach Verbindung spüren wir vor allem in unseren Beziehungen, sei es in der Partnerschaft, Familie oder im Freundeskreis. Wer schon einmal erlebt hat, wie erfüllend es ist, verstanden zu werden und sich im Kontakt mit anderen Menschen aufgehoben und geborgen zu fühlen, weiß, wovon ich spreche.

Verbindung gibt es aber nicht nur zwischen Menschen, sondern auch innerhalb der eigenen Persönlichkeit und des eigenen Körpers. Wir bestehen aus organischen Systemen, die ebenfalls miteinander verbunden sind – durch unzählige Blutbahnen, Nervenverbindungen, Synapsen, Hormonen und Botenstoffen, die sich in einem ausgeklügelten Zusammenhang miteinander befinden. Diese biologischen Grundlagen stehen auch in einer Verbindung zu den Emotionen – zum Beispiel kann ein niedriger Serotoninspiegel für depressive Verstimmungen verantwortlich sein oder eine Schilddrüsenunterfunktion für starke Stimmungsschwankungen. Ein niedriger Eisengehalt sorgt für große Müdigkeit oder Antriebsschwäche, ein Mangel an Vitamin B12 unterdrückt die Bildung von roten Blutkörperchen, wodurch Kraftlosigkeit und Müdigkeit verursacht werden können.

Sie sehen, auch innerhalb eines Organismus ist alles mit allem verbunden. Nun kann es geschehen, dass diese Zusammenhänge durch äußere Einflüsse gestört werden. Erleben wir einen großen Schreck oder sind wir mit Ereignissen konfrontiert, die uns aus der Bahn werfen, können wir eine

Fragmentierung erleiden. Wir fühlen uns dann nicht mehr »ganz«, sondern nur noch zu einem Teil. Es kann dann passieren, dass wir ganze Körperregionen nicht mehr spüren können oder generell Mühe haben, körperlich zu empfinden, oder dass wir Gefühle abspalten und keine Emotionen mehr empfinden können. Wir sind womöglich auch nicht mehr in der Lage, die Schönheit der Natur zu sehen, oder wir verzichten auf menschliche Kontakte, brechen Beziehungen ab und isolieren uns.

Bei sehr sensiblen Menschen beobachte ich oft ein interessantes Phänomen: Einerseits können sie sehr gut und schnell Verbindungen zwischen Sachverhalten erkennen, die anderen nicht so schnell auffallen würden. Durch ihre geschulte Beobachtungsgabe und ihr gutes Denkvermögen sind sie sehr schnell und gut im vernetzten Denken. Auf der anderen Seite empfinden sie eine Fragmentierung und Ambivalenz, ein innerliches Hin- und Hergerissensein zwischen verschiedenen Emotionen, Gedanken und Bedürfnissen, die ihnen das Erleben von Einheit oder Ganz-Sein im eigenen Inneren nahezu unmöglich machen. Auf diese Weise erleben Hochsensible oft ein Spannungsfeld zwischen der Wahrnehmung nach außen, aufgrund derer sie meistens nicht verstanden werden, weil sie mehr beobachten, wahrnehmen und Schlüsse ziehen als die meisten anderen Menschen, und ihrer eigenen inneren Zerrissenheit. Das bedeutet eine doppelte Einsamkeit, das heißt einen zweifachen Verlust der Verbindung nach außen und nach innen.

Jetzt können Sie natürlich fragen, warum es wichtig ist, in Verbindung zu sein. Schließlich lässt es sich leben, ohne allzu viel zu spüren. Man kann sogar ohne zwischenmenschliche Verbindungen leben. Oft scheint es sogar so, als ob man dadurch den Ärger und Frust der Welt hinter sich gelassen hätte. Wozu also sollte man wieder mühsam lernen, Verbindungen zu sich selbst und anderen aufzubauen? Die Antwort ist ebenso einfach wie einleuchtend. Natürlich kann man ohne Verbindung leben, aber hierbei handelt es sich nur um pures Überleben. In diesem Buch jedoch soll es um das Lebendig-Sein gehen. Während beim Überleben nur die lebenswichtigsten Funktionen aktiv sind und genutzt werden können, kann man beim Lebendig-Sein aus der Fülle der ganzen Potenziale und Kompetenzen schöpfen. Und wer möchte das nicht? Also lassen Sie uns schauen, was Sie für Ihre Lebendigkeit tun können.

Die gute Nachricht ist, dass Verbinden geübt werden kann. Ich habe im Folgenden einige Fragen formuliert, mit deren Hilfe Sie einschätzen können, wie Sie Verbindung pflegen und wo noch Entwicklungspotenzial besteht.

Für die Verbindung zum eigenen Körper:

- Gelingt es Ihnen, Ihren Körper vom Haaransatz bis zum Ende der Zehen zu spüren?
- Was tun Sie, um in Kontakt mit Ihrem Körper zu kommen (siehe auch den Abschnitt »Für den Körper sorgen – Anmut und Beweglichkeit pflegen«)
- Gelingt es Ihnen, mehrere Körperempfindungen gleichzeitig wahrzunehmen?
- Haben Sie die Vorstellung, dass Ihr Körper einfach funktionieren muss, oder können Sie auch wertschätzen, wenn er manchmal erschöpft ist, Verspannungen oder sonstige »lästige« Symptome zeigt?

Für die Verbindung zu anderen Menschen:

- Betrachten Sie Ihre Freundschaften: Wie viele wirklich gute Freunde haben Sie?

- Was macht für Sie die Qualität dieser Freundschaften aus?
- Haben Sie öfter Freundschafts- oder Familienbeziehungen in Ihrem Leben abgebrochen?
- Fühlen Sie sich häufig einsam?
- Gibt es aber auch im Gegensatz dazu Momente des Eins-Seins mit der Natur, der Schöpfung, dem Universum?
- Haben Sie echtes Interesse an anderen Menschen?

Für die Verbindung mit der Natur oder mit Tieren:
- Fühlen Sie sich freier, wenn Sie im Kontakt mit der Natur sind?
- Können Sie einem Blatt, einem Stück Treibholz, dem Wechsel der Jahreszeiten die jeweils eigene Schönheit zuerkennen und wahrnehmen?
- Haben Sie einen Lieblingsort in der Natur, den Sie gerne aufsuchen?
- Gärtnern Sie gerne?
- Mögen Sie Tiere? Wenn ja, welche sind Ihnen am liebsten und warum?
- Kommt es Ihnen manchmal vor, als würden Sie fühlen, was die Tiere fühlen, denen Sie begegnen?
- Fühlen sich Tiere in Ihrer Gegenwart wohl?

Viele Menschen haben in den oben genannten Aspekten den Körper, wiederum andere Menschen in der Natur oder in der Gesellschaft von Tieren ihre persönliche Präferenz. Es gibt Menschen, die exzessiv die Verbindung zu ihrem eigenen Körper ausleben wie Leistungssportler, Fitnesstrainer und Survival Guides, und es gibt jene, die lieber in der Natur oder mit Tieren unterwegs sind als mit anderen Menschen. Diese Einseitigkeiten sind hier nicht gemeint, wenn ich von Verbindung im Sinne von Kohärenz spreche. Vielmehr geht es um ein allgemeines Prinzip, das uns erlaubt, mit allem in Kontakt zu sein und sich grundsätzlich verbunden zu fühlen.

Ich gehe noch einen Schritt weiter und wage die Behauptung, dass das In-Verbindung-Sein und Kohärenz zu erleben die Grundvoraussetzung dafür ist, das eigene Potenzial auszuschöpfen und zu erkunden.

Halten wir fest: Am Beispiel Leonardo da Vincis und seiner Prinzipien können wir feststellen, dass Neugier, das eigene Wissen zu überprüfen und auch einmal infrage zu stellen, die Sinne zu schärfen, Verwirrung und Unsicherheit auszuhalten, Wissenschaft mit Kunst zu verbinden, den eigenen Körper beweglich zu halten und sich in Verbindung zu üben die Voraussetzungen dafür sind, in die eigene Kraft zu kommen. Die Grundeigenschaften dafür sind in jedem sehr empfindsamen Menschen angelegt. Jeder sensible Mensch trägt also die grundsätzlichen Bedingungen für eine positive Potenzialentfaltung in sich. Sie können sich nun fragen, warum denn *Potenzialentfaltung* notwendig ist? Ich denke, dass jeder Mensch die Möglichkeit besitzt, die Gesellschaft und deren Entwicklung zu beeinflussen. Wenn wir uns als Menschen unserer Möglichkeiten bewusst werden, gestalten wir die Zukunft. Es braucht beides: die Verbindung zur Geschichte und die zur Zukunft.

Möglicherweise erleben wir heute eine Renaissance der Sensibilität, eine Wiedergeburt der feinen Wahrnehmung, die es zu kultivieren gilt, ohne sich davon beherrschen zu lassen.

Doch knüpfen wir noch eine Verbindung zur Literatur. Denn es haben sich auch über die Zeiten hinweg viele Autoren mehr oder weniger direkt mit Sensibilität beschäftigt.

Sensibilität in der Literatur des 18. Jahrhunderts

Ich möchte Ihnen eine kleine Geschichte erzählen: Ein Mann, wegen juristischer Angelegenheiten in eine Kleinstadt beordert, lernt anlässlich eines gesellschaftlichen Ereignisses eine junge Frau kennen. Er beobachtet, wie sie für ihre acht jüngeren Geschwister Brot schneidet. Ihre Natürlichkeit und Anmut fasziniert ihn so, dass er sich auf der Stelle in sie verliebt. Hier könnte die Geschichte ein Happy End haben, wäre da nicht die Tatsache, dass die Frau bereits verlobt ist. In der Folge verliert sich unser Held in seiner hoffnungslosen Liebe, verfasst schwärmerische Briefe, interpretiert ihr Verhalten, obwohl oft abweisend, zu seinen Gunsten. Schließlich nimmt er ein Stellenangebot in einer anderen Stadt an. Sein Chef stellt eindeutig den Verstand über die Seele, was unseren Helden verbittert und geradezu beleidigt. Vor Sehnsucht hält er es nicht mehr aus und kehrt in die Stadt zurück, in der die junge Frau lebt und besucht sie. Sie ist mittlerweile verheiratet und weist ihn zurück. Das Ende vom Lied: Verzweifelt erschießt sich der junge Mann.

Sie werden es bereits erkannt haben: Die Rede ist vom Briefroman *Die Leiden des jungen Werther*, erschienen 1774, Verfasser ist Johann Wolfgang von Goethe. Das Buch schien einen Zeitgeist getroffen zu haben – es schlug ein wie eine Bombe. Der erste Bestseller der Literaturgeschichte war geboren. Tausende junger Männer fühlten sich aufgerufen, ihre schwärmerische und sensible Seite auszuleben und auch, leider muss es gesagt sein, auszuagieren. Denn das Buch zog eine beträchtliche Selbstmordwelle nach sich. Ganze Heerscharen von jungen Männern aus guten Familien lebten und liebten durch den »Werther«, glaubten, ohne die Angebetete nicht mehr leben zu können und trugen ihre schwärmerische Sensibilität offen zur Schau.

Der deutsche Dichter Friedrich Gottlieb Klopstock (1724 bis 1803) zählt mit seinen Oden, in denen er eine unglückliche Liebe besang und die einen Begeisterungssturm auslösten, auch in diese Zeit.

Diese Beispiele zeigen eindrücklich, wie sehr sensible Menschen mitunter aus äußerem Anlass (man liest ein Buch, sieht einen Film, beobachtet eine Situation) in Kontakt mit Eigenschaften kommen, die sich dann ungehindert Bahn brechen. Dabei geht oft das gesunde Maß verloren. Bereits die Stoiker im Altertum riefen zur Mäßigung in allen Dingen auf, da eine übermäßige Emotionalität als charakterliche und geistige Schwäche galt, der man entgegenzusteuern hatte, wie schon zu Beginn dieses Kapitels erläutert wurde.

Das Beispiel der Romanfigur des jungen Werthers zeigt zweierlei: Zum einen die enorme emotionale Begeisterungsfähigkeit, die ich gerne als einen Teil des positiven Potenzials Hochsensibler benennen möchte, und zum anderen die ebenfalls enorme Zerstörungskraft, wenn die Emotionalität ins Leere läuft, nicht gehört und nicht gesehen und damit auch nicht wertgeschätzt und gewürdigt wird. Dies würde ich als durchaus negatives Potenzial sensibler Menschen betrachten.

So kann es sich auch tragisch verhalten: Dass eine Begeisterungsfähigkeit, die aus einer hohen Sensibilität entsteht, ihren Träger oder auch ihre Trägerin in einen Abgrund reißt und nicht selten in ihrer Dramatik zerstörerisch wirkt.

Daran ist zu erkennen, dass Sensibilität an sich nicht etwas rein Positives und natürlich auch nicht nur etwas Negatives ist. Wesenszüge und Eigenschaften sind von ihrer Anlage her neutral. Deshalb sind viele Bücher, in denen von Hochsensibilität ausschließlich und unreflektiert als Gabe und Geschenk gesprochen wird, irreführend. Eine Eigenschaft wird nicht dadurch ein Geschenk, das man annehmen und positiv nutzen kann, nur aufgrund der Tatsache, dass sie vorhanden ist.

Aufklärung und Empfindsamkeit

Diese Tatsache musste wohl auch ein weiterer, diesmal sehr realer junger Mann erkennen, der ebenfalls im 18. Jahrhundert lebte. Von Natur aus empfindsam und kränkelnd, reagierte der mutterlos aufgewachsene Junge sehr stark auf die Art und Weise, wie sein Umfeld mit ihm umging. Von seiner Tante und seinem leiblichen Vater wurde er liebevoll behandelt, später wurde er dann in Pflege gegeben und musste einen ungerechten und harten Umgang durch verschiedene Betreuungspersonen erfahren. Man kann annehmen, dass er sehr gut wahrnahm, wie diese unterschiedlichen Behandlungen auf ihn gewirkt haben. Er entwickelte sich zu einem unsteten und wurzellosen jungen Mann, dem es schwerfiel, Regeln einzuhalten. Deshalb bezog er oft drastische Strafen. Als er eines Tages nach einer langen Wanderung verspätet zurückkam und das Stadttor verschlossen vorfand, begab er sich kurzentschlossen auf eine Wanderung. Die folgenden Jahre waren für ihn geprägt von Armut, beruflichen Experimenten als Diener und Schreiber sowie wichtigen Erfahrungen mit der Kunst, vor allem der Musik. Sein unbändiger Freiheitsdrang, gepaart mit einer hohen Intelligenz und Beobachtungsgabe, mündete in seinem reifen Erwachsenenalter darin, Bücher wie *Der Gesellschaftsvertrag* und *Emile oder über die Erziehung* zu schreiben. Richtig, es handelt sich hier um Jean-Jacques

Rousseau (1712 bis 1778), führender Denker der Aufklärer, Wegbereiter der Französischen Revolution, politischer Philosoph, Musiktheoretiker und sehr sensibler Mensch.

Wären seine Schriften und Gedanken, die die Vorstellungen der damaligen Zeit durchaus revolutionierten, denkbar gewesen ohne seine hohe Sensibilität?

Gleichzeitig eckte er auch oft an, denn er konnte oft seine Meinung nicht für sich behalten, was im Konflikt zu seinen untergeordneten Tätigkeiten stand. Aber er war auch hochkompetent. Als Beispiel möchte ich hier seine Anstellung als Botschaftssekretär in Venedig anführen. Der französische Botschafter selbst, ein ehemaliger Militär, sprach kein Italienisch. Rousseau übernahm für ihn sämtliche Korrespondenz, entschlüsselte Botschaften, kommunizierte mit den venezianischen Regierungsstellen und übersetzte ihre Antworten. Es gelang ihm auch, bei Problemen zu vermitteln und adäquate Lösungen zu finden. Die Fähigkeit, zwischen zwei unterschiedlichen Positionen zu vermitteln und den gemeinsamen Nenner zu finden, kennen wir von heutigen Hochsensiblen auch sehr gut. Dem liegt die Fähigkeit zur Kreativität zugrunde, innovativ und vernetzt zu denken und das herbeizuführen, was man heute eine Win-win-Situation nennt. Rousseau war also durchaus ein Gewinn für die französische Botschaft in Venedig. Das wusste Rousseau selbst auch, und er bekam Mühe mit der schlampigen und chaotischen Art seines Vorgesetzten, des Botschafters. Dieser spielte sich immer mehr als Chef auf und begann, Rousseau wie einen Lakaien zu behandeln und zu demütigen. Infolgedessen ließ Rousseau ihn wiederum seine geistige Überlegenheit spüren, was den Konflikt zuspitzte, bis ihn Montagu schließlich hinauswarf.[21]

Das 18. Jahrhundert, in dem Goethe und Rousseau lebten, war ein sehr bewegtes. Kluge Köpfe begannen, das herrschende monarchische System zu hinterfragen, was schließlich zu einer Erstarkung des Volkes und zur französischen Revolution führte. Danach war die Welt in Westeuropa eine andere. Diese Epoche ist heute allgemein unter dem Namen »Aufklärung« bekannt.

Dies hatte große Auswirkungen, die bis heute spürbar sind. Aufgrund von Rousseau und anderen Vertretern der Aufklärung wurde dem Verstand hohe Bedeutung zugemessen. Wo vorher Stand und Geburtsrecht die Hauptrolle für das Leben des Einzelnen spielten, traten nun die Geistesgaben die Vorherrschaft an. Natürlich entstand diese Haltung nicht einfach so, sondern bereitete sich vor. Eric Kandel, Neurowissenschaftler und Nobelpreisträger für Medizin, beschreibt diese Entwicklung so, dass zum Auslöser für den Durchbruch der Aufklärung im 18. Jahrhundert drei bahnbrechende astronomische Entdeckungen gehörten: Johannes Kepler formulierte die Regeln, nach denen sich die Planeten bewegten, Galileo Galilei stellte die Sonne in den Mittelpunkt des Universums und Isaac Newton entdeckte die Schwerkraft.

Neben diesen gesellschaftspolitischen Anstrengungen wurde in der Kunst, insbesondere der Literatur, die Empfindsamkeit zelebriert. Es handelte sich aber seinerzeit noch um eine weitgehende Trennung von scheinbar unvereinbaren Gegensätzen.

Besonders im mitteleuropäischen Raum wird dem Verstand und der Wissenschaft bis heute der Vorrang vor Seele und Gefühl eingeräumt. Wen wundert es da, dass sehr sensible Menschen sehr oft von früher Kindheit an den Eindruck bekommen, sie sollten anders sein, als sie sind, und lernen, ihre Empfindsamkeit zu verstecken? Die Auswirkungen dessen, was im Zeitalter der Aufklärung begann, sind bis zum heutigen Tage spürbar, etwa in der Art und

Weise des Schulunterrichtes, in dem geringen Wert, der Sensibilität zugestanden wird oder auch im allgegenwärtigen Leistungsdenken.

Wenn wir das, was wir heute unter hoher Sensibilität verstehen, an dem Leben Rousseaus messen, was können wir daraus ableiten? Da ist zunächst einmal die hohe Kompetenz in diplomatischen Angelegenheiten und eine gute schriftliche und mündliche Ausdrucksfähigkeit. Daneben existiert jedoch auch sein starker Drang nach Anerkennung für die eigenen Verdienste und ein gewisser Stolz, der es verbietet, »dem Kaiser zu geben, was des Kaisers ist«.

Autoritäten werden nicht einfach anerkannt, nur weil es Menschen gibt, die eine hohe Position in Gesellschaft, Politik oder Wirtschaft innehaben. Sehr empfindungsfähige Menschen möchten erfahren, dass dieser Mensch die Achtung und den Respekt, den man ihm aufgrund seiner Stellung entgegenbringt, auch verdient. Das heißt, sie beobachten ihr Umfeld unablässig und überprüfen ständig, ob das Verhalten anderer ihren oftmals hohen Wertmaßstäben gerecht wird. Dieses Beobachten und Überprüfen geschieht oft unbewusst. Viele Hochsensible wären erschrocken, wenn sie sich klarmachten, welche Egozentrik hinter diesem Verhalten steckt. Im Fall von Rousseau lässt sich aus dem dreihundertjährigen Abstand heraus Folgendes sagen: Nach seiner Entlassung, die ihn wieder in bittere Armut stürzte, sodass er seine Rückreise nach Paris nicht bezahlen konnte, schrieb er verzweifelte Briefe an den königlichen Beauftragten für auswärtige Angelegenheiten, verlangte Rechtfertigung und beklagte die ungerechte Behandlung. Seine Rufe verhallten jedoch ungehört, er bekam noch nicht einmal eine Antwort. Ein kleiner Botschaftssekretär interessierte niemanden, während Rousseau ernsthaft befürchtete, dass sein Ruf zerstört und sein Leben nichts mehr wert sei. Diese Überzeugung gipfelte in der Vorstellung, dass eine todbringende Verschwörung gegen seine Person im Gange sei. Endlich nach Paris zurückgekehrt, lebte er in bescheidenen Verhältnissen und schrieb an seinen *Bekenntnissen*. Seine Schriften wurden verboten. Es ist überliefert, dass er in seinen späten Jahren Gesellschaftsabende veranstaltete, in denen er aus seinen *Bekenntnissen* las. Diese Lesungen dauerten gut und gerne auch einmal achtzehn Stunden.[22]

Hat Rousseau das Potenzial, das mit seiner Empfindsamkeit einherging, positiv oder negativ genutzt? Offensichtlich gab es Zeiten, in denen er im Vollbesitz seiner Kompetenz war und die positiven Früchte davon ernten konnte. Aber aufgrund der mangelnden Fürsorge, Aufmerksamkeit und Wertschätzung in seiner Jugend reagierte er verbittert und unnachgiebig. Aus der Verbitterung heraus fand er nicht mehr den Weg zurück, um in den Kontakt mit der gesunden Seite seiner Empfindsamkeit zu kommen, sondern er verbiss sich in einen Verfolgungswahn. Anbiederndes Verhalten auf der einen Seite (lesen Sie nur einmal die Widmung in seiner *Abhandlung über den Ursprung und die Grundlagen der Ungleichheit unter den Menschen*)[23] und trotziges, widerspenstiges und stolzes Verhalten auf der anderen Seite sind als Ambivalenz bei Hochsensiblen oft zu beobachten.

Diese und andere Widersprüchlichkeiten und letztlich auch oft eine Verschiebung der Realität beobachte ich öfter bei meiner Arbeit mit Klienten und Klientinnen. Nicht ohne Grund besteht therapeutische Arbeit auch darin, Widersprüche in den Aussagen oder im Verhalten der Klienten aufzuzeigen und bewusst zu machen. Selbstverständlich ist die Realität, wie jeder Mensch sie erlebt und erfährt, wichtig, weil sie den eigenen Bezugsrahmen der individuellen Wirklichkeit darstellt. Dass es daneben aber auch mehrere Arten von Perspektiven und Wirklichkeiten gibt, und dass jeder Mensch seine eigene Sichtweise hat, wird auch heute noch oft übersehen. Das eigene Erleben wirkt so mächtig, die Intensität der Gefühle ist so stark, dass eine distanziertere und damit oftmals auch realistischere Beurteilung der Situation verhindert wird.

Ich habe versucht, Ihnen anhand der fiktiven Romanfigur des jungen Werther und am realen Leben des Jean-Jacques Rousseau aufzuzeigen, welche Auswirkungen eine erhöhte Empfindsamkeit auf das Leben eines Menschen haben kann. Beide Beispiele zeigen eindrücklich, dass positive und negative Folgen einer erhöhten Sensibilität nahe beieinanderliegen und beide Formen im Laufe eines Lebens miteinander verwoben sind. Wenn ich hier von *Potenzialentfaltung* spreche, dann bedeutet dies also nicht, dass Sie dieses Ziel einmal erreichen werden und fortan ständig im Zustand Ihres Potenzials sind. Sie werden sich mal weiter weg davon bewegen, mal näher dran sein. Das eigene Wesen zur Entfaltung zu bringen, ist ein dynamisches Geschehen.

Wenn sich Denken und Leben scheinbar widersprechen – Jean-Jacques Rousseau und Alice Miller

Rousseau hatte durch seine Logik, seine geschliffene Rhetorik sowie seine kognitiven Argumente die Herrschaft des Verstandes begründet. Aus kleinsten Verhältnissen stammend, bot er ein Beispiel dafür, dass ein Mensch (damals galt das nur für Männer) unabhängig von seiner Herkunft und nur aufgrund seines Verstandes und seiner sonstigen

Gaben es zu Ruhm, Ehre und Wohlstand bringen kann. Wobei man hinzufügen muss, dass ihm Letzteres zeitlebens versagt blieb.

Distanz zu seinem privaten Scheitern gelang ihm in späteren Jahren nur, indem er als Vordenker einer neuen Gesellschaftsordnung seine Gedanken zu Papier brachte. Ihm wurde von Kritikern oft vorgeworfen, dass er seine eigenen Kinder (er hatte insgesamt fünf mit der Wäscherin Thérèse Levasseur, mit der er lange in wilder Ehe zusammenlebte) direkt nach der Geburt dem städtischen Waisenhaus übergab, was zu damaligen Zeiten beinahe einem Todesurteil gleichkam. Nichtsdestotrotz schrieb er das Buch *Emile oder über die Erziehung*. Wie kann ein Mann, der seine Kinder fortgibt, so sensibel und tiefgehend über die ideale Erziehung schreiben?

Ich wage folgende Deutung: Wäre es nicht denkbar, dass die Kindheits- und Jugenderfahrungen Rousseau so stark geprägt hatten, dass er annahm, niemals ein guter Vater zu werden? Er hat zeitlebens unter Existenznöten gelitten und ihm wird die autoritäre Erziehung, die er erleben musste, noch sehr präsent gewesen sein. Ist es nicht vorstellbar, dass dieser intelligente Mensch diese Erfahrungen mit seinen inneren Ambivalenzen und einem Gefühl von Zerrissenheit in Beziehung brachte und auch darunter litt? Wäre es nicht anzunehmen, dass er überzeugt davon gewesen war, den Herausforderungen und der Verantwortung als Erziehender nicht gewachsen zu sein?

Wäre es nicht ein Zeichen von Klugheit, die eigenen Grenzen zu erkennen? Es muss kein Widerspruch sein, theoretisch zu wissen, wie Menschen handeln sollten und dennoch das eigene Leben anders zu gestalten.

Ein zeitgenössisches Beispiel mag diesen Sachverhalt verdeutlichen: Alice Miller (1923 bis 2010), ausgebildete Psychoanalytikerin, die sich nach ihrer Abkehr von der Psychoanalyse selbst als »Kindheitsforscherin« bezeichnete und bekannt durch Bücher wie *Das Drama des begabten Kindes* und *Am Anfang war Erziehung*, hat nach ihrem Rückzug aus der Psychoanalyse in der Provence gelebt, wo sie sich vor allem dem Schreiben widmete. Sie dachte intensiv über die ideale Kindheit nach und verfasste theoretische Abhandlungen über Entwicklungspsychologie und Kindheit. Interessant dabei ist, dass sie selbst zwei Kinder hatte. Ihr Sohn Martin ist heute Psychotherapeut und hat in seiner Biografie *Das wahre Drama des begabten Kindes* das Muttersein und die Geschichte Alice Millers in den Zusammenhang mit Kriegstraumata gestellt. In seinen Berichten wird sehr deutlich, dass Alice Miller aufgrund ihrer Geschichte nicht die liebevolle verlässliche Mutter sein konnte, deren Ideal sie in ihren Büchern beschreibt.

Am Beispiel Rousseaus wie auch Alice Millers kann man erkennen, dass ein Bewusstsein für richtiges Handeln nicht gleichzeitig bedeutet, auch entsprechend handeln zu *können*.

Modernen Hochsensiblen wird oft eine uneinheitliche Persönlichkeit bescheinigt – als müsste menschliches Leben nach den immer gleichen und starren Prinzipien geschehen und als gäbe es nicht mehrere Möglichkeiten des Verhaltens, die bei näherer Betrachtung ihre eigene Logik besitzen. Menschliches Verhalten, und insbesondere dasjenige sehr sensibler Menschen, unterliegt oftmals eigenen Gesetzmäßigkeiten und ist von anderen, möglicherweise weniger empfindlicheren Naturen, oft schwer nachzuvollziehen.

Sensibilität als überdauerndes Element in der Menschheitsgeschichte

Was haben nun die hier geschilderte Historie, die literarischen Gegenstände und die damit verknüpften Biografien mit dem Thema dieses Buches, der Sensibilität und ihrem Potenzial, zu tun?

Ich hoffe, Sie davon überzeugt zu haben, dass es erstens immer schon sehr sensible Menschen gab, auch wenn sich die Definitionen im Laufe der Jahrhunderte unterscheiden. Der häufig gehörte Einwand, Hochsensibilität sei eine Erfindung der Moderne und ein Modebegriff, kann damit als widerlegt gelten.

Zweitens ist es mir wichtig aufzuzeigen, dass Sensibilität an sich eine neutrale Eigenschaft ist. Um sie als positives Potenzial zu entfalten, bedarf es aber auch anderer Eigenschaften, die jeder Mensch in sich entwickeln kann, wie ich im Kapitel »Renaissance, Leonardo und sieben Prinzipien« ausgeführt habe.

Teil II:
Gibt es »die« Hochsensiblen?

Physiologische Komponenten

Wenn von Hochsensibilität berichtet wird, ist oftmals eine sehr einseitige Sicht auf die emotionale Seite leitend. Dabei wird oft übersehen, dass auch physiologische Aspekte Reaktionen hervorrufen können, die mit Sensibilität als Wesensmerkmal leicht verwechselt werden können. Dazu gehören der Darm, die Schilddrüse und die Nebennieren.

Der Darm

In den letzten Jahren hat ein Organ viel von sich reden gemacht. Es handelt sich um den Darm. Früher eher stiefmütterlich behandelt und lediglich zum Verdauen von Nahrung als nützlich angesehen, wissen wir heute, dass dem Darm weitere wichtige Funktionen zukommen. So sind zum Beispiel eine Anzahl Bakterien, die in ihm wohnen, für die Gewichtszunahme oder -abnahme zuständig. Wir wissen auch, dass es Verbindungen zwischen dem Darm und bestimmten Bereichen des Gehirns gibt. Beispielsweise kommen Signale aus dem Darm im limbischen System an. Diese Region ist für Stimmungen und Gefühle zuständig. Ebenso beeinflussen diese Signale den präfrontalen Cortex, wo das moralische Empfinden und die Empathiefähigkeit sitzen, und unser Angstzentrum, die Amygdala.

Und nun wird es für unser Thema interessant: In einem Experiment, das als »die schwimmende Maus« bekannt wurde, setzte man eine Maus in ein Gefäß mit Wasser, das so hoch mit Flüssigkeit gefüllt war, dass die Maus schwimmen musste. Nun wurde gemessen, wie lange die Maus willens war, ihr Ziel (den Rand des Gefäßes zu erreichen und an Land zu kommen) paddelnd zu verfolgen. Es stellte sich heraus, dass es Mäuse gab, die länger durchhielten als andere Artgenossen. Die Forscher verabreichten den Mäusen, die schneller aufgaben, ein Bakterium, das dafür bekannt ist, den Darm zu pflegen. Sie schwammen tatsächlich länger und hoffnungsvoller und es ließen sich weniger Stresshormone in ihrem Blut nachweisen.[24] Diese Ergebnisse bedeuten nichts Geringeres, als dass Motivation, Gefühlsverarbeitung, Angstempfinden und Gedächtnis vom Darm zumindest beeinflusst werden. Es ist also durchaus sinnvoll, regelmäßig eine Darmkur durchzuführen. Ich erinnere mich an eine Klientin, die sich nach einer gründlichen und aufwendigen Darmsanierung wesentlich stabiler fühlte, weniger zu depressiven Verstimmungen neigte und insgesamt kraftvoller wirkte.

Die Schilddrüse

Mittlerweile ist gut erforscht, welche Bedeutung dieses kleine Organ für den menschlichen Organismus hat. Die Hormone, die die Schilddrüse bildet, sind von großer Bedeutung für den Stoffwechsel und beeinflussen den Funktionszustand fast aller Organe. Sie wirken auf das Herz und den Kreislauf und sie führen – das ist für Hochsensible interessant – im Nervensystem zu einer verstärkten Erregbarkeit der Zellen. Es ist also möglich, dass eine Funktionsstörung der Schilddrüse für das Empfinden von schneller Übererregbarkeit verantwortlich ist. Vielleicht lassen Sie also beim nächsten Gesundheitscheck die Funktion Ihrer Schilddrüse überprüfen.

Die Nebennieren

Die Nebennieren liegen oberhalb der Nieren. Sie sind zuständig für die Bildung von Stresshormonen wie Adrenalin, Noradrenalin und Cortisol. Die Ausschüttung von Stresshormonen im Angesicht einer Gefahr ist eine wichtige und natürliche Funktion, die den Organismus in Alarmbereitschaft versetzt, um notfalls Energiereserven zur Verfügung zu haben. Auch Cortisol, oft auch das Langzeitstresshormon genannt, ist für den Körper lebenswichtig, da es Stoffwechselprozesse fördert und eine Wirkung auf das Immunsystem hat.[25]

Bei Hochsensiblen kann man beobachten, dass ihr Organismus oft unter Dauerstress zu stehen scheint, selbst wenn sie nur auf dem Sofa liegen. Es ist deshalb durchaus sinnvoll, die Funktion der Nebennieren zu überprüfen und zu schauen, ob vielleicht zu viel Adrenalin oder Cortisol ausgeschüttet wird, die die innere Unruhe verursachen könnten.

In den letzten Jahren ist zu beobachten, dass das gesellschaftliche Interesse an dem Thema der erhöhten Sensibilität stark zugenommen hat. Angebote wie Gesprächsgruppen, Vorträge, Workshops und Weiterbildungen sprießen beinahe wie Unkraut aus dem Boden. Sehr viele Menschen erkennen sich im Konzept der Hochsensibilität wieder und empfinden – oft das erste Mal in ihrem Leben – ihre Erfahrungen und ihr Erleben dort sehr genau beschrieben. Offensichtlich ist das Thema Hochsensibilität in der Öffentlichkeit angekommen.

Demgegenüber steht aber die Wissenschaft, die mit ihrer Langsamkeit dem wachsenden Anspruch nach fundierter theoretischer Aufklärung zurzeit noch nicht gerecht wird.[26] So ist es nicht verwunderlich, dass es viele Missverständnisse darüber gibt, was Sensibilität (in der Forschung wird durchgehend von Sensitivität gesprochen) ist und dass aufgrund von Fehlinformationen sogar ein potenzieller Schaden entstehen kann, und zwar in dem Sinne, dass Sensibilität kein Wert beigemessen wird, beziehungsweise diese Eigenschaft abgewertet wird.[27]

Tatsächlich stellt sich die Situation momentan so dar, dass jeder Berater, jede Psychologin, jeder Psychiater, jede Erwachsenenbildnerin oder andere Fachperson aufgrund ihrer oder seiner durchaus subjektiven Beschäftigung mit dem Thema Hochsensibilität eigene Schlüsse zieht und sich eine Meinung bildet, was sie eigentlich ausmacht. In der Psychiatrie wird das Thema Hochsensibilität eher vernachlässigt. Das liegt daran, dass einige Störungsbilder auch eine erhöhte Sensibilität zur Folge haben. Da liegt es natürlich nahe, jegliche sensible Ausdrucksformen in eine Schublade der psychiatrischen Störungen zu stecken. Das Grundproblem ist, dass es bis heute keine einheitliche Definition für Hochsensibilität gibt. Das bedeutet, dass jede Fachperson aufgrund ihrer eigenen Beschäftigung damit zu einer eigenen Haltung findet. Nicht jeder hat Zugang zu wissenschaftlichen Arbeiten oder ist mit namhaften Forschern auf dem Gebiet vernetzt. Dementsprechend besteht ein Graben zwischen der wissenschaftlichen Erforschung des Themas und der Praxis. So bleiben den Praktikern wie Coaches, Beratern und Therapeuten die aktuellen Forschungen meistens verborgen.

Die meisten Autoren, mich eingeschlossen, haben bis jetzt vermieden, eine Definition von Hochsensibilität zu liefern. Das mag auch daran liegen, dass eine solche Definition subjektiv und eben nicht wissenschaftlich fundiert wäre. Die Befürchtung, dass etwas »richtig« sein muss, bevor es öffentlich ausgesprochen werden darf, verhindert meines Erachtens auch wichtige Diskussionen und auch Innovationen, wie Patrice Wyrsch schreibt.[28]

Als Autorin populärwissenschaftlicher Bücher möchte ich meine Leserschaft natürlich nicht mit trockenen Fakten und wissenschaftlicher Spitzfindigkeit langweilen. Aber da auch ich mich durch meinen Hintergrund in dem Spagat zwischen Wissenschaft und Praxis befinde, ist es mir ein Anliegen, Ihnen etwas von den Bemühungen seriöser Forscher zu vermitteln, natürlich immer auch im Hinblick darauf, was diese Erkenntnisse für den praktischen Alltag empfindsamer Menschen bedeuten.

Eins noch vorweg: Der wissenschaftliche Terminus für Hochsensibilität lautet »sensory processing sensitivity«, kurz SPS genannt. Nahezu alle wissenschaftlichen Arbeiten führen diesen Begriff im Titel. Wenn Sie also zum Begriff »Hochsensibilität« recherchieren, werden Sie eher populäres und allgemein Verständliches finden, wenn Sie nach SPS suchen, dann stoßen Sie auf zumeist englischsprachige wissenschaftliche Studien.

Mir geht es in erster Linie darum, dass Sie als Leser Ihre hochsensible Veranlagung verstehen und auch ein wenig die Hintergründe der Forschung kennen, da in medizinischen und psychologischen Kreisen oft noch die Meinung vorherrscht, erhöhte Sensibilität sei ein Kriterium für psychische Störungen, was durchaus möglich sein kann, eine Modeerscheinung oder schlichtweg nicht existent.

Von Empfindungsfähigkeit, Empfindsamkeit und dem Nervensystem

Die Herkunft des Begriffes Sensibilität wird aus dem französischen Wort »sensible« abgeleitet, das mit »empfindlich« übersetzt werden kann und wiederum auf das lateinische »sensibilis« zurückgeht. Unter Letzterem wird nur mehr verstanden, zur Empfindung fähig zu sein. Folgt man dieser Definition, dann wird zweierlei deutlich: Erstens, dass jeder gesunde Mensch empfindungsfähig, also sensibel, ist, und zweitens, dass Sensibilität an sich wertneutral ist, das heißt weder gut noch schlecht. Allerdings gibt es Menschen, deren biologische Ausstattung sie wesentlich empfindsamer sein lässt als andere Menschen. Jeder Mensch ist grundsätzlich empfindungsfähig, aber besonders empfindsam ist etwa jeder Fünfte. Im umgangssprachlichen Gebrauch hat sich der Begriff »Sensibilität« eingebürgert. Im wissenschaftlichen Kontext wird eher der Begriff »Sensitivität« verwendet, weil dieser wertneutral ist. Während »Sensibilität« mit einer Wertung gekoppelt ist, die mit »wenig belastbar« einhergeht, bezeichnet »Sensitivität« nur mehr die erhöhte Empfindungsfähigkeit.

Prof. Dr. Michael Pluess, Wissenschaftler an der Queen Mary University of London, definiert Sensitivität folgendermaßen: »Sensitivität ist die Fähigkeit, externe Reize zu registrieren und zu verarbeiten«.[29] Damit zielt Pluess vor allem auf die Beobachtung ab, dass sensitive Personen stark auf ihre Umgebungsreize reagieren.[30] Pluess Begriff für erhöhte Empfindsamkeit ist dementsprechend auch der Terminus »environmental sensitivity«. Patrice Wyrsch hält den Begriff »Neurosensitivität« für passend, um auf die grundlegenden Unterschiede im Nervensystem hinzuweisen.[31] [32]

Diese Ergebnisse passen zu meiner Definition von Hochsensibilität, die sich im Laufe der Jahre herauskristallisiert hat. Sie lautet: »Hochsensible sind mit einem Nervensystem ausgestattet, welches sie innere (!) und äußere Reize wie durch einen Verstärker erfahren lässt«. Meine Praxiserfahrung zeigt mir täglich, dass sehr empfindsame Menschen nicht nur auf Umgebungsreize stark reagieren, sondern auch auf solche, die von innen in Form von Gedanken, Gefühlen, Körperreaktionen und Impulsen jeglicher Art kommen. Diese inneren Bewegungen sind nicht immer auf Umgebungsreize zurückzuführen, jedenfalls nicht unmittelbar. Natürlich können auch Gedanken, Emotionen und sonstige inneren Bewegungen eine Reaktion auf äußere Umstände sein, dennoch möchte ich in meiner Definition explizit auch das Innenleben hochsensibler Menschen betonen. Beides zusammen, Inneres wie Äußeres, macht für mich das komplexe Verhalten und Erleben sehr empfindsamer Personen verständlich.

Grundsätzlich gilt für mich: Begriffe wie Hochsensibilität, Sensitivität, Neurosensitivität, Hypersensibilität und ähnliche engen auch immer ein. Begriffe, die das Phänomen Sensibilität umfassen, klingen leicht negativ gefärbt, was daran liegen mag, dass im mitteleuropäischen Raum Sensibilität kein hoher Wert beigemessen wird. In dem Sinne sind Begriffe, die »Sensitivität« im Wort führen, wertneutraler. Hiermit ist aber keine spirituelle Bedeutung zu verstehen, wie es manche Autoren sehen möchten. Nicht alle sensitiven oder sehr sensiblen Menschen haben eine besondere Affinität zur spirituellen Welt. Dies kann eine Zugabe sein, die entweder mit einer hochsensiblen Veranlagung verknüpft ist oder nicht. Ich habe schon Menschen kennengelernt, die von sich annahmen, außerordentlich spirituell veranlagt und schon deshalb hochsensibel zu sein. Ich grenze mich von Esoterik und allzu spirituellen Inhalten stark ab, obwohl ich natürlich annehme, dass es mehr Dinge zwischen Himmel und Erde gibt, als ich sehen kann. Mein Fazit durch jahrelange Beobachtung zeigt mir, dass Spiritualität nicht ursächlich etwas mit Hochsensibilität zu tun hat. Verlassen wir also dieses Gebiet und wenden wir uns wieder der Forschung zu.

Orchidee oder Löwenzahn?

Seit ein paar Jahren wird, wenn von empfindsamen Menschen die Rede ist, die Metapher von der Orchidee und dem Löwenzahn herangezogen. Als ich zum ersten Mal davon hörte, stand ich diesem Vergleich skeptisch bis ablehnend gegenüber. Für mich schwang darin eine Bewertung mit, gilt doch der Löwenzahn als Unkraut, das man nicht so gerne im Garten hat. Orchideen hingegen gelten als edle und kapriziöse Gewächse. Da für mich Hochsensible nicht die besseren Menschen und Normalsensible kein wertloses Unkraut sind, konnte ich mit diesem Vergleich wenig anfangen. Das änderte sich, als mir vor einiger Zeit das Buch *Orchidee oder Löwenzahn* von W. Thomas Boyce begegnete.[33] Der Kinderarzt geht darin der Frage nach, warum sich Kinder so unterschiedlich entwickeln können, obwohl sie ein und derselben Familie entstammen. Er beschreibt in seinem Buch seine Forschungen an empfindsameren Kindern, die er »Orchideenkinder« nennt, und an der Vergleichsgruppe der weniger Empfindsamen, die er als »Löwenzahnkinder« bezeichnet. Beim Lesen des Buches wurde mir klar, dass der Vergleich zwischen Orchideen und Löwenzähnen nicht bewertend verstanden werden will. Orchideen und Löwenzähne sind vielmehr Erscheinungsformen des Lebens, die sich in ihren Bedürfnissen unterscheiden.

Löwenzähne wachsen überall – sie sprießen aus Kanaldeckeln oder aus Ritzen zwischen Pflastersteinen. Sie sind in jedem Garten und auf jeder Wiese zu finden. Sie gedeihen unter unterschiedlichen Temperaturen, klimatische Veränderungen machen ihnen nichts aus. Egal, wie der Boden beschaffen ist, auf dem sie wachsen – sie kommen mit allen Bedingungen klar.

Bei Orchideen verhält es sich anders.

Ich persönlich war immer schon eine große Orchideenliebhaberin. Hin und wieder kaufte ich mir ein besonders schönes Exemplar, stellte die Pflanze an einen exponierten Platz in meiner Wohnung, freute mich an ihrer reichen Blüte und konnte förmlich dabei zusehen, wie sie ihre Blüten verlor, an Kraft einbüßte und auch nie mehr Anstalten zeigte, erneut zu blühen. Aufgrund dieser Erfahrungen hielt ich Orchideen für schwierige Pflanzen, die Bedürfnisse hatten, die sich mir nicht erschlossen. Irgendwann gab ich auf. Diese exotischen Gewächse und ich schienen nicht zusammenzupassen.

Das änderte sich, als ich vor ein paar Jahren eine wundervolle rosafarbene Orchidee geschenkt bekam. Das war Anlass genug, mich noch einmal mit den Bedürfnissen dieser Pflanze auseinanderzusetzen. Und was soll ich sagen: In dem Moment, wo ich diese Zeilen schreibe, blüht sie bereits zum dritten Mal. Mittlerweile habe ich eine ganze Anzahl verschiedener Orchideen. Da ich nun weiß, wie sie behandelt werden wollen, empfinde ich sie als pflegeleicht und dankbar.

Ich habe bei mir zu Hause einen Platz gefunden, an dem sie keiner Zugluft ausgesetzt sind. Einmal in der Woche tauche ich sie in lauwarmes Wasser, bis keine Luftbläschen mehr aufsteigen. So oft ich daran denke, besprühe ich ihre Blüten und Blätter mit Wasser. Einmal im Jahr schneide ich ihre Wurzeln zurück. Das ist schon alles. Sie bedanken sich bei mir dafür mit monatelangen Blühperioden. In der Blühpause, die auch sehr lange dauern kann, lasse ich sie weitgehend in Ruhe.

Der Vergleich zwischen Orchideen und hochsensiblen Menschen liegt auf der Hand. Sie gelten ebenfalls als schwierig und anspruchsvoll, nicht leicht zufriedenzustellen, als überempfindlich und wenig belastbar. Wenn man dieses einseitige Bild von empfindsamen Menschen im Kopf hat, ist es verständlich, dass viele Normalsensible keinen Kontakt zu ihnen wünschen.

Aber lassen Sie uns genauer hinschauen, ob die Bedürfnisse Hochsensibler tatsächlich so exotisch sind, wie oft vermutet wird. Dazu möchte ich Ihnen zunächst einmal eine kurze Zusammenfassung der Forschungsergebnisse von W. Thomas Boyce und seinem Team geben.

Aufgrund seiner Forschungsergebnisse folgerte Boyce, dass Menschen sich in ihrer Empfindsamkeit unterscheiden. Dabei spricht er von einem Phänotyp, einer Spielart des Lebens, die zeitüberdauernd und speziesübergreifend vorkommt. Mittels seiner Forschungen konnte er belegen, dass der Anteil der empfindsameren Naturen fünfzehn bis zwanzig Prozent an der Probandengruppe insgesamt beträgt.

Boyce stellte weiterhin fest, dass die vielzitierte Verletzlichkeit empfindsamer Menschen eine falsche Schlussfolgerung ist, denn sensiblere Naturen sind nicht von Natur aus verletzlicher, reagieren aber stärker auf die sie umgebenden Lebensbedingungen.[34] Verletzlichkeit ist keine Eigenschaft, die automatisch mit Empfindsamkeit einhergeht, sondern kann sich aufgrund nicht förderlicher Umwelt- und Lebensbedingungen entwickeln. Anhand seiner Studien konnte er zeigen, dass empfindsame Kinder besonders stark auf rigide und wenig liebevolle Umgebungen reagieren, aber ebenfalls stark auf fördernde, freundliche und sorgsame Pflege ansprechen, sodass sie sich in einem solchen Umfeld prächtig entwickeln können. Es ist, so Boyce, also nicht ihre Verletzlichkeit, sondern ihre Empfindsamkeit, mit der sie auf Umweltbedingungen reagieren, die buchstäblich über Gedeih und Verderb entscheidet. Diese Erkenntnis deckt sich mit den bereits erwähnten Arbeiten von Michael Pluess, der deshalb von Umgebungssensitivität oder »environmental sensitivity« spricht. Diese Erkenntnis stimmt hoffnungsvoll: Nur weil jemand hochsensibel geboren ist, heißt das nicht, dass ein Leben voller Schwierigkeiten, Mühsal und Versagen vor ihm liegt, sondern wenn der »Orchideenhaftigkeit« Rechnung getragen wird, kann dieser Mensch sein ganzes Potenzial entfalten und es zu reicher Blüte bringen.

Boyce und sein Forschungsteam stellten außerdem die Verbindung her zwischen der Ausbildung von Krankheiten wie psychiatrischen Störungen und der angeborenen Empfindsamkeit. Empfindsame Kinder, die in ihrer Kindheit und Jugend Belastungen ausgesetzt waren, tendierten häufiger als nicht Empfindsame im späteren Lebensverlauf zu Erkrankungen. Diejenigen der empfindsamen Kinder hingegen, die behütet und liebevoll aufwuchsen, waren physisch und psychisch stabiler.[35]

Diese Forschungsergebnisse beweisen, dass den Umwelt-

und Lebensbedingungen, in denen Kinder aufwachsen, besondere Beachtung geschenkt werden muss.

Fassen wir die Erkenntnisse an dieser Stelle kurz zusammen. Sensibilität ist eine Spielart des Menschseins, ein Phänotyp, der biologisch verankert ist. Menschen mit dieser Ausprägung reagieren besonders stark auf die sie umgebenden Lebensbedingungen, in positiver wie negativer Hinsicht. Forschungsergebnisse zeigen, dass kontant ein Anteil von fünfzehn bis zwanzig Prozent an den Probandengruppen über eine empfindsame »Grundausstattung« des Nervensystems verfügt.

Damit wir uns nicht im Dschungel der Begriffe verirren, halte ich es für notwendig, einzelne Erscheinungsformen, die oft mit Sensibilität gleichgesetzt werden, genauer zu definieren und, soweit möglich, eine Trennschärfe der Begriffe herbeizuführen. Mir scheint, dass viele Missverständnisse rund um das Thema Sensibilität oder Empfindsamkeit, um im Terminus von Boyce zu bleiben, genau deshalb geschehen, weil von Fachleuten wie auch von Laien zu wenig Sorgfalt auf die Klärung der Begriffe verwendet und vieles in einen Topf geworfen wird, was aber eigentlich nicht zusammengehört.

Ich habe im Anhang dieses Buches ein Glossar zusammengestellt, in dem Sie Begriffe finden, die oft mit Hochsensibilität gleichgesetzt oder verwechselt werden. Um den Lesefluss nicht zu stören, verzichte ich an dieser Stelle auf eine ausführliche Beschreibung. Das Glossar soll es Ihnen aber ermöglichen, kompetenter differenzierte Unterscheidungen zu treffen.

Empfindsam, empfindlich, hochsensibel

In Interviews werde ich oft gefragt, woran ich erkenne, ob jemand hochsensibel ist oder nicht. So einfach die Frage auch scheint, eine Antwort darauf ist komplex. Grundsätzlich erscheint es mir sehr anmaßend, nach einer ersten Begegnung oder einer knappen Stunde eine allgemeingültige Antwort zu geben. Ich habe aufgrund meiner langjährigen Erfahrung gelernt, vorsichtig mit schnellen Beurteilungen zu sein. Und ich betrachte sogenannte Experten zum Thema Hochsensibilität skeptisch, die »Diagnosen« stellen und für sich in Anspruch nehmen zu wissen, was Hochsensibilität ist. Was wir bis jetzt mit Bestimmtheit sagen können, ist, dass es sich dabei um eine grundlegende Disposition des Nervensystems handelt. Aber diese bewirkt nur eine erhöhte Empfindungsfähigkeit. Alle Eigenschaften, die darüber hinaus mit Sensibilität in einem Atemzug genannt werden, entstehen aus anderen Faktoren wie Genen, biografischem Hintergrund und Erfahrungen.

Wenn wir bestimmte Begriffe hören, ordnen wir ihnen in Sekundenschnelle eine Bedeutung zu. Viele Menschen haben die Vorstellung, dass Hochsensible introvertiert, schüchtern und zurückhaltend sind. Dementsprechend werden sie bei Menschen, die ihnen introvertiert und zurückhaltend begegnen, eher geneigt sein, diese für hochsensibel zu halten als jemanden, der forsch auftritt. Unsere Beurteilungen sind immer auch von den eigenen Vorstellungen geprägt. Dass Empfindsamkeit durchaus mit Extravertiertheit, einer eher harten Schale und wenig empathischem Verhalten einhergehen kann, ist weniger bekannt. Ich halte es deshalb für wesentlich, das ganze Spektrum menschlicher Verhaltensweisen im Zusammenhang mit einer hochsensiblen Veranlagung zu sehen. Demzufolge braucht es Zeit, der Empfindsamkeit auf die Spur zu kommen und die Persönlichkeitsschichten zu durchdringen, bis man an den eigentlichen Wesenskern stößt. Sich mit der eigenen Hochsensibilität und der anderer zu beschäftigen, ist Prozessarbeit. Sie werden wahrscheinlich auch schon festgestellt haben, dass Sie an manchen Tagen mehr »vertragen«, dass Sie manchmal bereits vor dem Aufstehen schon gereizt und angespannt sind. Dann gibt es Phasen, in denen Sie ein großes Rückzugsbedürfnis haben, während es Zeiten gibt, in denen Sie gerne gesellig und unternehmungslustig sind. Hochsensibel zu sein bedeutet nicht, stets weniger belastbar zu sein als andere. Es ist eine Disposition, die Schwankungen unterliegt.

Haben Sie auch schon bemerkt, dass es »den« hochsensiblen Menschen gar nicht gibt? Wenn sich in Gesprächsgruppen zum Thema Hochsensibilität Gleichgesinnte zusammenfinden, werden die Teilnehmenden jeweils unterschiedlich und höchst individuell in der Ausprägung ihrer Sensibilität sein.

Schon früh ist mir in der Arbeit mit meinen Klienten und Klientinnen aufgefallen, dass sehr sensible Personen über ein breites Spektrum von Reaktionsmöglichkeiten auf Reize verfügen. Die Bandbreite reicht von einem hohen Leidensdruck (»ich bin hochsensibel, und ich zerbreche daran, werde krank, niemand versteht mich, bin isoliert, finde keinen passenden Arbeitsplatz, Partner, Wohnraum, etc.«) bis hin zu einem erfüllten, sinnstiftenden und kohärenten Zustand (»ich bin hochsensibel und glücklich damit. Ich kann Details und Feinheiten um mich herum wahrnehmen und mich daran erfreuen. Ich habe qualitativ gute Kontakte zu Menschen, die mir wichtig sind und die meine Sensibilität schätzen können. Ich kann Negatives an mir vorbeiziehen lassen und mich umso mehr an dem Positiven erfreuen.«).

In einem Interview drückte ich es so aus: »Hochsensible sind meiner Erfahrung nach extrem unterschiedlicher als Normalsensible. Diese hochsensible Norm ist wesentlich weiter und grösser als die von normal sensiblen Personen.«[36] Ich freue mich, diese Praxisbeobachtung auch durch wissenschaftliche Studien bestätigt zu finden. Im Jahr 2012 erschien die wissenschaftliche Studie von Franziska Borries unter dem Titel »Gibt es die Hochsensiblen?«,[37] die bestätigen konnte, dass es tatsächlich eine Personengruppe von ungefähr fünfzehn bis zwanzig Prozent gibt, die über eine erhöhte Empfindsamkeit verfügt. Damit steht die Psychologin in einer mittlerweile langen Tradition von seriösen Wissenschaftlern, die sich auch eingehend mit dem Thema befasst haben. Im deutschsprachigen Raum wird dazu vor allem Elaine Aron zitiert, der das Verdienst zukommt, den Begriff »highly sensitive person« (HSP) geprägt und die ersten populärwissenschaftlichen Bücher dazu herausgebracht zu haben. Sie wird oft als Pionierin der Hochsensibilitätsforschung bezeichnet, was allerdings so nicht ganz zutreffend ist, weil sie sich auf die Arbeiten anderer Wissenschaftler stützt, die schon lange zum Thema Empfindsamkeit forschen. Das schmälert ihren Verdienst aber in keiner Weise. Ihr ist es zu verdanken, dass das Thema Hochsensibilität in der breiten Öffentlichkeit angekommen ist, denn sie schlägt eine Brücke zwischen wissenschaftlicher Forschung und dem Alltagserleben empfindsamer Menschen.

Wir können als gesichert annehmen, dass es Menschen gibt, die von Natur aus durch ihre biologische Ausstattung mit einer höheren Empfindungsfähigkeit versehen sind als andere. Dabei spricht man von einer Kategorie. Eine Kategorie bezeichnet eine Personengruppe, die mit einem Merkmal ausgestattet ist, das eine andere Personengruppe nicht hat.

Nun ist aber zu beobachten, dass sich die Menschen innerhalb der Kategorie der hochsensiblen oder sehr sensiblen Personen durchaus voneinander unterscheiden, auch in der Ausprägung ihrer Sensibilität. Es gibt Menschen, die eher punktuell in einem Bereich sehr sensibel sind, in anderen dafür weniger. Und es gibt Personen, die über alle Lebensbereiche hinweg eine sehr hohe Sensibilität aufweisen. Aufgrund dieser Beobachtungen kann man deshalb annehmen, dass es innerhalb dieser Kategorie der sehr empfindungsfähigen Menschen eine Dimension gibt. Von einer Dimension spricht man, wenn ein Merkmal auf einem Kontinuum liegt, an dessen einem Ende eine sehr geringe Ausprägung, am anderen Ende dafür eine sehr hohe Ausprägung liegt. Das bedeutet, dass es auch innerhalb der Gruppe der Hochsensiblen weniger sensible und extrem stark ausgeprägte sensible Menschen gibt.

Patrice Wyrsch, der als Wissenschaftler den Begriff »Sensitivität« bevorzugt, drückt es zutreffend aus, dass keine klare Grenze zwischen den rund zwanzig Prozent Hochsensitiven und den rund achtzig Prozent normalsensiblen Menschen existiert.[38] Neuere Studien zeichnen aber ein differenzierteres Bild. Es scheint sich so zu verhalten, dass Sensitivität »normal verteilt« ist, das heißt, es gibt wenige Menschen, die über eine geringe Sensitivität verfügen, viele, die eine mittlere Sensitivität besitzen und dann wieder wenige, die höchstsensitiv sind.[39] Das heißt, dass es neben Orchideen und Löwenzähnen noch eine dritte Gruppe von mittleren Sensitiven gibt, die von den Forschern als Tulpen bezeichnet werden.[40]

In der Praxis bedeutet das, dass es nicht zwei Hochsensible gibt, die genau gleich »ticken«, dennoch liegt ihnen ein gemeinsames Wesensmerkmal zugrunde. Dieses zeigt sich durch verschiedene Indizien und kann im Laufe des Lebens unterschiedliche Formen annehmen.

Verschiedene Sensitivitätstypen

Ich arbeite nun schon lange mit sehr empfindsamen Menschen. Dabei hat sich herauskristallisiert, dass es zwar Kriterien gibt, die bei allen empfindsamen Menschen gleich sind, dass es darüber hinaus aber sehr große individuelle Unterschiede gibt. Ich nahm deshalb an, dass es verschiedene Sensibilitätstypen geben müsse.

Mittlerweile liegen Ergebnisse namhafter Forscher vor, die diese Hypothese bestätigen. Allen voran ist dabei Dr. Michael Pluess von der Queen Mary University of London zu nennen, der seit Jahren seriöse Forschungsarbeit auf dem Gebiet erhöhter Sensitivität betreibt. Wie ich bereits beschrieben habe, geht auf ihn und sein Forschungsteam das Konzept der »Umgebungssensitivität« zurück, demzufolge Menschen unterschiedlich auf Umgebungsreize reagieren. Die einen reagieren eher neutral sowohl auf positive Reize wie ein förderliches Umfeld als auch auf negative Reize wie ein schwieriges und beziehungsunfreundliches Umfeld. Die anderen reagieren sowohl auf Positives als auch auf Negatives stark, während es wiederum eine andere Gruppe gibt, die aufgrund ihrer Sensibilität die guten Seiten schätzen kann, ohne sich von den negativen Begleiterscheinungen übermäßig beeinflussen zu lassen.

Ausgehend von diesen Beobachtungen hat Dr. Michael

Pluess verschiedene Sensitivitätstypen kategorisiert. Woran liegt es nun, ob jemand besonders die Schatten- oder die Sonnenseite seiner oder ihrer Sensibilität lebt? Pluess ist der Ansicht, dass das Vorhandensein von Sensitivitätsgenen eine entscheidende Rolle dabei spielt, welchen Sensitivitätstyp jemand ausprägt. Er ist der Ansicht, dass, bei fehlenden Sensitivitätsgenen nur eine geringe Sensitivität ausgeprägt wird. Ein Kind, welches in einem neutralen Umfeld aufwächst, also wo Sensibilität weder als gut noch als schlecht angesehen wird, entwickelt eine generelle Sensitivität. Allerdings erhöht eine überwiegend nachteilige Umwelt eine Sensitivität gegenüber Bedrohungen [= Vulnerabilität], während eine überwiegend unterstützende Umwelt Vantage-Sensitivität erhöht.«[41] Damit werden neue Begriffe in die Diskussion über Empfindsamkeit eingebracht.

Ausgehend von dieser Unterscheidung hat Patrice Wyrsch folgende Grafik zusammengestellt:[42]

Sensitivitätstypen	Empfänglichkeit gegenüber ...	
	postiven Einflüssen	negativen Einflüssen
Geringe Sensitivität	gering	gering
Generelle Sensitivität	hoch	hoch
Vulnerable Sensitivität	gering	hoch
Vantage-Sensitivität	hoch	gering

Wyrsch führt weiter aus: »Erst einmal verdeutlicht die Tabelle, dass Wenigsensitive nicht nur gegenüber negativen Reizen resilient, sondern auch gegenüber positiven Reizen sogenannt ›vantage-resistent‹ sind.[43] Im starken Kontrast dazu befindet sich die Generelle Sensitivität, die offensichtlich eine entsprechende emotionale Achterbahnfahrt mit sich bringen kann. Die Vulnerable Sensitivität führt zu einer erhöhten Empfänglichkeit gegenüber negativen Reizen, ohne jedoch gegenüber positiven Reizen empfänglicher zu sein, was verständlicherweise zu chronischen, psychischen Beeinträchtigungen führen kann. Im ebenfalls starken Kontrast dazu befindet sich die Vantage-Sensitivität, bei der eine erhöhte Empfänglichkeit gegenüber positiven Reizen bei gleichzeitiger Resilienz ähnlich der Geringen Sensitivität einhergeht.«[44]

Zur Erläuterung des neuen Begriffes »Vantage-Sensitivität«: Dieser Begriff leitet sich ab vom englischen ›advantage‹, was Vorteil bedeutet. Vantage-sensitiv zu sein bedeutet also, die negativen Auswirkungen der hohen Empfindsamkeit abzuschwächen beziehungsweise widerstandsfähig dagegen zu sein, während die positiven Effekte (zum Beispiel ein schöner Sonnenuntergang, eine inspirierende Begegnung, ein gutes Gespräch) verstärkt wahrgenommen werden können.

So, wie ich diese Typisierung verstehe, ist es möglich, sich im Laufe seines Lebens von der einen Ausprägung hin zu einer anderen zu bewegen. Anhand meiner eigenen Erfahrungen kann ich das bestätigen. Es gab in meinem Leben Zeiten, in denen ich eher zu den vulnerablen Sensitiven gehört und mich häufig verletzt und überfordert gefühlt habe. Mittlerweile empfinde ich es so, dass sich tatsächlich die Gewichtung zwischen negativem und positivem Erleben zugunsten des Positiven verschoben hat. Natürlich gibt es auch heute noch Momente und Phasen, die kräftezehrend sind und in denen ich viele Herausforderungen bewältigen muss. Aber grundsätzlich gelingt es mir nun sehr viel besser, dies als zum Leben gehörend zu akzeptieren und mich an dem zu freuen, was ich persönlich für mich als das Geschenk der Hochsensibilität betrachte: Empathie, ein feines

Gespür für Unstimmigkeiten, eine schnelle Auffassungsgabe (vor allem im zwischenmenschlichen Bereich, nicht in Mathematik) und das Bedürfnis nach tiefgreifenden Gesprächen. Es liegen aber auch gute dreißig Jahre Arbeit an mir selbst hinter mir. Im Rückblick betrachtet hat es sich für mich gelohnt, nicht aufzugeben. Auch in den Zeiten, als es mir sehr schlecht ging, war mir immer bewusst, dass ich an mir arbeiten musste, um in einen anderen Zustand zu kommen. Es gehörte immer schon zu mir, dass ich eher Möglichkeiten als Grenzen gesehen habe. Diese Eigenschaft kommt mir in meiner Arbeit mit meinen Klienten und Klientinnen täglich zugute. Diese Fähigkeit, in Möglichkeiten zu denken und Entwicklung anzustreben, ist nicht jedem Menschen im gleichen Maß gegeben. Manchmal kann man diese Fähigkeit erwecken, sozusagen anstupsen, damit sie zum Leben erwacht. Dann gelingt ein Beratungsprozess sehr gut. Es gibt aber auch zahlreiche andere Beispiele, in denen man sich therapeutisch lange abmüht, ohne eine positive Veränderung feststellen zu können. Jeder Coach, Berater und jede Therapeutin kann wahrscheinlich ein Lied davon singen. Neben der biologisch unterschiedlichen Ausstattung mit Sensitivitätsgenen sind es eben auch noch andere Persönlichkeitsmerkmale, die dazu beitragen, ob man zu einer »Vantage-Sensitivität« gelangt oder nicht.

Mein Fazit aus den vorgestellten Forschungsergebnissen und meiner eigenen Erfahrung: Auch Hochsensibilität befindet sich auf einem Kontinuum zwischen niedriger, mittlerer und hoher Ausprägung. Je nachdem, welche Grundausstattung jemand mitbringt, entwickelt er Hochsensibilität, die sich jeweils nach erfahrenem Umfeld unterschiedlich zeigt. Mir erscheint es sehr wesentlich, dass wir in Zukunft nicht von einer abgrenzenden Kategorie von Hochsensiblen sprechen, sondern eher davon ausgehen, dass alle gesunden Menschen über Sensitivität verfügen, die je nach Lebenshintergrund unterschiedlich gewichtet ist. In unserem ganzen Leben wandern wir auf diesem Kontinuum zwischen niedriger, mittlerer und hoher Sensitivität hin und her. Ich warne ausdrücklich davor, in Kategorien zu denken. Obwohl es als bewiesen gelten kann, dass es empfindsamere Menschen gibt als andere, sind die Grenzen dieser Kategorie durchlässig. Ich weiß, dass es für viele sehr empfindsame Menschen zunächst einmal eine Entlastung und Erleichterung darstellt zu wissen, zu dieser Kategorie zu gehören. Das ist nützlich. Es ist aber meines Erachtens nicht unbedingt lebensfreundlich, sich darauf zu berufen und eine Haltung zu etablieren, die man so ausdrücken könnte: »Ich bin eben so und kann nicht anders. Ich gehöre zu den Hochsensiblen und bin anders als die anderen. Daran wird sich auch nie etwas ändern.«

Sich zu einer Gruppe zugehörig zu fühlen, gibt auf der einen Seite Sicherheit, auf der anderen aber verhindert es auch etwas, da hochsensible Menschen sich damit selbst einschränken. Indem sich Menschen selbst einordnen und kategorisieren, verhindern sie den Kontakt zu ihrem Potenzial.

Dazu fällt mir ein Beispiel ein, das zeigt, dass auch Fachleute diesem Muster von Bewertungen und Kategorisierungen nicht entgehen.

Mir ist eine Begebenheit eindrücklich in Erinnerung geblieben, die mir eine Klientin erzählt hat: Sie besuchte einen Vortrag zum Thema Hochsensibilität. Während die Referentin sprach, lief im Hintergrund eine PowerPoint-Präsentation mit Fischen und Aquarium-Motiven. Der Grundgedanke der Referentin war sicher der, mit dem animierten Aquarium eine beruhigende Atmosphäre zu schaffen. Aber was passierte bei meiner hochsensiblen Klientin? Sie war dermaßen durch die Bilder abgelenkt, dass sie sich kaum auf den Vortrag konzentrieren konnte. Im Anschluss an die Veranstaltung trat sie auf die Referentin zu und machte ihre Irritation deutlich. Ich persönlich fand es sehr mutig, dass sie ihrem Bauchgefühl gefolgt ist. Daraufhin teilte ihr die Referentin kurz und bündig mit, dass die schnelle Ablenkbarkeit ihr Problem sei, und dass sie daran arbeiten müsse. Meine Klientin blieb irritiert und konsterniert zurück mit dieser anmaßenden Aussage.

Ich unterstelle dieser Referentin keine bösen Absichten, und möglicherweise ist ihre Aussage tatsächlich auch richtig, aber dennoch halte ich es für höchst mutwillig und übergriffig, eine derartige Beurteilung aufgrund einer kurzen Begegnung zu treffen. Selbst wenn es viele Hochsensible gibt, die einen Menschen schnell in seinem Wesen erfassen können, heißt das nicht, dass sie ihre Wahrnehmungen sofort kommunizieren sollten. Nur selten ist das Gegenüber bereit und offen dafür, ein solches Statement anzunehmen. Bescheidenheit ist wichtig. Ich habe einen Grundsatz: In der Regel beobachte ich genau, wie etwas auf mich wirkt, wenn mir eine Situation geschildert wird. Ich beobachte meine Körperreaktionen, meine Gedanken und sonstigen Impulse, die in mir auftauchen, und nehme sie ernst. Das bedeutet konkret, dass ich sie speichere und darauf zurückkomme, wenn es mir notwendig erscheint. Es ist aber auch möglich, dass ich mich irre. Deshalb versehe ich meine Empfindungen innerlich immer mit einem Fragezeichen. Das bedeutet, dass ich nur sehr selten eine feste Behauptung in den Raum stelle, sondern meine Beobachtungen sehr oft als Fragen zurückgebe.

Grundsätzlich sollte man als Experte zum Thema Hochsensibilität die Überstimulation des Publikums im Blick haben und sich vorstellen können, wie der Medieneinsatz in Form von Bild und Ton wirken kann. Das Thema an sich ist so interessant, dass es keine weitere Unterstützung in Form von animierten Präsentationen braucht. Hier gilt auch, dass weniger mehr ist. Was ich mit diesem Beispiel auch verdeutlichen möchte, ist, dass die Klientin durchaus ein gutes Bauchgefühl hatte, den Mut aufbrachte, die Referentin darauf hinzuweisen und dann eine Abwertung erfuhr, die sie als negative Episode in ihrem Gedächtnis abspeicherte. Fortan blieb eine tiefe Verunsicherung und ein unterschwelliger Groll, der sie skeptisch werden ließ gegenüber weiteren Veranstaltungen zum Thema Hochsensibilität. Das ist natürlich schade. Es geht meines Erachtens nicht um ein schnelles Wegziehen des »Vorhangs« vor Lebensthemen, sondern um ein behutsames Annähern. Und leider geschieht es vielfach durch Unachtsamkeit, dass empfindsame Menschen in ihrem gesunden Bauchgefühl verunsichert werden und sie sich infolgedessen komplett infrage stellen.

Es ist nicht so einfach, dieses Merkmal, nämlich die Empfindungsfähigkeit, zu erforschen und Kriterien für dessen Vorhandensein herauszukristallisieren.

Dennoch gibt es mittlerweile vier Kriterien, die für das Vorhandensein einer hochsensiblen, sprich verstärkt empfindungsfähigen Veranlagung sprechen. Im nächsten Kapitel soll davon die Rede sein.

Vier Kriterien

Natürlich versuchen auch Forscher seit einiger Zeit, neben diesen beschriebenen Unterschieden die Gemeinsamkeiten herauszustellen, die allen Hochsensiblen zu eigen sind.[45] [46] Das ist notwendig, damit Empfindsamkeit auch in Zukunft erforschbar bleibt, auch wenn ich grade eben noch dazu aufgerufen habe, die Bewertungen zu hinterfragen und zu öffnen. Das eine ist eben der wissenschaftliche Weg, auf dem Kriterien benötigt werden, um Probandengruppen zusammenzustellen, das andere ist der Praxisalltag, in dem sich die Verschiedenheit im Leben der Klienten und Klientinnen zeigt.

Verschiedene Studien haben vier Facetten der erhöhten Empfindsamkeit herausgestellt, die alle hochsensiblen Menschen zeigen:

- erhöhtes Bewusstsein von umweltbezogenen Feinheiten
- vertiefte Verarbeitung von Informationen
- erhöhte emotionale Reaktivität und Empathie
- erhöhte Anfälligkeit für Überstimulation

Diese vorsichtigen Bezeichnungen tragen dem Umstand Rechnung, dass jeder Mensch von Zeit zu Zeit zu erhöhter Emotionalität oder zur Überstimulation neigen kann. Das Wesen der Hochsensibilität liegt aber in der Verstärkung, das heißt, das Erleben ist immer erhöht. Nach meiner Beobachtung wird meistens die vierte Facette, die erhöhte Anfälligkeit für Überstimulation, als deutlichster Hinweis auf das Vorhandensein von Hochsensibilität wahrgenommen. Damit ist eine deutlich negative Bewertung verbunden. Viele Menschen kommen zu mir in die Beratung, weil sie sich überstimuliert fühlen. Häufig wird zuerst auf meine

Frage geantwortet, warum sie annehmen, hochsensibel zu sein: »Es ist mir alles zu viel«, oder: »Alles geht mir so nah«, oder auch: »Ich wünsche mir mehr Abstand und möchte mich mehr abgrenzen können«, »Ich fühle mich sehr verletzt«. Diese Aussagen weisen auf Überstimulation hin. Das Bewusstsein dafür zu schärfen, dass sich eine erhöhte Empfindsamkeit sehr viel komplexer darstellt als nur in der Überreizung, ist mir ein großes Anliegen.

Seit Langem kursieren im Internet und in zahlreichen Büchern zum Thema Hochsensibilität Fragebogen zur Selbstbeurteilung, die alle auf der HSP-Scale von Elaine Aron basieren. Sie selbst weist aber ausdrücklich darauf hin, dass dieser Fragebogen für das Erfassen von Sensibilität in einer Forschungssituation konzipiert wurde und er nicht allein als Messinstrument benutzt werden sollte.[47] Der Fragebogen ist allgemein gehalten und deshalb ungeeignet, um eine treffsichere Aussage darüber zu machen, ob jemand hochsensibel ist oder nicht. Er kann als Annäherung an das Thema Sensibilität dienen, daneben braucht es aber noch eine tiefere Auseinandersetzung mit diesem Wesensmerkmal. Außerdem unterliegen die Fragebogen einer Selbstdeklaration. Wenn jemand unbedingt hochsensibel sein möchte, weiß er oder sie genau, was anzukreuzen ist. Auch deswegen ist es wichtig, eine Außensicht einzuholen. Es nützt weder sensiblen Menschen selbst noch dem Thema an sich, wenn nur eine oberflächliche Deklaration von hochsensiblem Erleben und Verhalten erfolgt. Alle profitieren von einer sorgfältigen Herangehensweise.

Bereits 2014 hat Elaine Aron in ihrem Buch *Hochsensible Menschen in der Psychotherapie* vier Kriterien benannt, die den schon genannten sehr ähnlich sehen. Sie hat dabei die Erkenntnisse vieler Studien zusammengefasst.

Diese Kriterien sind:

- gründliche Informationsverarbeitung
- Übererregbarkeit
- emotionale Intensität plus Empathie
- sensorische Empfindsamkeit

Gründliche Informationsverarbeitung

Es gibt Hinweise darauf, dass bei empfindsamen Menschen mehr Informationen vom Gehirn als wichtig eingestuft werden als bei weniger empfindsamen Personen. Dieses Phänomen wird oft als »fehlender Filter« bezeichnet und interpretiert. Die größere Informationsmenge wird dann an mehrere Gehirnareale weitergeleitet, die für die weitere Verarbeitung zuständig sind. Die Komplexität dieses Vorganges hat verschiedene Auswirkungen, die in mannigfaltigen Verhaltensweisen ihren Ausdruck finden. Da die gründliche Informationsverarbeitung nicht direkt beobachtbar ist, ist es notwendig, aufgrund von Verhaltensweisen Schlüsse auf das Vorhandensein dieses Kriteriums zu ziehen.

Sensible Menschen neigen zum Beispiel zum ausufernden Nachdenken, sprichwörtlich über Gott und die Welt. Auch das Mutmaßen über die Folgen von Handlungen oder Entscheidungen gehört dazu. Außerdem ist oft zu beobachten, dass sehr sensible Menschen über ein stark vernetztes Denken verfügen, was meines Erachtens auch mit der gründlichen Informationsverarbeitung zusammenhängt.

Die gründliche Informationsverarbeitung zeigt sich meines Erachtens auch darin, dass sensible Menschen lange mit Erlebnissen beschäftigt sind, auch jenen, die möglicherweise bereits Jahre zurückliegen. Dieses Phänomen nenne ich das »lange Nachhallen«. Es kann sein, dass sehr sensible Menschen tage- oder sogar wochenlang an einer Situation herumgrübeln oder sich Befürchtungen hingeben, die sie in aller Deutlichkeit ausmalen. Langes Nachhallen bedeutet auch, die Dinge innerlich nicht so leicht ablegen zu können. Selbst wenn hochsensible Personen auf dem Sofa liegen und scheinbar nichts tun, sind sie mit dem Nachhallen beschäftigt. Mir ist es wichtig, Ihnen aufzuzeigen, dass es sich dabei um eine Strategie des Nervensystems zur Verarbeitung handelt und nicht etwa um eine Charakterschwäche wie beispielsweise übermäßig nachtragend zu sein. Die Tatsache, dass empfindsame Menschen immer wieder auf bestimmte Erlebnisse zu sprechen kommen, kann beim Gegenüber den Eindruck auslösen, dass sie nachtragend und über die Maßen schwierig sind, weil sie jede Nuance einer Äußerung oder einer Begegnung hin und her wenden.

Hochsensibles Denken folgt eigenen Gesetzen. Für Außenstehende sind die Gedankengänge empfindsamer Menschen oft nicht einfach nachzuvollziehen. Da hat man gerade noch über die Pläne für das Mittagessen gesprochen und schon dreht sich das Gespräch um Nachhaltigkeit, Tierschutz, Weltbevölkerung, die Nachbarn und ihre Einkaufsgewohnheiten und Erinnerungen an die Kochkünste der Großmutter. Auch das gehört dazu, wenn im Gehirn Informationen gründlich, das heißt komplex, verarbeitet werden.

Übererregbarkeit

Wie ich bereits angedeutet habe, wird dieses Merkmal am ehesten mit Hochsensibilität identifiziert. Es wäre aber nicht richtig, die hochsensible Veranlagung nur darauf zu reduzieren. Da das Kriterium der Übererregbarkeit vielschichtiger ist als es scheint, möchte ich diesem Merkmal besondere Aufmerksamkeit widmen.

Ein besonders extremes Beispiel von Überstimulation habe ich vor einigen Jahren selbst erlebt: Ein Bekannter von mir mag Rockkonzerte sehr gern. Ich erinnerte mich, dass er mir einmal von einer Band erzählte, deren Konzert er gerne einmal besuchen würde. Als sein Geburtstag nahte, besorgte ich zwei Karten und schenkte sie ihm mit dem Hinweis, dass ich mit ihm zusammen das Konzert besuchen würde. Ich kannte die Gruppe vorher nicht und war naiv genug zu glauben, dass es mir nichts ausmachen würde, auf ein Hardrock-Konzert zu gehen. Der Tag kam, und wir fanden uns im Veranstaltungssaal ein. Da ich meinem Bekannten etwas besonders Gutes tun wollte, schließlich war es sein Geburtstagsgeschenk, schlug ich vor, uns ganz nach vorne an die Bühne zu stellen. Dabei übersah ich, dass wir direkt unter den Lautsprechern standen. Ich hatte mich mit Ohrstöpseln versorgt und fühlte mich gut gewappnet. Die Vorgruppe kam, und ich weiß noch, dass ich gedacht habe: ›Naja, wenn das so bleibt, dann ist ja alles o. k.‹ Dann trat die Band auf, und nach den ersten Akkorden wurde mir überdeutlich bewusst, wie sehr ich mich getäuscht hatte. Ich wurde überflutet von einem Ausmaß an Lärm (Anhänger von Rockmusik mögen mir verzeihen), das ich bislang nicht kannte. Alle Bässe durchwummerten mich bis ins Mark, der Boden bebte unter mir. Links, rechts und hinter uns wogte die Menge – ich wagte ab und zu einen Blick zu meinen Nachbarn. Alle schienen in der Musik aufzugehen, tanzten, wippten, rüttelten am Absperrgitter und verbreiteten eine solche Unruhe, dass mir beinahe schlecht wurde. Ständig rutschten mir die Ohrstöpsel heraus. Nach einer halben Stunde hatte ich erstmals das Gefühl, gleich ohnmächtig zu werden. Die Versuche von

Iwan Pawlow zur Belastbarkeit kamen mir in den Sinn. Er setzte seine Probanden ebenfalls extremem Lärm aus und stellte dabei fest, dass es eine Gruppe von Menschen gab, die wesentlich schneller »dichtmachte« und extreme Reaktionen (bis hin zur tatsächlichen Ohnmacht) zeigte als die weitaus größere Gruppe von Menschen, die sehr viel mehr aushielten. Pawlow, der unter anderem für seine Erkenntnisse zum bedingten Reflex bei Hunden 1904 den Nobelpreis erhielt, stellte fest, dass die Gruppe, die schneller auf extremen Lärm reagierte, ein ganz anders geartetes Nervensystem haben müsste als die Vergleichsgruppe. Grund für diese Annahme war seine Beobachtung, dass es keinen schleichenden Übergang zwischen den beiden Gruppen gab, sondern es gab die sehr reaktiven und die weniger reaktiven als gesonderte Kategorien.[488] Sie erinnern sich: Mittlerweile darf es als bewiesen gelten, dass es durchaus eine Durchlässigkeit zwischen den Sensibilitätstypen gibt, auch wenn diese sich voneinander unterscheiden lassen.

Doch zurück zu dem Rockkonzert und meinem Zustand. Um mich herum bebte und vibrierte alles. Jeder Ton durchfuhr mich wie eine scharfe oder stumpfe Klinge, je nachdem, ob er hoch oder tief war. Ich erlebte mich tatsächlich einer Ohnmacht nahe. Wenn ich spürte, dass mir die Sinne zu schwinden drohten, schloss ich die Augen und presste meine Hände auf die Ohren. Auf diese Weise ging es einigermaßen. Schließlich, nach fast zwei Stunden, war es vorbei. Das Konzert und die Lärmbeschallung hörten auf, aber nun wälzte sich die Menge von Hunderten Besuchern durch das Nadelöhr des einzigen Ausgangs. Da wir ganz vorne an der Bühne standen, dauerte es eine geraume Zeit, bis wir uns zum Ausgang bewegen konnten. Taub auf den Ohren bemerkte ich die aufgewühlte Stimmung um uns herum. Da und dort gingen Gläser zu Bruch. Leute rempelten sich an, ich nahm die Stimmung als aufgeheizt und bedrohlich wahr. Dann waren wir draußen. Mein Gleichgewichtssinn hatte so gelitten, dass ich beinahe zwei Stunden brauchte, bis ich wieder einigermaßen gerade gehen und den Boden fest unter mir spüren konnte. Selbst jetzt, während ich dies schreibe, kann ich in mir noch einen Widerhall dieser extremen Überlastung spüren.

Aus heutiger Sicht bin ich sehr dankbar für diese Erfahrung. Sie hat mir erstens gezeigt, wie viel ich tatsächlich imstande bin auszuhalten, und zweitens, dass es wirklich möglich ist, aufgrund von sehr starken Umweltreizen wie Lärm das Bewusstsein zu verlieren. An diese Grenze bin ich vorher noch nie gekommen. Wenn man die Versuche zur Belastbarkeit von Iwan Pawlow liest, dann leuchten sie durchaus ein und man versteht sie kognitiv. Aber es ist etwas völlig anderes, die Belastungsgrenze physisch zu erleben.

Das mag zugegeben ein extremes Beispiel für Übererregbarkeit sein, aber betrachten wir einmal den Alltag.

Wie fühlen Sie sich an einem ganz normalen Tag? Kennen Sie Zeiten, in denen Sie ganz entspannt sind? Weiß Ihr Körper, wie sich Entspannung anfühlt? Oder befinden Sie sich normalerweise eher in einem Zustand, der Sie flach atmen lässt? Haben Sie möglicherweise ständig eine erhöhte Herzfrequenz, sodass Sie spüren, wie Ihr Herz schlägt? In unserer Zeit ist jeder Tag üblicherweise mit vielen Wechseln zwischen Situationen verbunden, die jeweils andere Fähigkeiten und Ressourcen erfordern. Bei mir sieht es so aus, dass ich mehrmals am Tag ein Beratungsgespräch mit einem Klienten oder einer Klientin habe. Dazwischen beantworte ich Telefonanrufe. E-Mails checke ich in der Regel einmal am Tag, gleich morgens nach dem Aufstehen, ich rufe sie aber mehrmals am Tag ab, sodass ich immer weiß, welche Nachrichten in meinem Posteingang warten.

Oft kommen meine Tochter und ihr Freund zum Mittagessen, die Vorbereitung, auch gedanklich, nimmt einige Zeit in Anspruch. Darüber hinaus arbeite ich viel am Computer, um neue Konzepte zu entwickeln und Bücher zu schreiben, was aufwendiger ist, als man sich vorstellen kann. Jede dieser Tätigkeiten erfordert eigene Aufmerksamkeit. Der oftmals schnelle Wechsel zwischen der Begegnung mit einer Klientin und anderen Tätigkeiten empfinde ich persönlich als sehr anstrengend. Auch meine Klienten und Klientinnen berichten mir ähnliches. Von ihrer Veranlagung her würden hochsensible Menschen gerne erst einmal darüber nachdenken, was gerade geschieht, stattdessen müssen sie sich schon mit einer neuen Situation befassen und darauf reagieren.[49] Das führt zu einer Überlastung des Organismus. Wir haben gesehen, dass sehr empfindsame Menschen zu erhöhter Stressreagibilität neigen. Mittlerweile ist hinlänglich bewiesen, dass stressreiche Umweltsituationen tendenziell erhöhten Blutdruck, Diabetes Typ 2, Herzkrankheiten, Krankheiten des Immunsystems oder Entzündungsreaktionen zur Folge haben können. Können, nicht müssen, das möchte ich betonen. Aber es ist nicht von der Hand zu weisen, dass die Stressantworten, wie Thomas Boyce schreibt, sich im Laufe des Lebens im Köper anhäufen und damit die Tendenz hin zu einem Krankheitsrisiko bewirken können.[500] Boyce zitiert den Neurowissenschaftler Bruce McEwen, der davon ausgeht, dass der menschliche Organismus sich fortwährend darum bemüht, ein physiologisches Gleichgewicht herzustellen, und dass durch diese Anstrengungen des Körpersystems ein chronologischer Verschleiß der biologischen Systeme bewirkt wird, was in einem Zustand der »allostatischen« Last gipfelt.[511] Allostase bezeichnet nach Boyce den Prozess, mithilfe physiologischer Anpassungen oder Verhaltensänderungen eine biologische Stabilität oder »Homöostase« herzustellen. Allostatische Last wäre dann der biologische Preis, der für die Aufrechterhaltung dieser Stabilität zu zahlen ist. Das bedeutet, dass es zwar möglich ist, ein physiologisches Gleichgewicht über Jahre hinweg aufrechtzuerhalten, es aber gleichzeitig im Untergrund »brodelt« und Stress sich zu einem Krankheitsrisiko »auftürmt«.[522]

Dies dürfte auch der Alltagserfahrung vieler empfindsamer Menschen entsprechen, die feststellen, dass, je älter sie werden, sie immer weniger zu vertragen scheinen, dass sie stärker auf Stressoren reagieren und möglicherweise sogar Stressfolgeerscheinungen ausgebildet haben.

Eine Teilnehmerin an einem meiner Vorträge stellte nachdenklich die Frage, ob man denn mit zunehmendem Alter noch hochsensibler werden könnte. Wahrscheinlich ist es so, dass einfach die unterschwellige Stressbelastung sich anhäuft und irgendwann nicht mehr zu ignorieren ist.

Bereits 1908 formulierten die amerikanischen Psychologen Robert Yerkes und John D. Dodson das Gesetz des optimalen Erregungsniveaus, das später nach ihnen benannt wurde.[533] Sie untersuchten die Beziehung zwischen Erregung und Leistung. Danach sorgt das richtige Maß an Stimulation dafür, die optimale Leistungsfähigkeit zu erreichen. Ist die Stimulation zu niedrig, wird einem langweilig und man gerät in eine Art »Trägheits- oder Schlafmodus«. Ist die Stimulation zu hoch, nimmt die kognitive Kapazität (also das, was man im Arbeitsgedächtnis behält) ab, was Konzentrationsverlust, Verwirrtheit, Gedankenarmut oder schlechtes Erinnerungsvermögen nach sich ziehen kann.[544] Viele Hochsensible empfinden diesen Zustand als eine Art »Nebel im Kopf« oder »als würden sie außer sich stehen«, als »könnten sie keinen klaren Gedanken mehr fassen«. Begleiterscheinungen können eine erhöhte Herzfrequenz, starkes Schwitzen und Magen-Darmbeschwerden sein. Dieser Zustand kann bis zu einem Blackout oder körperlichen Zusammenbrüchen führen.

Dabei sind es oft gerade die kleinen Stimuli des Alltags, die zu einer Übererregung führen. Das Schrillen des Weckers am Morgen, die Gedanken an die Herausforderungen des kommenden Tages, das Gefühl, schlecht geschlafen zu haben, die Kinder, die mit ihren Bedürfnissen den Start in den Tag bestimmen, der Arbeitsweg, der voller Menschen und mit vielen, meist unangenehmen, Geräuschen verbunden ist, alles das und noch viel mehr kann den hochsensiblen Organismus bereits arg strapazieren. Kommen dann noch Prüfungssituationen, wichtige Präsentationen oder Geschäftsreisen dazu, potenzieren sich diese Stimuli zu einem Maß, auf das der Körper zunächst mit den üblichen Verteidigungsmechanismen reagiert, nämlich Kampf oder Flucht. Entweder man wird aggressiv und verspürt schon beim Schlangestehen an der Supermarktkasse Wut im Bauch, oder man zieht sich zurück und versucht, allem aus dem Weg zu gehen, verbringt viel Zeit damit, die Gegenstände auf seinem Schreibtisch zu ordnen und neigt zu kompromisslosen und existenziellen Entscheidungen, wie zum Beispiel die Arbeitsstelle zu kündigen oder den Wohnort zu wechseln. Sehr sensible Personen tendieren allerdings nicht zum impulsiven Handeln. Selbst wenn solche Gedanken auftauchen sollten, werden sie in der Regel erst gründlich darüber nachdenken, bevor sie handeln, im Gegensatz zu impulsiven, weniger sensiblen Personen, die gerne mal alles über Bord werfen, ein neues Leben anfangen wollen und das dann auch, ohne Rücksicht auf die Konsequenzen, tun.

Mir scheint es außerordentlich wichtig, sich bewusst zu machen, dass extreme Gedanken und Entscheidungen aufgrund einer Übererregung geschehen. Wären Sie in einem entspannten und ausgeglichenen Zustand, würden Ihnen andere Handlungsmöglichkeiten einfallen.

Es gibt eine kurzfristige Überstimulation, wie ich sie am Beispiel des Rockkonzertes beschrieben habe, aber auch die langfristige Überstimulation. Nicht wenige Menschen leben jahrzehntelang über ihre Grenzen, sei es weil sie annehmen, sich anpassen zu müssen, oder weil sie ihre eigenen Grenzen nicht kennen. Möglicherweise schämen sie sich für ihre ausgeprägte Sensibilität, und es fällt ihnen schwer, ihre Veranlagung zu akzeptieren.

Halten wir fest: Jeder einzelne Tag bietet mannigfaltige Gelegenheiten, Überstimulation zu erleben und in Kontakt mit der eigenen Übererregbarkeit zu kommen. Interessanterweise ist es aber so, dass die meisten Menschen gar nicht merken, wann sie übererregt sind. Es scheint normal zu sein, angespannt, gereizt, nervös zu sein und schlecht zu schlafen.

Den meisten Menschen ist das Sensorium für ihre eigene Befindlichkeit verloren gegangen. Aus diesem Grund erleben sie – besonders wenn sie empfindsam sind – die Welt, deren Anforderungen und die Menschen darin als sehr anstrengend. Alles, was als anstrengend erlebt wird, verhindert jedoch den Kontakt zur Kraft und zum Potenzial.

Ich möchte hier noch einen Aspekt hochsensibler Wahrnehmungsfähigkeit anfügen, der mit der Übererregbarkeit korrespondiert. Normalerweise findet das menschliche Leben in einem sozialen Gefüge statt, und nicht selten werden diese sozialen Begegnungen von sehr empfindsamen Menschen als anstrengend erlebt. Im Laufe der Zeit habe ich für mich entdeckt, dass jeder Mensch über eine ihm eigene Atmosphäre verfügt, die er mit sich trägt und die von sehr sensiblen Menschen wahrgenommen werden kann.

Wenn man über entsprechende Sensibilitätsantennen verfügt, kann man nicht nur die Stimmungen und Befindlichkeiten des Gegenübers spüren, sondern auch sein verborgenes Potenzial. Dazu fällt mir eine Situation ein, die mir eine Klientin vor Jahren erzählte.

Sie lernte einen Mann kennen, mit dem sie eine Beziehung einging. Eines Tages, nachdem sie miteinander intim waren, wachte sie auf und fühlte sich schlagartig bedroht. Ihr Freund lag schlafend neben ihr – äußerlich war alles ruhig und friedlich. Dennoch verspürte sie ein starkes Gefühl von Gefahr, sodass sie auf der Stelle beschloss abzureisen (sie führten eine Wochenendbeziehung, da sie räumlich recht weit voneinander entfernt wohnten). Sie stand leise auf, packte ihre Sachen und weckte ihn danach, um ihm zu sagen, dass sie jetzt fahren würde. Er fiel verständlicherweise aus allen Wolken und drängte sie zu bleiben. Er bemerkte, dass sie alle ihre Sachen aus dem Bad mitgenommen hatte. Als sie bei ihrem Auto standen, versuchte er, sie von ihrem Entschluss abzubringen, und drängte sie, ihre Toilettenartikel zurückzubringen. Für ihn waren diese Dinge wichtig, weil sie ihm das Gefühl gaben, dass sie wiederkommen würde. Meine Klientin entschied in diesem Moment, dass sie auf Shampoo und Duschgel verzichten könne, wenn sie nur ihre Haut retten würde. Also brachte sie die Dinge wieder nach oben und fuhr mit einem riesengroßen Gefühl der Erleichterung im Herzen und der absoluten Gewissheit, das Richtige getan zu haben, los. Um diese Situation von einer Paranoia abzugrenzen: Bei meiner Klientin handelte es sich um eine verbindliche, beziehungsfähige und empathische Frau, die keinesfalls zu Verfolgungswahn neigte. Ein paar Jahre später erfuhr sie, dass jener Mann wegen häuslicher Gewalt verhaftet worden war.

Was lernen wir aus dieser Geschichte? Nun, für mich ist

es wesentlich, dass hochsensible Menschen lernen, ihrer eigenen Intuition zu vertrauen, auch wenn sie sich der äußeren Logik entzieht und sich keine Erklärung dafür finden lässt. Was ich grundsätzlich damit sagen will, ist, dass die Atmosphäre von Menschen auch übererregend sein kann. Und wir sind jeden Tag in Kontakt mit verschiedenen Menschen und ihren jeweils eigenen »Atmosphären«.

Die Folge der grundsätzlichen Tendenz zur Übererregbarkeit ist in meiner Begriffswelt die Überstimulation. Ist man überstimuliert, können körperliche, kognitive oder emotionale Überreaktionen geschehen, wie ich sie schon beschrieben habe.

Und wie ich schon dargelegt habe, ist Hochsensibilität »normal verteilt«. Es gibt eine Gruppe von höchstsensitiven Menschen, dann eine Gruppe von generell Sensitiven und wieder eine kleinere Gruppe von wenig Sensitiven. Das bedeutet, dass auch unter den Hochsensiblen nicht jeder diese ausgeprägte Wahrnehmung hat, sondern wahrscheinlich nur die Höchstsensitiven.

Zusammenfassend können wir also sagen, dass Übererregbarkeit ein ständiger Begleiter hochsensibler Menschen ist. Daraus folgt die Tatsache, häufig überstimuliert zu sein. Dieser Zustand hat kognitive, emotionale und körperliche Begleiterscheinungen. Jedes Alltagsdetail und jedes Zusammensein mit anderen Menschen kann Überstimulation auslösen. Die Wahrnehmungen, die dazu führen, sind durchaus ernst zu nehmen. Dabei nehmen nicht alle empfindsamen Menschen die gleichen Dinge wahr, und auch nicht alles wirkt auf empfindsame Menschen in der gleichen Weise überstimulierend.

Grundsätzlich gibt es aber mehrere Aspekte, die Überstimulation begünstigen beziehungsweise auslösen können. Elaine Aron hat diese folgendermaßen klassifiziert:[555]

- Extreme (hohe Intensität/niedrige Intensität)
- Dauer
- Komplexität
- Neuartigkeit
- Plötzlichkeit

Extreme

Es ist natürlich individuell, was jemand als extrem empfindet. Reize können als zu grell, zu laut, zu rau empfunden werden. Auch ein zu voller Terminkalender kann ein solches Extrem darstellen. Aber genauso gut kann auch das Gegenteil überstimulierend wirken: wenn etwas zu fade ist, zu leise (zum Beispiel die Hintergrundmusik in Restaurants) oder zu sanft. Auch ein leerer Terminkalender oder zu lange Ferien können überstimulieren, so paradox das auch klingt. Es ist nicht immer nur das »Zuviel«, sondern oft auch das »Zuwenig«, was nervös machen kann und den Organismus in einen Zustand der Anspannung versetzt.

Dauer

Wer kennt nicht das Geräusch des tropfenden Wasserhahns und seine zermürbende Wirkung? Alle Menschen reagieren mehr oder weniger auf solche Reize, sehr empfindsame Menschen aber weitaus schneller und intensiver. Auch wochenlanger Baustellenlärm oder das stundenlange Geräusch einer Säge oder eines Rasenmähers (besonders samstags in den Sommermonaten scheinen sich alle Nachbarn abgesprochen zu haben, nacheinander Rasen zu mähen, was einen Dauergeräuschpegel von mehreren Stunden nach sich zieht) lässt das Nervensystem hochsensibler Menschen überreizen. Aber auch die wochen- oder monatelange Konzentration auf ein Projekt kann zur Überstimulation führen.

Komplexität

Kennen Sie folgende Situation? Sie stehen in einem großen Supermarkt vor dem Regal mit Konfitüre und können sich angesichts des Überangebotes nicht entscheiden?

Oder Sie sind mit dem Zug unterwegs und müssen umsteigen. Während Sie durch die Menschenmenge im Bahnhof laufen, erfahren Sie durch die Lautsprecheransage, dass Ihr Zug Verspätung hat und auf einem anderen Gleis einfahren wird. Während Sie nun das neue Gleis suchen, spricht Sie jemand an, der Sie nach dem Weg fragt. Lärm, Gedränge, Zeitnot und verschiedene Anforderungen gleichzeitig kennzeichnen viele Alltagssituationen unserer heutigen Zeit. Komplexität ist also ein häufiger Auslöser für Überstimulation.

Neuartigkeit

Es kann sowohl inspirierend als auch überstimulierend sein, eine neue Erfahrung zu machen. Sei es, dass man neue Menschen kennenlernt oder zum ersten Mal mit einem Mietauto durch ein fremdes Land fährt. Auch von einer neuen Idee zu lesen oder das erste Mal Schneeketten aufzuziehen, kann überreizend wirken. Ganz einfach deshalb, weil die Erfahrung fehlt und empfindsame Menschen möglicherweise erst einschlägige Erfahrungen machen müssen, bevor sie ihren Ressourcen vertrauen können.

Plötzlichkeit

Plötzliches Hupen, das Herunterfallen eines Glases, das Schrillen des Weckers oder das Klingeln des Telefons können überstimulierend wirken.

Dabei ist es mir wichtig zu betonen, dass Überstimulation nicht dasselbe ist wie *Reizbarkeit* oder *Irritierbarkeit*.[566]

Außerdem dürfte nun klar sein, dass oft mehrere der zuvor genannten Faktoren zusammenkommen und ein hochsensibler Mensch deshalb aufgrund mehrerer Auslöser überstimuliert sein kann. Aus diesem Grund ist es nicht immer ganz einfach herauszufinden, weshalb man sich jetzt gerade unwohl, gestresst, nervös und angespannt fühlt.

Auch die Studien des amerikanischen Psychologen Jerome Kagan werden oft im Zusammenhang mit Hochsensibilität zitiert, der in Langzeituntersuchungen nachweisen konnte, dass Säuglinge, die »hochreagibel« sind, also stark auf Umgebungsreize reagieren, sich im späteren Lebensverlauf zu »gehemmten« Kindern entwickeln.[577] In einem Interview berichtete Kagan, dass circa zwanzig Prozent der Babys, die zu ihm ins Labor gebracht wurden, schon im Alter von vier Monaten empfindlich auf fremde Gegenstände, Personen und Situationen reagierten. Sie weinten, zappelten mit den Armen und Beinen und drückten den Rücken durch. Auf diese Weise reagierten sie auf Stimuli wie Stimmen von einem Tonband, Mobiles oder Wattebäuschchen, die nach Alkohol rochen und zwar deutlich stärker als die Vergleichsgruppe.[588]

Aufgrund dieser Ergebnisse schloss Kagan, dass diese hochreaktiven Kinder in ihrer weiteren Entwicklung mehr zu Ängstlichkeit neigten. Elaine Aron dagegen nimmt an, dass er im Grunde genommen Kinder mit erhöhter Sensibilität untersucht hat. Jerome Kagan schließt sich dieser Uminterpretation seiner Ergebnisse nicht an. [59]

Wenn Sie der Überstimulation und deren Wirkung auf Ihren Organismus auf die Spur kommen möchten, dann empfehle ich Ihnen Folgendes: Nehmen Sie zunächst nur einmal bewusst wahr, wie Sie sich fühlen. Was spüren Sie? Wie schlägt Ihr Herz? Wo ist Ihr Atem? Wie fühlt sich Ihr Bauch an, wie Ihre Hände, Arme, Beine und Füße? Es ist oft nicht notwendig, kognitiv die Gründe zu erfassen, warum wir uns angespannt oder gestresst fühlen. Häufig genügt es, nur in wertfreien Kontakt mit den Empfindungen zu kommen, um sofort Erleichterung zu verspüren. Viele innere Spannungszustände entstehen dadurch, dass man versucht, dagegen anzukämpfen. Wenn Sie jedoch lernen, einfach das anzunehmen, was ist, werden Sie feststellen, dass sich die Empfindungen hin zu mehr Ruhe und Entspanntheit verändern.

Und zu guter Letzt zu diesem wichtigen Kriterium der Übererregbarkeit: Es geht nicht darum, Überstimulation zu vermeiden oder alles daranzusetzen, die Übererregbarkeit in Schach zu halten und wie einen Feind zu behandeln. Es ist schlicht unrealistisch, ein Leben ohne Überstimulation zu führen, weil die leichte Erregbarkeit zu der Veranlagung der Hochsensibilität dazugehört. Vielmehr ist es wichtig, diesen Teil zu akzeptieren und so in das eigene Leben zu integrieren, dass man sich nicht ständig im Zustand der Überstimulation befindet. Es geht weiterhin darum, das Bewusstsein dafür zu schärfen, wie es sich anfühlt, überstimuliert zu sein, denn dadurch erwerben Sie die Fähigkeit, frühzeitig gegensteuern zu können. Dabei liegt der Fokus auf dem frühzeitigen Erkennen. Wenn Sie Ihre Überstimulation erst dann bemerken, wenn Sie Migräne, Darmbeschwerden, Herzrasen oder Bauchweh haben, ist es meistens schon zu spät, um wirksame Gegenmaßnahmen zu ergreifen. Diese starken Körperreaktionen sind das Endresultat eines Prozesses. In der Regel fängt Überstimulation aber viel subtiler an. Vielleicht mit einem leichten inneren Zittern oder einem Taubheitsgefühl in den Fingerspitzen, möglicherweise mit dem Verlust Ihres Humors oder einer unwirschen Bemerkung, vielleicht aber auch »nur« mit negativen Gedanken. Allzu leicht und allzu oft werden diese frühen Anzeichen von Überreizung ignoriert. Reiz fügt sich an Reiz und kumuliert sich zu einem inneren Vulkan, der sich, wenn der innere Druck zu groß wird, in einer eruptiven Entladung Bahn bricht und damit das Umfeld und sich selbst erschreckt. So weit muss es nicht kommen, wenn Sie sich selbst in der Tiefe kennenlernen und Ihrem Organismus beibringen, dass er sich regulieren kann.

Fazit: Übererregbarkeit und in der Folge davon Überstimulation gehören ursächlich zum Wesensmerkmal der Hochsensibilität. Es ist oft das Merkmal, das mit großer Empfindsamkeit gleichgesetzt wird. Überstimulation kann sich auf verschiedene Arten zeigen. Lernen Sie, die Empfänglichkeit auf Reize zu akzeptieren und die frühen Anzeichen von Überstimulation zu erkennen, um frühzeitig gegensteuern zu können. Es geht nicht darum, Überstimulation zu vermeiden, sondern zu lernen, dass der Organismus sich selbst regulieren kann.

Emotionale Intensität plus Empathie

Dieser Punkt gibt oft Anlass zu Missverständnissen, weil Hochsensibilität allzu oft mit Emotionalität gleichgesetzt wird. Zugegeben: Hochsensible wirken nach außen oft unausgeglichen, entweder himmelhoch jauchzend oder zu Tode betrübt. Kleinigkeiten können sie aus der Bahn werfen, und sie erholen sich nur langsam davon. Sie reagieren oft übertrieben und lassen sich nur schwer beruhigen (siehe dazu auch das Kapitel »Übererregbarkeit«).

Doch was ist emotionale Intensität? Wie kann ein intensiveres Erleben gemessen und objektiv festgestellt werden, da nur der eigene Bezugsrahmen vorhanden ist? Ist es nicht egozentrisch, das eigene Erleben über das seiner Mitmenschen zu stellen? Ist nicht jedes Erleben aus dem einfachen Grund intensiv, weil es das eigene ist? Um den Unterschied zu verdeutlichen, ziehe ich oft den Vergleich mit einem Radio heran: Stellen Sie sich vor, Sie haben ein inneres Radio, das ständig auf größtmöglicher Lautstärke läuft. Es gibt keinen Ausschaltknopf und auch keine Möglichkeit, die Lautstärke zu regulieren. Sie werden also das komplette Radioprogramm mitbekommen, ob es Sie nun wirklich interessiert oder nicht. Wenn Sie sich das vorstellen können, dann sind Sie mitten im hochsensiblen Erleben.

Allgemein wird sensiblen Menschen eine größere Emotionalität zugeschrieben, mitunter auch vorgeworfen. Dabei werden meistens die negativen Affekte gemeint, dass sensible Menschen sehr emotional auf Verlust, Verrat, Gewalt reagieren und auch aus einem grundsätzlichen Misstrauen gegenüber anderen Menschen oft sehr emotional, sprich aggressiv, beleidigt oder verletzt sind.

Diese Betrachtungsweise lässt allerdings außer Acht, dass diese negativen Affekte sich vor allem aufgrund von Traumata (oder, um es mit Michael Pluess zu sagen: negativen Umgebungsreizen)[600] ausbilden. Gesunde sensible Menschen nehmen das ganze Spektrum von Erfahrungen wahr und reagieren auch emotional intensiv auf positive Erlebnisse. Sie können also ebenso gut Freude, Begeisterung, Berührung empfinden.

Die starken emotionalen Reaktionen sind also allgemein, und sensible Menschen werden von vielem berührt.

Ein anderer Aspekt der emotionalen Intensität besteht darin, dass sensible Menschen stark auf die Gefühle anderer reagieren. Sie lassen sich leicht anstecken von der niedergeschlagenen Stimmung des Gegenübers sowie von Begeisterung und Lebensfreude. Darin besteht auch ein Unterschied zu traumatisierten Menschen, die aufgrund ihrer Geschichte häufig außerordentlich wachsam auf die negativen Stimmungen und Gefühle eines anderen sind.

Emotionale Intensität muss nicht immer nach außen sichtbar sein. Genauso gut ist es denkbar, dass Menschen, die sehr intensiv erleben, sich im Laufe ihres Lebens eine große Kontrolle aneignen. Sie können äußerlich sehr beherrscht und gleichmütig wirken. Manchmal ist die Kontrolle so groß, dass man auch ihrer Mimik kaum die emotionale Bewegtheit ansieht, die sie aber tatsächlich im Inneren empfinden. Das hat zwei Gründe, die Elaine Aron beschreibt und die auch ich in meiner Praxis beobachte[611]: Zum einen ist es so, dass das Zeigen von Emotionen überstimulierend sein kann, andererseits kann es sich gefährlich anfühlen, weil man mit Reaktionen der Umwelt rechnen muss. Die emotionale Intensität kann man daran erkennen, dass jemand sehr angespannt auf der äußeren Kante des Stuhles sitzt oder länger braucht, um »anzukommen«, nachdem er oder sie den Weg in die Praxis unternommen hat. Die Verschlossenheit, die man vielen Hochsensiblen nachsagt, kann also eine Reaktion auf stark wirkende Emotionen sein. Da, wo andere Befürchtungen haben, geraten sehr empfindsame Menschen in Panik, die sich oft nach innen richtet, sodass ihr Umfeld selten das ganze Ausmaß der Emotionen mitbekommt.

Obwohl das intensive Erleben ursächlich zur sehr sensiblen, um nicht zu sagen, hochsensiblen Persönlichkeit gehört, muss das nicht gleichzeitig heißen, dass sich diese von ihren Emotionen überfluten und davontragen lassen. Zur eigenen Kraft zu finden heißt, die eigenen Wahrnehmungen und ihre Folgen im Erleben ernst zu nehmen, aber gleichzeitig auch so viel Abstand dazu zu gewinnen, dass man handlungsfähig bleibt und nicht die Emotionen als absolute Wahrheit nimmt.

Zur Erinnerung: Sich von den Emotionen davontragen zu lassen, wurde bereits im Altertum als eine Schwäche des Geistes angesehen, wie bereits im Kapitel »Sensibilität, Pflanzen, Tiere und mechanische Reizbarkeit« ausgeführt wurde.

In meiner Praxis beobachte ich, dass die meisten meiner hochsensiblen Klienten der Ansicht sind, dass ihnen diese Disziplin nicht möglich ist. Sie werden derart von Emotionen überschwemmt, dass sie sich diesen inneren Bewegungen hilflos ausgeliefert fühlen. Oft ist das Resultat so, dass sie ihre Umwelt und andere Menschen für das verantwortlich machen, was sie fühlen. Sie nehmen ihre Emotionen zu ernst und richten ihr komplettes Verhalten danach aus. Manchmal beschleicht mich die Vermutung, dass sehr sensible Menschen sich darauf berufen, nicht anders zu »können«, und dass sie nicht wirklich diese Disziplin der Selbstentwicklung üben möchten. Dafür ist meines Erachtens auch die mediale Berichterstattung verantwortlich, in der die hochsensible Veranlagung oft als Belastung und sozusagen als »gottgegeben« dargestellt wird. Wie ich bereits beschrieben habe, sind namhafte Forscher der Ansicht, dass es zwar »Sensibilitätsgene« gäbe, die vererbt werden können, es aber von der förderlichen oder nicht-förderlichen Umgebung abhängen würde, auf welche Weise sich die Sensibilität formt.

Meines Wissens nach hat niemand der modernen Forscher Sensibilität mit dem dafür notwendigen Bewusstsein in Verbindung gebracht, wie es Theophrastos tat, was ich zu Beginn des Buches ausgeführt habe. Vielmehr wird angenommen, dass Hochsensibilität ein angeborener Wesenszug ist, der vererbt werden kann. Demzufolge müssen sich auch in früher Kindheit bereits Indizien für eine ausgeprägte Sensibilität finden. In diesem Alter kann von kognitivem Bewusstsein noch keine Rede sein. Eltern hochsensibler Kinder berichten zum Beispiel davon, dass ihr Kind sich schlecht beruhigen lässt, schon früh mit wachen Sinnen die Umgebung aufgenommen und auf Veränderungen stark reagiert habe. Manche Eltern beobachten auch, dass ihr Kind schlecht einschlafen oder durchschlafen kann und nicht in sich zu ruhen scheint wie zum Beispiel seine Geschwister. Diese Indizien können frühe Hinweise auf eine hochsensible Veranlagung sein.

Doch kommen wir an dieser Stelle zur Emotionalität zurück. Häufig entsteht der Eindruck, als ob das Verhalten sehr empfindsamer Menschen nur aufgrund ihrer hohen Emotionalität entsteht. Obwohl Hochsensible im Grunde genommen nicht impulsiv sind, neigen sie dazu, spontan aufgrund ihrer Emotionen zu reagieren. Hier wäre es wünschenswert, sich in Sachlichkeit und kognitiver Distanz zu üben. Emotionen können sehr trügerisch sein, weil sie uns eine absolute Wirklichkeit vorspiegeln, die so aber nicht gegeben ist. Verstehen Sie mich recht: Emotionen haben ihre Berechtigung und ihre innere Logik, die ernst genommen werden sollte. Aber sie entstehen in einem Organismus, der durch biografische Erfahrungen und Veranlagungen geprägt ist. Deshalb sind Emotionen immer vor dem Hintergrund der eigenen Biografie und Persönlichkeit zu sehen und haben selten etwas mit dem Gegenüber, das diese Emotionen ausgelöst hat, zu tun. Ein Indiz dafür stellt die Stärke der Emotionen dar: Wenn Sie starke Emotionen empfinden, ist das immer ein Zeichen dafür, dass es etwas mit Ihnen und Ihrer Geschichte zu tun hat. Hochsensible empfinden grundsätzlich emotional sehr intensiv, das muss aber nicht heißen, dass alle Emotionen gleich stark empfunden werden. Als Faustregel darf gelten: Das, was Sie besonders betrifft, hat immer mit Ihnen selbst und Ihrer Geschichte zu tun. Anaïs Nin, die skandalumwitterte Schriftstellerin zu Beginn des 20. Jahrhunderts, hat es einmal sinngemäß so ausgedrückt, dass wir die Dinge nicht sehen, wie sie sind, sondern so, wie wir sind[622].

Elaine Aron hat aufgrund der Forschungsergebnisse von Bianca P. Acevedo, amerikanische Psychologin an der University of California, Santa Barbara, auch Empathie in den Zusammenhang mit dem Kriterium der emotionalen Intensität gebracht.[633][644]

Sensible Menschen fühlen sich häufig vom Leid anderer Menschen betroffen. Häufig können Sie auch wahrnehmen, wie es Tieren und sogar Pflanzen geht. Und welche Maßnahmen es braucht, um ein größeres Wohlbefinden herzustellen.

Sensorische Empfindlichkeit

Hochsensible verfügen schließlich auch über eine sensorische Empfindlichkeit. Darunter wird eine Aufnahme- und Reaktionsbereitschaft verstanden, die sich vor allem körperlich äußert. Ich kenne zum Beispiel sehr viele sensible Menschen, die außerordentlich lärmempfindlich sind. Andere nehmen Gerüche sehr deutlich und stark wahr, selbst wenn andere Menschen diese nicht riechen. Dabei ist festzustellen, dass die Sinnesorgane an sich normal funktionieren. Häufig ist festzustellen, dass sehr sensible Menschen über die Haut stark empfindsam sind. Da darf nichts kratzen oder zu eng sein, Nähte in den Socken können zur Verzweiflung treiben und jedes Etikett wird sorgsam entfernt. Mitunter neigen Hochsensible auch zu Ekzemen oder

Allergien, haben vielleicht einen nervösen Magen-Darmtrakt oder Beschwerden des vegetativen Nervensystems wie Kopfschmerzen, Schwindel oder Schlafstörungen.

Sensorische Empfindlichkeit kann sich als niedrige Reizschwelle äußern, als die Fähigkeit, Feinheiten zu unterscheiden oder eben auch als geringe Toleranz gegenüber Sinnesreizen, wie Elaine Aron schreibt.[655]

Wichtig ist bei diesem Kriterium, dass es sich dabei um eine generelle Empfindlichkeit handelt, die nicht auf spezifische Situationen beschränkt ist.

Die Beobachtung, dass hochsensible Menschen verstärkt auf Medikamente reagieren, gehört dazu. Es genügt oftmals eine wesentlich geringere Dosierung, um eine Wirkung zu erzielen. Manchmal werden auch die Nebenwirkungen besonders stark empfunden.

Jemand, der über eine hohe sensorische Empfindsamkeit verfügt, schaut sich vielleicht besonders gründlich um, wenn er einen unbekannten Raum betritt oder mustert sein Gegenüber äußerst aufmerksam. Es mögen ihm Dinge auffallen, die er als harmonisch empfindet, oder solche, die ein Gefühl der Unstimmigkeit erzeugen.

Wenn jemand zum ersten Mal in meine Praxis kommt, bemerke ich sehr oft, dass die Person die Atmosphäre des Raumes, die Einrichtung, die Farben und Gegenstände mit allen Sinnen in sich aufnimmt und bewertet. Fällt die Bewertung positiv aus, äußert sich dies in Bemerkungen wie: »Sie haben es aber schön hier«, oder: »Das ist aber gemütlich«, während bei negativer Beurteilung meistens nichts gesagt, aber durch die Körperhaltung ein Missempfinden ausgedrückt wird.

Möglicherweise ist die Beobachtung, dass viele sehr sensible Menschen ein ausgeprägtes ästhetisches Empfinden besitzen, auch der sensorischen Empfindlichkeit zuzurechnen. Unstimmigkeiten in der Farbzusammenstellung, der Kleidung oder der Inneneinrichtung schmerzen sie fast körperlich.

Nun könnte man annehmen, dass es sehr anstrengend sein muss, mit dieser sensorischen Empfindlichkeit ausgestattet zu sein, und zugegebenermaßen ist es das auch. Dabei darf aber nicht vergessen werden, dass dieses Kriterium durchaus seine positiven Seiten hat. Diese äußern sich zum Beispiel in der Beschäftigung mit Kunst, Literatur, Musik oder auch im Umsetzen von Naturprojekten. Jemand, der sensorisch empfänglich ist, kann beispielsweise Ausstellungen, klassische Musik, schöne Farbkombinationen oder auch die speziellen Gerüche und Geräusche am Morgen oder am Abend stark wahrnehmen und aus diesen Empfindungen Texte oder Bilder gestalten.

Darin sind durchaus Begabungen zu sehen, auf die ich in den Ausführungen zur Potenzialentwicklung noch ausführlich eingehen werde.

Eine Beobachtung möchte ich noch hinzufügen: Nach einem meiner Vorträge, in dem es um hochsensible Kinder ging, kam eine Mutter auf mich zu und erzählte mir von ihrem Sohn, den sie aufgrund meiner Beschreibungen als hochsensibel einstufte. Nur beim Kriterium der sensorischen Empfindlichkeit kam sie ins Zweifeln. Sie beschrieb, dass ihr Sohn, wenn er in Stress geriet, sich häufig einnässte, dies aber meistens gar nicht registrierte. Es schien ihm noch nicht einmal unangenehm zu sein. In ihrer Vorstellung ließ sich das nicht mit einer hochsensiblen Veranlagung verbinden, bei der, so wie sie annahm, die Menschen extrem auf Reizquellen reagieren.

Ich entgegnete ihr, dass es mehr als nur diese eine Beobachtung bräuchte, um genauer sagen zu können, ob das

Kind über sensorische Empfindlichkeit verfügte oder nicht. Mitunter ist es tatsächlich so, dass es Punkte gibt, in denen sensible Menschen erstaunlich wenig wahrnehmen, sei es, weil ihre Aufmerksamkeit gerade mit anderen Dingen beschäftigt ist, oder auch, weil ihre besondere Sensorik nicht in allen Punkten gleich stark ansprechbar ist.

Es ist wichtig, sich bewusst zu machen, dass alle vier Kriterien vorhanden sein müssen, um von einer hochsensiblen Veranlagung sprechen zu können. Nur in einem Punkt besonders empfänglich zu sein, reicht nicht aus. Das bedeutet nun aber nicht, dass jede hochsensible Person jeden der vier Punkte hundertprozentig erfüllt. Es gilt, genauer hinzuschauen und manchmal auch zwischen den Zeilen zu lesen und Beobachtungen über einen längeren Zeitraum festzuhalten, um sich einer hochsensiblen Veranlagung anzunähern.

Aus diesem Grund und wegen der Komplexität der genannten vier Kriterien halte ich Abklärungen, die innerhalb einer Stunde erfolgen, für nicht sehr sorgfältig und seriös. So verständlich das Bedürfnis auch ist, schnell Bescheid zu wissen, so wichtig finde ich es, sich genügend Zeit zu lassen, um sich dem Thema sorgfältig und achtsam zu nähern.

Michael Jack, Gründer und Leiter des Informations- und Forschungsverbundes Hochsensibilität e.V. in Deutschland empfiehlt, den Begriff Hochsensibilität für eine Weile in sich zu bewegen, um nach einiger Zeit herauszufinden, welche Resonanz er auslöst.[666] Fühlt es sich erleichternd und gut an, sich vorzustellen, dass man hochsensibel sein könnte? Oder gibt es eine Art inneren Widerstand gegen den Begriff oder das, was mit ihm verbunden ist? Welche Vorstellungen sind mit Sensibilität verknüpft? Fühlen Sie sich gut damit, sensibel zu sein, oder wehrt sich in Ihnen etwas dagegen, etwa, weil sensibel zu sein in Ihrer Herkunftsfamilie nicht gut angesehen war oder Sie schon früh das Gefühl bekommen haben, Ihre sensible Seite nicht zeigen zu dürfen?

Grundsätzlich gilt: Wenn etwas in Ihnen in die eine oder andere Richtung anklingt, dann dürfte es sich lohnen, sich näher mit dem Thema Hochsensibilität auseinanderzusetzen.

Diese Auseinandersetzung kann so aussehen, dass Sie lernen, sich selbst sehr gut zu beobachten. Sie kennen jetzt die Kriterien, in denen sich die hochsensible Veranlagung zeigt. Beobachten Sie sich und Ihr Verhalten im Alltag: Wie wirkt etwas auf Sie? Wie zeigt sich die Überstimulation bei Ihnen? Woran merken Sie, dass Sie überreizt sind? Welche Reize wirken besonders stark bei Ihnen, welche weniger? Dass man sich aber mit der Selbstwahrnehmung auch eine Falle stellen kann, soll folgendes Beispiel verdeutlichen.

Ich erinnere mich an eine Klientin, die davon überzeugt war, keine laute Musik ertragen zu können. Wir nahmen uns etwas Zeit, um diesem Empfinden und den Erfahrungen, die dahintersteckten, auf den Grund zu gehen. Dabei wurde ihr bewusst, dass sie laute Musik hasste, wenn sie keinen Einfluss darauf hatte, beispielsweise wenn die Nachbarn ihr Radio aufdrehten oder sie eine Party »mitanhören« musste, zu der sie nicht eingeladen war. Besuchte sie aber ein Konzert, das sie sich selbst ausgesucht hatte, machte es ihr nichts aus, inmitten einer Menschenmenge überlaute Rockmusik zu hören und zu genießen. Es lohnt sich also, einen Blick hinter die Überzeugungen zu werfen. Aus »Ich kann keine laute Musik ertragen« wird dann vielleicht »Unter gewissen Umständen kann ich keine laute Musik ertragen«. Dieselbe Klientin unternahm daraufhin verschiedene Experimente, um ihrer Sensorik auf die Spur zu kommen. Unter anderem meldete sie sich zu einem Zumba-Kurs an. Zumba ist ein Fitnesskonzept, das verschiedene, häufig lateinamerikanische, Tanzstile mit Aerobic verbindet. Es ist schnell, häufig laut, dynamisch und man kommt dabei ins Schwitzen. Interessanterweise fühlte sich meine Klientin von Zumba äußerst inspiriert. Die Lautstärke und die schnellen Rhythmen der Musik machten ihr während der Trainingseinheiten nichts aus. Es ist also auch hier wichtig, dass Sie sich neue Erfahrungen erlauben und Ihre Persönlichkeit nicht auf etwas festlegen, das Sie einmal als begrenzend erlebt haben. Erweitern Sie Ihre Grenzen und erleben Sie sich neu!

Es ist ohnehin so, dass man an manchen Tagen mehr verträgt als an anderen. Am Beispiel der Überstimulation können wir also gut sehen, dass die Reizüberflutung zwar jeden Tag für Hochsensible gegenwärtig ist, sich aber auch durchaus in ihren Ausprägungen unterscheiden kann. Das macht das Ganze vielschichtig und spannend.

Wie sieht es mit dem langen Nachhallen bei Ihnen aus? Wie bemerken Sie die gründliche Informationsverarbeitung?

Vielleicht mögen Sie sich ein kleines Notizbuch für Ihre Beobachtungen anlegen. Wenn Sie Ihre Notizen mit Datum versehen, können Sie später Ihren persönlichen Entwicklungsweg gut nachvollziehen.

Damit wir uns recht verstehen: Diese Art der Selbstbeobachtung hat nichts mit Egozentrik oder einer selbstverliebten Obsession zu tun, sondern sie dient lediglich dem Zweck, sich selbst in der Tiefe gut kennenzulernen. Je besser Ihnen das gelingt, umso leichter wird es Ihnen fallen, sich selbst zu managen.

Die Schwierigkeiten, die sich aus der hochsensiblen Veranlagung ergeben, hängen oft mit dem mangelnden Bewusstsein zusammen, wie der eigene Organismus auf innere und äußere Reize reagiert. Daraus resultiert das Gefühl, den eigenen inneren Mächten hilflos ausgeliefert zu sein und nichts dagegen tun zu können. Ein Gefühl, das die meisten Hochsensiblen, die mir begegnet sind, gut kennen.

Sobald wir aber unsere Awareness (das Bewusstsein für sich selbst) steigern, bekommen wir dadurch ein Werkzeug in die Hand, uns selbst und unsere Befindlichkeiten zu regulieren.

Dazu muss man zunächst annehmen, dass es grundsätzlich möglich ist, andere Erfahrungen zu machen als bisher und das Leben mehr bereithält als das, was man bis jetzt bekommen hat.

In jedem Individuum schlummern zahlreiche Möglichkeiten, und unsere Erfahrungen führen dazu, dass wir nur einen Bruchteil davon zur Verfügung haben.

Hochsensible Menschen erleben sich aufgrund ihrer starken Wahrnehmung als geschwächt, fühlen sich fehl am Platz oder glauben, anders sein zu müssen. Gleichzeitig können sie aber nicht anders sein. Sie können natürlich versuchen, ihre Empfindsamkeit zu verbergen, aber verschwinden wird sie dadurch nicht. Auf diese Weise gewöhnen sich viele sensible Menschen daran, eine Art Doppelleben zu führen, und erlauben sich nur selten Momente der Empfindsamkeit.

Das hat weitreichende Konsequenzen. Zum einen entsteht dadurch eine Art »Brüchigkeit« in der Identität – man ist eigentlich anders, als man vorgibt zu sein. Zum anderen verhindert man durch diese Überlebensstrategie, dass das gute Potenzial, das der hochsensiblen Veranlagung innewohnt, gelebt werden kann.

Welch ein Dilemma! Man nimmt so vieles wahr und darf diese Fähigkeit nicht zeigen. Man hat so viele Ideen, kommt aber nicht dazu, sie auch nur ansatzweise zu verwirklichen, weil man die Reaktionen des Umfeldes und der Öffentlichkeit befürchtet. Und zu alledem zweifelt man auch noch an der Richtigkeit der eigenen Wahrnehmung, da alle anderen scheinbar ganz anders sind, andere Lebensmodelle verfolgen, andere Ziele haben und vermeintlich gefestigter in der Welt stehen.

Dabei scheint mir, dass gerade in der Unsicherheit und in dem »Nicht-Wissen« das Potenzial für neue Wege liegt.

Erinnern Sie sich, dass ich im Vorwort davon gesprochen habe, dass ein Potenzial sowohl negativ als auch positiv sein kann? Ich möchte im Folgenden stärkende sowie schwächende Einflüsse beleuchten, die dazu beitragen, ob jemand in seine Kraft kommen kann oder nicht.

Teil III: Was stärkt, was schwächt?

Alle Menschen sind täglich schwächenden und stärkenden Einflüssen ausgesetzt. Dabei ist ein weitverbreitetes Missverständnis die Annahme, wir müssten uns nur genug anstrengen, um uns selbst zu »optimieren«. Schwächen sollen ausgemerzt, Stärken hervorgehoben und verstärkt werden. In meiner Zeit als Leiterin von Kursen für Arbeitslose machte ein Merksatz die Runde: »Schwächen schwächen, Stärken stärken«. Für Lebensläufe und Bewerbungsbriefe mag das die Tür zu einem Vorstellungsgespräch öffnen, für die Lebensgestaltung erscheint es mir aber wesentlicher zu erkennen, dass Perfektion eine Illusion ist. Bei allem Entwicklungspotenzial sind wir Menschen, denen das eine oder andere eben nicht gelingt, und die zwar Stärken, aber auch Schwächen haben. Wer beides akzeptieren kann, gilt mit Recht als »integre Persönlichkeit«. Integrität bezeichnet die Übereinstimmung zwischen den eigenen Werten und dem Verhalten. Eine integre Persönlichkeit handelt in dem Bewusstsein, dass sich ihre persönlichen Überzeugungen, Maßstäbe und Wertvorstellungen in ihrem Verhalten ausdrücken. Wer kennt sie nicht, die Persönlichkeiten aus Wirtschaft, Sport und manchmal sogar aus der Politik, die durch ihre Haltung auch Andersdenkenden Respekt abverlangen und charismatisch wirken? Und daneben gibt es aber wesentlich mehr Beispiele für Menschen, denen eine solche Übereinstimmung nicht gelingt, die jedem kurzfristigen Erfolg hinterherhecheln und sich dafür zum Hanswurst machen, wie bei Realityshows im Fernsehen. Es mangelt allerorten an Vorbildern, die den Namen verdienen und die einem zeigen, wie es gelingen kann, im Einklang mit den eigenen Werten zu leben und Einfluss auf die Geschicke der Welt auszuüben.

Wenn ich Ihnen hier etwas davon erzählen möchte, wie man als empfindsamer Mensch in seine Kraft kommen und sein Potenzial entfalten kann, dann geht es mir nicht um kurzfristige Erfolge, sondern um Nachhaltigkeit. Ich möchte Sie deshalb dabei begleiten, eine persönliche Entwicklung anzustreben, die zum Ziel hat, alle Persönlichkeitsanteile zu einem harmonischen Ganzen zusammenzufügen, sodass Sie nicht mehr an sich zweifeln und im Einklang mit Ihrer Persönlichkeit handeln. Wenn man Menschen als »integer« bezeichnet, dann schwingt in dieser Zuschreibung auch immer etwas mit, das diejenigen als unbestechlich und nicht erpressbar darstellt. Integre Menschen folgen festen, tief verankerten und ihnen wesensgemäßen Werten, zu denen sie dauerhaft stehen und von denen sie sich nicht abbringen lassen.[677] Je nachdem, welche Erfahrungshintergründe jemand hat und an welchem Punkt im Leben er oder sie steht, ist der Weg dahin kürzer oder weiter, aber immer möglich. Integer zu werden muss sich aber auch nicht nur einfach und erfüllend anfühlen. Zum eigenen Wesenskern vorzudringen, bedeutet auch, nicht immer »lieb Kind« zu sein und die Anforderungen, Erwartungen und Bedürfnisse, die von außen an einen herangetragen werden, zu hinterfragen. *Persönlichkeitsentwicklung* hin zur Integrität bedeutet auch ein lebenslanges »Dranbleiben«. Das klingt anstrengend und mühselig, aber ich bin davon überzeugt, dass jeder Mensch in jedem Augenblick seines Lebens sehr viel dazu beitragen kann, seinen empfundenen Zustand zu verbessern.

Wir haben aber nicht alles in der Hand. Etwa fünfzig Prozent unserer Persönlichkeit geht auf die Genetik zurück.[688] Aber die andere Hälfte haben wir zur Verfügung – nutzen wir sie!

Das rechte Maß finden

In ihrem Bemühen, innere Spannungszustände unter Kontrolle zu bringen, verlieren sehr empfindsame Menschen oft das stimmige Maß. Ich habe es bereits schon erwähnt: Die Tendenz, in Schwarz-Weiß-Denken zu verfallen und in extremen Positionen zu denken, ist ein Aspekt der Maßlosigkeit. Das rechte Maß zu finden beschränkt sich nicht nur auf die Ess- und Trinkgewohnheiten, sondern ebenso gut auf psychologische Prozesse. Bereits Aristoteles hat in der Nikomachischen Ethik dargelegt, dass die wahre Tugend zwischen zwei Extremen zu finden ist. Als Beispiel: Zwischen Verschwendung und Geiz liegt die Großzügigkeit. Verschwendung als der eine extreme Pol bezeichnet das, was Aristoteles ein Übermaß nennt. Der entgegengesetzte Pol, in diesem Beispiel der Geiz, bezeichnet einen Mangelzustand.[69] Zwischen Übermaß und Mangel kann sich das rechte Maß einpendeln. In diesem Beispiel wäre dies die Großzügigkeit, verstanden als die Fähigkeit, freigebig zu sein, ohne Erwartungen an eine Gegenleistung zu haben und ohne die eigenen Ressourcen zu erschöpfen.

Großzügig sein kann man in verschiedenen Kontexten. Zum einen erkennt man Großzügigkeit daran, dass jemand über Kleinigkeiten oder Fehler von anderen hinwegsehen kann. Zum anderen ist der Großzügige bereit und fähig, Erkenntnisse, materielle Dinge, Zeit und Ressourcen im rechten Maß mit anderen zu teilen. Das rechte Maß bedeutet, nicht so viel auszugeben, dass man selbst hinterher nichts mehr hat, sondern in einer gesunden Selbstfürsorge nichts ängstlich für sich zu behalten. Mit offenem Herzen frei zu entscheiden, wie viel man geben möchte, ist großzügig. Dazu zählen auch Gedanken und Gefühle. Entweder man verschließt alle inneren Vorgänge in sich und macht sie niemandem zugänglich, oder man übt sich in Durchlässigkeit, sodass man je nach Situation und Gegenüber sich aus dem eigenen Herzen heraus adäquat mitteilen kann. Manche Menschen, und darunter befinden sich nicht wenige Empfindsame, kultivieren in sich eine Art des »geheimen inneren Raumes«, in dem sie ihre Empfindungen einschließen und zu dem niemand Zutritt bekommt. Dann empfinden sie sich zwar als sehr sensibel, es merkt aber niemand außer ihnen selbst.

Freigiebig zu sein, wo es erforderlich ist und man die Möglichkeit dazu hat, bedeutet großzügig zu sein. Ich erinnere mich an eine Situation in einer Weiterbildung, die ich vor Jahren besucht habe. Es war mir ein großes Bedürfnis, innerhalb dieser Tage eine Supervision mit einer Dozentin zu bekommen, die ansonsten nicht möglich gewesen wäre, da wir räumlich sehr weit auseinander wohnen. Es war aber schwierig, einen geeigneten und separaten Raum für unser Gespräch zu finden. Wir erzählten von unserem Dilemma einer anderen Teilnehmerin beim Frühstück, und sie bot uns spontan ihr Zimmer an. Ich erinnere mich noch, wie sehr mich diese großzügige Geste überraschte. Wäre ich dazu in der Lage gewesen?

Von dieser Weiterbildung ist mir nicht mehr sehr viel Inhaltliches in Erinnerung geblieben, diese Geste aber schon. Ich weiß noch, dass ich mir damals vorgenommen habe, diese Großzügigkeit auch in mir zu fördern.

In puncto Großzügigkeit neigen meiner Erfahrung nach sehr empfindsame Menschen dazu, in Extreme zu verfallen wie eine Klientin: Sie fuhr in die Stadt, um Besorgungen zu machen und parkte ihr Auto ordnungsgemäß. Als sie zurückkam, hatten sich ein paar Personen um ihr Auto versammelt. Irritiert kam sie näher und der Fahrer des vor ihr parkenden Autos berichtete ihr, dass er beim Zurücksetzen ihr Auto gestreift habe. Er zeigte ihr die Stelle. Es war kaum etwas zu sehen, er aber meinte, dass die Stelle schon ein wenig eingedrückt sei. Er gab ihr seine Visitenkarte und sagte, dass sie den Schaden in ihrer Werkstatt begutachten lassen solle, seine Versicherung würde dafür aufkommen. Ein recht banales Geschehen, nicht wahr? Aber wie reagierte meine hochsensible Klientin? Sie war so überwältigt von der Freundlichkeit und Korrektheit des anderen Autofahrers, dass sie auf eine Reparatur verzichtete.

Jahre später beschäftigte sie die Situation immer noch. Nicht wegen der Sache an sich, sondern sie erkannte, dass ihr Verhalten, den Schaden noch nicht einmal überprüfen zu lassen, unverhältnismäßig war. Der Schaden wäre von der Versicherung getragen worden und hätte den Mann kein Geld gekostet. Meine Klientin jedoch war zu diesem Zeitpunkt so ausgehungert nach Freundlichkeit, dass sie das rechte Maß verlor. Sie nahm in Kauf, den Schaden bei einem Verkauf ihres Autos auf eigene Kosten reparieren lassen zu müssen. Das ist Verschwendung, nicht Großzügigkeit. Dieser Erfahrung liegt der Mangelzustand zugrunde, zu wenig Freundlichkeit zu erleben und ausgehungert nach freundlichen, verständnisvollen und liebevollen Gesten zu sein. Empfangen sensible Menschen wenige Signale dieser Art, verkümmern sie innerlich. Das kann dazu führen, dass sie selbst nicht mehr bereit sind, etwas über das geforderte Maß hinaus zu geben. »Wie du mir, so ich dir«, lautet dann die Devise. Dass dies eine enorme Beschränkung der eigenen Möglichkeiten darstellt, liegt auf der Hand.

Zu erleben, dass angemessene Großzügigkeit nicht schwächt, sondern im Gegenteil als Stärkung wahrgenommen werden kann, ist meines Erachtens sehr wichtig für Menschen mit einer sensiblen Wesensart. Natürlich ist es einfacher, großzügig zu den Menschen zu sein, die man mag. Die wahre Herausforderung besteht darin, stets im rechten Maß großzügig auch zu jenen zu sein, die man nicht unbedingt ins Herz schließen kann.

Mir ist wichtig herauszustellen, dass es für die *Potenzialentfaltung* und das kraftvolle Im-Leben-Stehen sinnvoll ist, sich in Großzügigkeit zu üben. Wenn es gelingt, werden Sie feststellen, dass es sich positiv anfühlt, im guten Sinne freigiebig zu sein. Damit können Sie ein Beispiel für andere Menschen sein. Ich bin mir ziemlich sicher, dass die Teilnehmerin der Weiterbildung sich nicht mehr daran erinnern wird, dass sie ihr Zimmer zur Verfügung gestellt hat. Aber für mich war das wie ein Weckruf. Sich in solchen kleinen Gesten zu üben, stellt das Gegenteil von der üblichen Zurückhaltung und dem ängstlichen Hüten des eigenen Besitzes, sei er materiell oder emotional, dar.

Meine Empfehlung lautet daher: Üben Sie sich im großzügigen Verhalten. Beobachten Sie, in welchem Kontext Sie möglicherweise zu sehr auf den eigenen Besitz achten. Wo könnten Sie freigiebiger sein? Und wo geraten Sie in die Falle des »Verschwendens«?

Es handelt sich dabei um eine bewusste Entscheidung, nicht um ein unbewusstes Sichaufopfern.

Sie werden den Unterschied spüren.

Natürlich gelingt es nicht immer, das rechte Maß zu finden. Es geht aber vor allem um das Bemühen darum und um ein Bewusstsein für die Extrempositionen. Machen Sie sich klar, dass Schwarz-Weiß-Denken und Handlungsideen, die keine Nuancen zulassen, aufgrund eines Mangelzustandes entstehen. Sind Sie ausgeruht und im Kontakt mit Ihrer ganzen Kompetenz, werden andere Handlungen möglich sein.

In der Tendenz, über die eigenen Grenzen zu gehen, überstimuliert zu sein und dadurch in Extreme zu verfallen, besitzen empfindsame und hochsensible Menschen häufig kein gutes Gespür für das rechte Maß. Es schwächt jedoch den Organismus und die Persönlichkeit nachhaltig, immer in Extremen leben zu müssen, weil es anstrengend ist. Diese Anstrengung fördert dann wieder die Überstimulation und sorgt für Stress im Körpersystem.

Um zum rechten Maß zu finden, ist neben der Fähigkeit zur Emotionsregulierung (dazu mehr im Kapitel »Empathie« und »Emotionale Kompetenz«) auch die Eigenschaft vonnöten, eine Meta-Ebene einzunehmen und sich sozusagen selbst von außerhalb zu beobachten. Sie können sich dazu vorstellen, einen Schritt nach links oder rechts aus sich herauszutreten und von dieser Position aus das eigene Verhalten möglichst wertfrei zu betrachten. Gleichzeitig mit sich selbst in Kontakt zu sein und sich aber auch beim Leben zuzusehen, ist für mich kein Widerspruch. Die meisten Menschen sind sich ihrer selbst, ihrer Motivationen und Bedürfnisse nicht bewusst. Deshalb handeln sie oft impulsiv und aus dem Affekt heraus. Das ist bei hochsensiblen Menschen anders. Aufgrund ihrer hohen Wahrnehmungsfähigkeit tragen sie das natürliche Potenzial zur Differenziertheit, zum Bewusstsein, das im Englischen oft mit dem Begriff Awareness bezeichnet wird und zum überlegten und nachhaltigen Handeln anregt, schon in sich.

Oft zeigt sich die Anlage zur Maßlosigkeit, das Schwanken zwischen Mangel und Überfluss, sehr früh im Leben. Die folgende Geschichte legt ein beredtes Zeugnis davon ab.

Eine Geschichte von der Erschütterung des Urvertrauens und Dampfkochtöpfen

Ich war fünf Jahre alt, als meine Mutter schwanger wurde. Ich erinnere mich, dass ich sehr aufgeregt war und mich auf das neue Baby freute. Als wir einmal unterwegs waren und ich an der Hand meiner Mutter vor mich hin hüpfte, fragte sie mich, wie das Baby denn heißen solle. Ich überlegte ernsthaft und lange. Mir fielen dann einige Namen ein, die ich schön fand. Aber es waren alles Mädchennamen. Als meine Mutter fragte, wie das Baby denn heißen solle, wenn es ein Junge würde, war ich vollkommen überrascht. Ein Junge? Ausgeschlossen! Ich wollte unbedingt ein Schwesterchen haben. Der Gedanke an einen Bruder war für mich unvorstellbar. Als dann die Wehen einsetzten, brachten mein Vater und ich meine Mutter ins Krankenhaus. Während er sich um sie kümmerte, blieb ich an der Anmeldung bei der Sekretärin sitzen, die, mir den Rücken zugewandt, auf ihre Schreibmaschine einhämmerte. Über die Schulter hinweg fragte sie mich beiläufig, was ich mir denn wünschen würde, ein Brüderchen oder ein Schwesterchen? Und im Brustton der Überzeugung (und ziemlich lautstark, wie ich fürchte) verkündete ich: »Ein Schwesterchen!« Und ich atmete auf. In dem Moment war für mich glasklar, das jetzt alles gut würde, denn die Sekretärin wusste von meinem Wunsch. Sie würde das schon richten, davon war ich felsenfest überzeugt.

Mein kindlicher Glaube an die Macht der Erwachsenen war bislang unerschüttert. Ich verbrachte die Zeit, als meine Mutter im Krankenhaus war, bei meiner Oma. Ich erinnere mich nicht mehr daran, aber sie wird mir zuerst gesagt haben, dass ich ein Brüderchen hätte. Für mich brach eine Welt zusammen. Sehr viel später hat meine Oma mir einmal erzählt, dass ich einen Tobsuchtsanfall bekommen habe und mich nicht mehr beruhigen konnte. Die verlässliche Welt, in der ich bis dahin gelebt hatte, existierte nicht mehr. Wie konnte das sein? Ich hatte doch der Sekretärin klar und deutlich meinen Wunsch geäußert. Sie hatte versagt. Es war also möglich, das Erwachsene nicht Wort hielten. Fortan war die Welt eine andere für mich.

Vielleicht kennen Sie auch solche Schlüsselmomente? Erfahrungen, die Ihr Weltbild erschüttert haben? Ich denke, dass die meisten Menschen über ähnliches berichten können. Man kann wahrscheinlich mit gutem Gewissen behaupten, dass das zum »Großwerden« gehört, und nahezu alle Kinder überleben diese einschneidenden Erfahrungen. Aber es gibt Menschen, die solche Dinge leichter wegstecken als andere. Hätte ich damals auch so exzessiv reagiert, wenn ich weniger sensibel gewesen wäre? Nun, diese Frage muss hypothetisch bleiben, aber im Rückblick betrachtet scheint es mir einleuchtend zu sein, dass in der beschriebenen Szene zweierlei deutlich wird: Erstens: das unbedingte Vertrauen und der Glaube daran, was einem von außen gesagt wird (Verschwendung). Zweitens: die bodenlose Enttäuschung, wenn das Versprechen (auch wenn es nicht wörtlich als Versprechen deklariert wurde) nicht eingelöst wird (Mangel). Oft entsteht durch solche Schlüsselerlebnisse eine Polarität in der Persönlichkeit, eben das Schwanken zwischen Verschwendung und Mangel.

Beides begegnet mir häufig in meiner Arbeit mit hochsensiblen Menschen.

Auf der einen Seite kann man sagen, dass eine gewisse Naivität vorhanden ist, die dafür sorgt, dass ein gewisser Vertrauensvorschuss gegeben wird, auf der anderen Seite stelle ich in der Arbeit mit meinen hochsensiblen Klienten und Klientinnen immer wieder fest, dass es wenig braucht, um das Vertrauen nachhaltig zu erschüttern. Wenn man fünf Jahre alt ist, ist es natürlich, so heftig zu reagieren. Ein Kind in diesem Alter hat in der Regel noch keine Erfahrungen damit, dass menschliches Verhalten auch manchen Widersprüchen unterliegt. Die Welt wird noch eingeteilt in »gut« oder »schlecht«, »der mag mich« und »die mag mich nicht«, »das esse ich gern« und »das schmeckt mir nicht«. Erst später differenzieren sich die Nuancen zwischen »Schwarz« und »Weiß« heraus. Und im Alter von fünf Jahren hat ein Kind nur sehr beschränkte Ressourcen zur Verfügung, um mit Verletzungen umzugehen. Eine Möglichkeit, auf Erschütterungen zu reagieren ist zu weinen, mit den Füßen zu stampfen und Dinge durch die Gegend zu werfen. Später im Leben lernen fast alle Menschen, diese Impulse zu zügeln und sich angepasster zu verhalten. Aber ich erlebe es sehr oft, dass innerlich das kleine Kind weiterlebt und die gleichen starken Affekte äußert wie damals, als der ganze Mensch fünf Jahre alt war. Nur ist dieser Mensch mittlerweile dreißig, vierzig oder fünfzig Jahre alt und versteht nicht, weshalb er manchmal aus scheinbar nichtigem Anlass heraus eine starke Wut spürt, dass er toben, brüllen und Dinge kaputt machen könnte.

In der populärpsychologischen Ratgeberliteratur ist viel von dem »inneren Kind« die Rede. Dieser Begriff ist meines Erachtens irreführend, weil es *das* innere Kind nicht gibt, sondern sehr viele innere Ich-Zustände, die jeweils ein eigenes Alter, ein eigenes emotionales Erleben und eigene Bewältigungsmöglichkeiten haben. Selbst das Ich, das wir gestern waren, ist bereits ein früherer Ich-Zustand und als solcher ins Körpergedächtnis und in die Persönlichkeit eingegangen, auch wenn wir an diesem Tag nichts Besonderes erlebt haben und uns schon nächste Woche nicht mehr daran erinnern werden. Jeder Mensch besteht also aus vielen verschiedenen Ich-Zuständen, die sich manchmal zu Wort melden und sichtbar werden. Es gibt auch Menschen, die so stark ansprechbar in ihren Affekten sind, dass es scheint, als ob sie mehrheitlich aus einem kleinkindlichen Zustand heraus agieren. Ich spreche dieses Thema hier an, weil mir scheint, dass starke Emotionalität vielfach mit hoher Sensibilität gleichgesetzt wird. Sie haben gesehen, dass emotionale Intensität eins der Kernkriterien ist, das allen empfindsamen Menschen zu eigen ist, aber das bedeutet nicht, dass irgendein früherer Ich-Zustand hinter der nächsten Ecke darauf lauert, hervorzuspringen und »Buh« zu rufen. Was ich damit und mit der kleinen Geschichte zu Beginn dieses Kapitels illustrieren möchte, ist, dass, wenn Sie besonders starke Affekte verspüren, dies immer auf eine biografische Ursache schließen lässt und nicht unbedingt auf eine hochsensible Veranlagung zurückzuführen sein muss. Aber bei vielen empfindsamen Menschen geschieht im Laufe ihrer Entwicklung vom Kind zum Erwachsenen etwas Interessantes: Sie erleben durch die Reaktionen ihres Umfeldes, ob es in Ordnung ist, Emotionen auszudrücken oder ob ihre Bezugspersonen damit eher überfordert sind. Logischerweise »entscheidet« sich der kindliche Organismus dann für diejenige Bewältigungsmöglichkeit, die größtmögliche Aussicht auf Erfolg verspricht. Erfolg heißt in diesem Fall, keinen Liebesverlust zu riskieren. Es gibt Familien, in denen Kinder so sicher gebunden sind, dass sie gefahrlos ihre Affekte ausdrücken können. In vielen Familien jedoch erleben Kinder es als bedrohlich, Gefühle zu zeigen, da dieses Verhalten mit Liebesentzug bestraft wird. Für ein Kind ist das sprichwörtlich existenzgefährdend. Es liegt also nahe, dass sich die kindliche Seele zukünftig davor hütet, Emotionen zu zeigen. Tatsächlich begegnen mir viele empfindsame Menschen, denen man äußerlich kaum etwas von der starken Bewegung in ihrem Inneren anmerkt. Sie sitzen dann in meiner Praxis und berichten sehr kontrolliert davon, wie stark sie empfinden oder eben auch von ihren Schwierigkeiten, überhaupt Gefühle wahrzunehmen. Nur manchmal, und das erschreckt sie zutiefst, bricht sich eine unkontrollierbare Wut Bahn. In diesem Zustand brechen sie dann Beziehungen ab, zerstören Freundschaften und handeln destruktiv. Ich ziehe dann gerne den Vergleich mit einem Dampfkochtopf heran: Diese Töpfe sind so konstruiert, durch Dampf schnell und schonend zu garen. Allerdings ist es früher häufiger passiert, dass diese Töpfe durch Bedienungsfehler explodiert sind und der heiße Inhalt ihren Benutzern Verletzungen zugefügt hat. Es gilt im Umgang mit einem Dampfkochtopf Regeln zu beachten. Der Topf muss mit Flüssigkeit gefüllt sein, aber nicht zu viel, weil sonst zu viel Druck entsteht, aber auch nicht zu wenig, damit sich genügend Dampf bilden kann. Stellen Sie sich also vor, in Ihrem Inneren befindet sich solch ein Dampfkochtopf. Dieser ist gefüllt mit allen Emotionen und Erfahrungen, die Sie in Ihrem Leben gemacht haben. Er besitzt einen Deckel mit einem Ventil, durch das der innere Druck und der Dampf reguliert werden können. Wenn nun dieser Topf sehr stark gefüllt ist und Sie nicht mit dem Ventil umgehen können, dann wird es den Deckel sprengen und der ganze Inhalt seine zerstörerische Wirkung entfalten. Viele empfindsame Menschen haben gelernt, dass es gefährlich ist, Emotionen zu zeigen. Dies führt dazu, dass sie starke Emotionen haben, also ihren Dampfkochtopf ständig befüllen, gleichzeitig aber keine Möglichkeit kennen, das Ventil zu bedienen. Von Zeit zu Zeit explodiert der Dampfkochtopf dann und lässt Druck ab. Es folgt ein kurzfristiges Gefühl der Entlastung, bis sich wieder so viel aufgestaut hat, dass die nächste Explosion bevorsteht.

Die Folge ist, dass sie sich ihren heftigen Affekten hilflos ausgeliefert fühlen. Das führt wiederum dazu, dass sie sich bemühen, den Deckel noch fester auf den Topf zu schrauben, noch mehr zu kontrollieren und noch weniger Emotionen zuzulassen. Ein Teufelskreis ist in Gang gesetzt.

Sie sehen, dass die Kontrolle über starke Affekte einen natürlichen Ursprung hat. Irgendwann einmal war es überlebenswichtig, die Emotionen zurückzuhalten. Mit zunehmender Kontrolle gab es auch Erfolgserlebnisse: Man war angepasster, friedlicher, besser zu handhaben und das Familienleben verlief ungestörter. Es war also durchaus sinnvoll, kontrolliert zu sein. Die Frage lautet, ob es auch heute im Erwachsenenalter noch sinnvoll ist, diese Strategie anzuwenden. Ich beschäftige mich in diesem Buch mit der Frage, wie Hochsensible in ihre Kraft kommen können, und ich bin zutiefst überzeugt davon, dass übermäßige Kontrolle über die eigenen Affekte schwächt, weil es absolut anstrengend ist und sehr viel Energie braucht, ständig den Deckel des Dampfkochtopfs geschlossen zu halten.

Eine kraftvolle Perspektive kann sein, mit dem inneren Dampfkochtopf Bekanntschaft zu schließen, sich mit seinem Inhalt vertraut zu machen, die Füllmenge im Blick zu behalten und zu lernen, das Ventil adäquat zu handhaben. Dabei kann es nicht darum gehen, ab jetzt »alles rauszulassen« und die Emotionen ungefiltert zu zeigen, denn wenn man sich so verhält, befindet man sich wieder in der Polarisierung: Entweder sehr große Kontrolle, sodass man nichts von sich zeigt, oder aber eine sehr große Entgrenzung, indem man rückhaltlos alles preisgibt. In Extremen zu denken, zu fühlen und zu entscheiden ist aber ebenfalls sehr anstrengend. Die Lebendigkeit und damit auch die eigene Kraft stecken aber in den Nuancen zwischen Schwarz und Weiß.

Machen Sie sich bewusst: Immer, wenn Sie kompromisslose Gedanken haben und wenn etwas in Ihnen nach sofortigen und endgültigen Handlungen schreit, ist Ihr innerer Dampfkochtopf am Werk und Sie sind im Kontakt mit einem früheren Ich-Zustand, der nach Entlastung verlangt.

Was ist nun zu tun? Mein Vorschlag lautet:

- Bewusst das innere Brodeln wahrnehmen und wertfrei akzeptieren, dass da starke Emotionen »schwelen«.
- Wohlwollend das Aufgewühlt-Sein und das gelegentliche Explodieren als Resultat von biografischen Erfahrungen und einer empfindsamen Veranlagung annehmen.
- Sich gelegentlich erlauben, ein Stück weit den Deckel zu öffnen, das heißt, etwas von Ihrem reichhaltigen Innenleben zu zeigen.
- Beobachten, wie der innere Druck im Laufe der Zeit steigt, und lernen zu spüren, wann es notwendig ist, »Dampf abzulassen« auf eine Weise, die andere nicht verletzt und nicht zerstörerisch wirkt.
- Wie das gehen soll? Es ist einfacher, als Sie denken. Alles, was Sie dazu brauchen, ist, sich jeden Tag etwas Zeit zu nehmen, um bewusst innezuhalten. Innezuhalten und damit dem Nervensystem die Möglichkeit zur Verarbeitung zu geben, ist meiner Meinung nach essenziell für empfindsame Menschen. Ich möchte dies unter dem Aspekt des eigenen Rhythmus zusammenfassen.

Den eigenen Rhythmus gestalten

Nachdem ich selbst bereits einige Jahrzehnte im Leben stehe, ist es meine Einsicht, dass sehr empfindsame Menschen sich in der Regel sehr darum bemühen, den vorgegebenen Rhythmus zu leben, der in der westlichen Zivilisation, vor allem in Mitteleuropa, als normal gilt. Eine Fünf-Tage-Woche, zwei Tage Freizeit am Wochenende, ein Arbeitstag von acht bis siebzehn Uhr (selbst mit flexiblen Arbeitszeitmodellen bleibt es bei einem Acht-Stunden-Tag), eine längere Mittagspause und zwei kleinere jeweils am Vor- und am Nachmittag – diese Strukturen haben sich seit der Industrialisierung entwickelt. Strukturen geben Sicherheit und Orientierung, haben aber auch die Tendenz, nicht mehr hinterfragt zu werden. Dabei ist es noch gar nicht so lange her, dass ein Arbeitstag von zwölf bis sechzehn Stunden als normal galt, Frauen kein Wahlrecht hatten, sich die Möglichkeit eines Studiums erkämpfen mussten und jeder einzelne Mensch nur sehr eingeschränkt über die Welt Bescheid wusste. Dies nicht aus Unvermögen, sondern weil es einfach keine Möglichkeiten gab, andere Kulturen kennenzulernen und Fernreisen zu unternehmen. Das hat sich alles innerhalb von ein, zwei Generationen stark verändert. Herausgekommen ist ein Lebensrhythmus, der von ständiger Verfügbarkeit, Schnelllebigkeit, Flüchtigkeit und Mangel an Empathie geprägt ist.

Meine Beobachtung ist, dass sehr empfindsame Menschen einen eigenen, davon unabhängigen Rhythmus brauchen, um in ihre Kraft zu kommen und zu ihrem Potenzial vordringen zu können. Das bedeutet nun nicht, dass ich dazu aufrufe, dass Hochsensible sich aus der Gesellschaft zurückziehen und ein Leben als Einsiedler oder Aussteiger anstreben sollen (Stichwort: Polarisierung). Es geht mir vielmehr darum, das Bewusstsein dafür zu schärfen, wie man als empfindsamer Mensch seine Energien sinnvoll einsetzen kann und einen Rhythmus lebt, der aus dem eigenen Wesenskern heraus entspringt und nicht hauptsächlich durch Einflüsse von außen (Arbeitsstelle, Kinder, gesellschaftliche Erwartungen) bestimmt wird. Es ist meine Erkenntnis aus der langjährigen Arbeit mit sehr sensiblen Menschen, dass sie einen eigenen, hochsensiblen Rhythmus ihres Lebens und ihres Alltages brauchen. Erinnern Sie sich an die Übererregbarkeit – da hochsensible Menschen sehr bemüht darum sind, den Anforderungen ihrer Umwelt gerecht zu werden, aber gleichzeitig einen hohen Regenerationsbedarf haben, führt dieser Konflikt oft dazu, dass sie noch mit letzter Kraft den Normalsensiblen »hinterherhecheln« und dabei gar nicht merken, wie sie täglich über ihre Grenzen gehen. Es ist ja auch verständlich: Wenn man zu einer Minderheit gehört, erscheint der Lebensrhythmus der Mehrheit als das »Normale«, die Norm, die es anzustreben gilt. Dabei wird diese Norm oftmals nicht infrage gestellt. Im Gegenteil: Hochsensible verurteilen sich gerne dafür, wenn sie dieser Norm nicht entsprechen können. Sie versuchen, den gefühlten Erwartungen nach einem »anständigen« Leben gerecht zu werden, und überfordern sich damit regelmäßig. Dabei hinterfragen sie oft gar nicht, ob der Arbeits- und Lebensrhythmus, dem sie nachzueifern bestrebt sind, wirklich zu ihnen passt.

Es ist meiner Ansicht nach essenziell, einen stimmigeren Rhythmus zu erarbeiten. Und dies schon deshalb, weil Hochsensible intensiver erleben, sodass ihre Kraft schon mittags weitgehend erschöpft ist. Ihre Tage dürften durchaus aus Halbtagen bestehen, dann wäre vieles gut.

Wir leben in einer Zeit, in der immer mehr Verantwortung auf den einzelnen Menschen abgewälzt wird. Menschen unserer Zeit sollen gleichzeitig politisch interessiert, umweltbewusst, engagiert, weltoffen und tolerant sein. So sehr auch diese Anforderungen grundsätzlich dem Bestreben empfindsamer Menschen entsprechen, so sehr überfordert sie das Bemühen um eine ständig politisch korrekte Haltung. Nur, weil jemand ein hohes ethisches Verständnis von den Menschen und der Welt hat, heißt das nicht, dass derjenige einen Rhythmus pflegt, der es ihm ermöglicht, seine Haltung auch zu leben. Viele hochsensible Menschen leiden darunter, sich aufgerieben zu fühlen zwischen den Anforderungen des Lebens und den eigenen Ansprüchen an einen ethisch und moralisch einwandfreien Umgang mit anderen. Dieser Spannungszustand führt häufig zu inneren Konflikten. Doch die Lösung aus diesem Spannungszustand ist im Grunde einfach:

- Akzeptanz
- Überprüfung des Lebensrhythmus
- Einbauen von nährenden Zeiten, um aufzutanken
- Erinnern Sie sich täglich jede Stunde daran, wie es Ihnen geht

Zunächst ist es wichtig, dass Sie anerkennen und akzeptieren, dass Sie persönlich einen anderen Lebensrhythmus brauchen als andere Menschen. Sagen Sie aus vollem Herzen Ja dazu, dass Sie eine andere biologische Ausstattung haben, die auch andere Verhaltensweisen benötigt als die sogenannten normalen Ihrer Umgebung.

Als Nächstes sollten Sie überprüfen, ob Sie wirklich schon Ihren eigenen Rhythmus leben oder sich zu sehr an den Rhythmus der Mehrheit anpassen. Folgende Fragen können Ihnen dabei behilflich sein:

Empfinden Sie Ihren momentanen Rhythmus zwischen Anspannung (arbeiten) und Entspannung (Freizeit, privates Engagement, Familie) als stimmig?

Fühlen Sie sich bereits am Mittag ausgelaugt und erschöpft? Wenn Sie Ihre Aktivitäten einmal in einer Woche anschauen: Gibt es genügend Pufferzeiten für das Nichtstun? Existieren Zeiten des Genusses und der Naturbeobachtungen? Haben Sie genug Zeit für sich? Oder fühlen Sie sich von Verpflichtungen aufgerieben? Können Sie sich innerlich erlauben, *nichts* zu tun? Wo erleben Sie echte Entspannung und Regeneration? Mein Vorschlag: Nehmen Sie sich einmal die nächste Woche vor und gestalten Sie einen Plan über Ihre Tätigkeiten. Schauen Sie sich an, wie viel Ihrer Zeit bereits verplant ist durch Arbeit, Familie, Verein oder sonstiges Engagement. Spüren Sie nach: Könnten Sie eventuell etwas davon delegieren, pausieren oder abgeben? Was gibt Ihnen ein mulmiges oder ungutes Gefühl? Überlegen Sie, wie Sie mehr Zeiten für sich alleine und für wirklich Nährendes wie Naturerfahrungen, künstlerische Hobbys oder den Kontakt mit lieben Menschen einbauen könnten. Gestalten Sie Ihren Wochenplan farbig und kreativ. Die Zeiten, die Sie für sich einplanen, sind nicht verhandelbar! Erlauben Sie sich zu experimentieren. Vielleicht wissen Sie noch gar nicht, was Ihnen guttun könnte. Probieren Sie es aus. Versuchen Sie es mit Joggen, Walken, regelmäßigen Spaziergängen oder Fahrradfahren.

Ab sofort möchte ich, dass Sie sich selbst ernst nehmen. Das bedeutet konkret, dass Sie Ihre Tätigkeiten daraufhin überprüfen, ob sie im Einklang mit Ihrer sensiblen Wesensart stehen.

Das klingt gewaltig, fängt aber schon im ganz Kleinen an: Damit Sie sich am Ende des Tages nicht ganz so ausgelaugt fühlen, empfehle ich, sich jede Stunde einmal daran zu erinnern, wie es Ihnen geht. Nehmen Sie Kontakt zu Ihrem Körper auf: Wie fühlen Sie sich? Wo fühlt es sich angespannt und bedrückt an? Atmen Sie ruhig und tief oder bemerken Sie, dass Sie eigentlich im Grunde genommen ständig die Luft anhalten?

Es braucht am Anfang ein wenig Disziplin, um wirklich jede Stunde auf diese Weise »innezuhalten«. Aber Sie werden feststellen, dass Sie sich schon nach kurzer Zeit daran gewöhnt haben und dass Ihre Batterien abends nicht so leer sind wie vorher. Sich regelmäßig daran zu erinnern, wie es Ihnen geht, ist eine gute Möglichkeit, sich selbst ernst zu nehmen. Außerdem schulen Sie dadurch Ihre Beobachtungsgabe und können frühzeitig einer drohenden Überstimulation vorbeugen.

Wie Ihnen das Innehalten ganz praktisch helfen kann, soll das folgende Beispiel illustrieren.

Kennen Sie diese Situation? Sie sind eingeladen, zum Beispiel zu einem regelmäßig stattfindenden Spieleabend, und die Gastgeberin hat Ihnen schon am Telefon angekündigt, dass dieses Mal eine neue Teilnehmerin dabei sein wird. Bereits auf dem Weg dorthin werden Sie von Gedanken geplagt: ›Wie die Neue wohl ist? Hoffentlich kann ich mich behaupten. Ob sie mich mag und ob ich sie mögen kann? Wie muss ich mich präsentieren, damit ich möglichst gut rüberkomme? Was kann ich sagen, wenn wir uns begrüßen?‹ Solche und ähnliche Gedanken beschäftigen Sie. Sie empfinden auch ein wenig verhaltenen Groll gegenüber den Gastgebern, denn sie sollten doch eigentlich wissen, dass Sie sich mit solchen Veränderungen schwertun. Sie kommen an und obwohl Sie sich frühzeitig auf den Weg gemacht haben, sind Sie eine der Letzten, die eintrifft. Alle anderen sitzen bereits beisammen mit einem Getränk in der Hand. Als Sie eintreffen, richten sich alle Blicke auf Sie. Sie beeilen sich, die Begrüßung hinter sich zu bringen, bemühen sich um einen lockeren Ton und suchen sich dann einen Sitzplatz am Rande des Geschehens, von wo aus Sie gut beobachten können.

Sie haben sich bis jetzt eigentlich mit der alten Zusammensetzung wohlgefühlt, doch die neue Teilnehmerin hat so eine forsche Art an sich, dass Sie sofort aus der Komfortzone »geschleudert« werden. Um den Kontakt zu den anderen nicht ganz zu verlieren und sich keine Blöße als »Spielverderberin« zu geben, ertappen Sie sich dabei, wie Sie Sätze von sich geben, die bestenfalls überflüssig, schlimmstenfalls sogar etwas peinlich oder taktlos sind. Es ist, als ob Sie nicht damit aufhören könnten. Etwas in Ihnen beobachtet genau, wie Sie sich verhalten, aber gleichzeitig reden und plappern Sie weiter, während Sie sich dafür verurteilen.

Im Nachhinein ärgern Sie sich über Ihr eigenes Verhalten und fühlen sich verkrampft und oberflächlich. Jemand schlägt ein Spiel vor, und alle anderen gehen auf den Vorschlag ein. Sie machen mit, stellen dabei aber schnell fest, dass Ihnen das Spiel zu schnell ist, dass Sie den Überblick verlieren und sich überfordert fühlen. Nach zwei Runden verkünden Sie, dass Sie jetzt gerne etwas pausieren und einfach nur zusehen möchten. Während die anderen ganz im Spielen aufgehen und offensichtlich eine Menge Spaß dabeihaben, fühlen Sie sich immer isolierter und einsamer, während Sie aber weiterhin versuchen zu lächeln, um sich nichts anmerken zu lassen. Nach ein paar Stunden verabschieden Sie sich mit einem fahlen Gefühl, bedanken sich aber für den schönen Abend. Sie bemerken erst zu Hause, wie gestresst Sie sich fühlen und dass Sie eigentlich gar nicht richtig atmen, sondern den ganzen Abend die Luft angehalten haben.

Sie haben den Eindruck, eine schlechte Figur gemacht zu haben und dieses Gefühl (langes Nachhallen) bleibt als Grundgefühl dieses Abends in Ihnen hängen, möglicherweise wochenlang.

Was ich mit diesem Beispiel illustrieren möchte, ist Folgendes: Geraten sehr empfindsame Menschen in eine Unsicherheit hinein (Verlassen der Komfortzone), zeigen sie Verhaltensweisen, die sie noch weiter vom Bereich des Wohlfühlens entfernen. Eine dieser Möglichkeiten ist, viel zu reden, um die eigene Unsicherheit oder Verwirrtheit zu überspielen oder keine »peinliche« Stille aufkommen zu lassen. Leider ist es so, dass dieses Verhalten nicht nur nichts nützt, um mit anderen in einen guten Kontakt zu kommen, sondern es entfernt Sie zusätzlich von sich selbst. Ein doppelt ungünstiges Resultat. Wenn Sie aber das Innehalten pflegen, dann werden Sie frühzeitig bemerken, wie es Ihnen geht. Dann können Sie das Werkzeug Ihres Atems nutzen (lange Ausatmen), versuchen, sich wieder mehr mit Ihrem Körper zu verbinden, einfach wertfrei beobachten, was in Ihnen vorgeht. Auf diese Weise kommen sie sich nicht so schnell abhanden.

Sie können sich auch folgende Situation vorstellen: Sie kommen gesammelt und ganz bei sich an. Sie begrüßen alle Anwesenden freundlich, ohne zu viel Worte zu machen und ohne etwas zu sagen, was Sie nicht fühlen. Es ist nicht nötig, Fremde wie Freunde zu behandeln. Sie sind dabei, beobachten und spüren gleichzeitig in jedem Moment, wie es Ihnen geht. Sie nehmen an den Spielen teil, ohne Verbissenheit und ohne ständig ängstlich darauf zu achten, ob Sie von den anderen wahrgenommen und wertgeschätzt werden. Sie können Freude empfinden am Tun und an der Gemeinschaft, der Sie an diesem Abend angehören. Sie können andere Persönlichkeiten erleben, ohne dass Sie die Art und Weise, wie sich diese ausdrücken, als Bedrohung empfinden. Am Ende des Abends verabschieden Sie sich von den Gastgebern, bedanken sich aufrichtig für den bereichernden Abend und treten erfüllt von den Situationen, Erlebnissen und Gesprächen den Heimweg an. Vielleicht möchten Sie zu Fuß gehen, statt das Auto oder ein Taxi zu nehmen, um den Abend zu verarbeiten und noch ein wenig herunterzukommen. Sie genießen die Stille nach diesem doch etwas lauten, gesellschaftlichen Anlass, nehmen Ihre Umgebung bewusst wahr, empfinden die besondere Atmosphäre der Nacht, sind dankbar dafür, dass Ihre Füße Sie nach Hause tragen, dass Ihr Körper funktioniert, dass Sie Teil der Welt sind und an diesem Abend Menschen kennengelernt haben, die ebenfalls Teil dieser Welt sind und ihr Leben auf eigene Art gestalten.

Klingt das utopisch für Sie? Die beiden Beispiele zeigen das gleiche Szenario, aber aus einer gänzlich anderen persönlichen Perspektive. Die gute Nachricht ist, dass Sie die Haltung, die im zweiten Beispiel demonstriert wird, erlernen können.

Der Unterschied zwischen den beiden Szenarien liegt darin, dass im zweiten Beispiel das Innehalten gepflegt wurde. Das Resultat dessen ist, nichts zu sagen oder zu tun, was man nicht möchte und was nicht den eigenen Werthaltungen entspricht.

Ich weiß, dass dies, je nach Lebensphase, in der Sie sich gerade befinden, mehr oder weniger einfach ist. Wenn Sie sich gerade in der Phase der jungen Elternschaft befinden, mag es herausfordernd bis schwierig sein, das Innehalten zu pflegen. Wenn Sie bereits pensioniert und die Kinder aus dem Haus sind, haben Sie mehr Raum, sich dem zu widmen. Nun müssen Sie aber nicht zwanzig Jahre lang warten, bis diese äußeren Gegebenheiten eintreten. Eine Möglichkeit, das Innehalten zu pflegen, ist, sich jede Stunde einmal zu fragen, wie es einem eigentlich geht.

Im Alltagsgeschehen geht der Kontakt zum körperlichen Erleben allzu oft verloren. Das merken wir erst, wenn wir schon Kopfschmerzen oder Magen-Darm-Beschwerden haben. Gelingt es aber, sich öfter am Tag ein oder zwei Minuten zu erlauben, in denen nichts anderes wichtig ist als Kontakt zum eigenen Befinden aufzunehmen, erarbeiten Sie sich mit der Zeit ein Gegengewicht zur Außenorientierung. Sie erleben sich selbst als handelnd und erweitern Ihre Kenntnis über sich selbst. Sie haben keine Zeit dafür? Doch, die haben Sie. Wir haben immer genug Zeit für das, was uns wirklich wichtig ist, es geht nur ums Tun.

Was ich hier Innehalten nenne, bezeichnen andere als Achtsamkeit. Ganz gleich, welcher Begriff in Ihren Ohren angenehmer klingt, probieren Sie es aus. Wichtig ist dabei, nicht zu schnell aufzugeben. Neurowissenschaftler haben herausgefunden, dass eine Tätigkeit, wenn sie zur Gewohnheit werden soll, etwa eintausend Wiederholungen braucht. Das klingt erst einmal viel, aber wenn Sie jeden Tag ein wenig üben, haben Sie das in vier bis sechs Wochen erreicht. Deshalb ist es von großer Bedeutung, dass Sie dranbleiben, regelmäßig Selbstfürsorge und das Innehalten pflegen, auch wenn der Erfolg nicht so schnell sichtbar wird, wie Sie es sich wünschen würden.

Den eigenen Rhythmus zu leben kann auch heißen, manchmal etwas abzulehnen, was in einem verführerischen Gewand daherkommt, zum Beispiel eine Beförderung. Kraftvoll hochsensibel zu sein bedeutet, über die eigenen Grenzen und Möglichkeiten Bescheid zu wissen. Es ist nicht nötig, dass Sie in noch einem Frauenverein engagiert sind oder eine Vorstandsfunktion in Ihrem Sportclub übernehmen, auch wenn Sie gefragt werden. Erlauben Sie sich das gute Gefühl, gefragt worden zu sein, aber dann überprüfen Sie, ob diese zusätzliche Aufgabe wirklich zu Ihren Kapazitäten passt. Selbst wenn Sie sich gerne engagieren: Meistens übersieht man dann doch, wie viel Arbeit dieses und jenes Ehrenamt mit sich bringt, ganz zu schweigen von den sozialen Verpflichtungen, Abendveranstaltungen und ähnlich überstimulierenden Begleiterscheinungen. In die eigene Kraft zu finden, heißt nicht, endlos Kraft aufzuwenden für dieses oder jenes, sondern die Energie, die man zur Verfügung hat, gezielt einzusetzen. Es braucht in unserer Gesellschaft etwas Mut, einen Karrieresprung bewusst abzulehnen und damit auch mit weniger Geld auszukommen, und es birgt ein gewisses Risiko, sich dazu zu bekennen, dass man mehr Pausen braucht und gerne öfter einmal alleine ist. Hier gilt es, Befürchtungen zu überwinden und sich zu erlauben, neue Erfahrungen zu machen.

Ich kann es nicht genug betonen: Ich empfehle Menschen, die sich neu mit ihrer Empfindsamkeit beschäftigen, gerne, jede Stunde einmal bewusst innezuhalten. Das mag vielleicht bedeuten, dass Sie sich einen Wecker stellen oder eine Erinnerung ins Handy eingeben, um sich mit einem Ton daran zu erinnern, dass es Zeit ist, für eine Minute innezuhalten. Spüren Sie, wie es Ihnen momentan geht. Atmen Sie gut und tief? Öffnen Sie das Fenster, trinken Sie ein Glas Wasser, stehen Sie kurz auf und spüren Sie die Bewegung in Ihren Beinen und in Ihrer Wirbelsäule. Kreisen Sie die Schultern, bewegen Sie Ihre Zehen, versuchen Sie, sich körperlich wieder intensiver wahrzunehmen. Wenn Sie dieses Innehalten ab sofort pflegen, dann halte ich es für sehr wahrscheinlich, dass Sie mit der Zeit erleben dürfen, dass Ihre Batterien abends nicht mehr ganz so leer sind und Sie mehr Energie zur Verfügung haben.

Also: Halten Sie so oft wie möglich inne und erkunden Sie Ihr Befinden. Zusätzlich könnten Sie noch darüber nachdenken, das eine oder andere aus Ihrem Terminkalender zu streichen. Es geht ums Entschleunigen und Kraftsammeln. Machen Sie sich klar, wie viel Aktivität Sie vertragen.

Zwei Eidechsen und was empfindsame Menschen daraus lernen können

Mir ist neulich eine Geschichte begegnet, die sehr anschaulich beschreibt, um was es geht und die ich Ihnen nicht vorenthalten möchte.

In einer Mauerritze lebten zwei Eidechsen, Margarete und Lucia. Lucia lag den Tag über auf der Mauer und badete in der Sonne. Margarete verbrachte die meiste Zeit damit, Insekten für sich und ihre Kinder zu suchen. Wenn sie Lucia auf der Mauer liegen sah, ärgerte sie sich: »Wie du die Zeit vertust! Wenn du eine anständige Eidechse wärest, würdest du dich einmal um das Wohl deiner Kinder kümmern. Was machst du denn den ganzen Tag da oben?« Lucia blinzelte und sagte: »Ich tanke Energie. Da tue ich doch etwas für meine Kinder.« »Das sehe ich anders«, knurrte Margarete. »Und eines Tages wird dich noch der Bussard oder Falke holen.« »Das bleibt abzuwarten«, meinte Lucia und räkelte sich in der Sonne. Margarete zog es vor, im Schatten niedriger Sträucher nach Beute zu suchen. Sie verbrachte viel Zeit damit, den Ameisen nachzujagen. Sie wirkte oft müde. Ihr Leben wurde zunehmend bedroht: Sie hatte der Flinkheit der Katzen und Wiesel nichts mehr entgegenzusetzen.

Lucias Kinder wurden stark und schnell, ganz wie sie selbst. Sie fingen bald die dicksten Spinnen, die schnellsten Laufkäfer und selbst große Libellen. Aber am liebsten lagen sie mit ihrer Mutter auf der Mauer und räkelten sich im Sonnenschein.[700]

Das scheinbare Paradoxon ist offensichtlich: Weniger zu tun bedeutet, letztlich leistungsfähiger zu sein. Wenn Sie zu Ihrer Kraft finden möchten, heißt es aufzuhören, einem Ideal oder einem Anspruch nachzujagen. Weniger ist tatsächlich mehr. Einen eigenen Rhythmus zwischen An- und Entspannung zu pflegen bedeutet, ausreichend Zeit fürs Innehalten einzuplanen, Pausen bewusst zu genießen, Mahlzeiten wie ein Feinschmecker zu sich zu nehmen (kleine Portionen, lange kauen, sorgfältig zubereiten und anrichten), der Kreativität im Leben Raum geben, sei es in Form von Musik, Theater, Malerei, Kalligrafie, Schreiben oder Kochen. Natürlich geht das nicht immer wie gewünscht, manchmal steht eine Geschäftsreise mit anstrengenden Meetings und gemeinsamen Mahlzeiten an, Kinder können krank werden und ein Übermaß an Pflege brauchen, Eltern werden alt und benötigen mehr Aufmerksamkeit und Fürsorge, und auch der ganz normale Alltag birgt viele Untiefen.

Das kenne ich alles selbst sehr gut. In manchen Wochen bin ich zwei- bis dreimal abends zu Vorträgen unterwegs, nachdem ich tagsüber Klienten und Klientinnen empfangen habe. Zusätzlich arbeite ich meistens noch an einem neuen Buchprojekt. Obwohl ich nicht mehr täglich für meine Familie kochen muss, ist mein Tagesrhythmus doch auch abhängig davon, ob meine Tochter, die mittlerweile selbst im Arbeitsleben steht, zum Mittagessen nach Hause kommt oder nicht, denn sie wohnt noch bei uns. Ich selbst ertappe mich immer wieder dabei, dass ich zu viele Anfragen annehme. Mein Blick auf den Kalender sagt mir dann, dass das schon gehen sollte, wenn ein Tag zwischen den verschiedenen Anlässen liegt. Was ich dabei regelmäßig übersehe, ist die Tatsache, dass ich kaum jemals einen Vortrag aus der Schublade ziehe, sondern mich auf jeden einzelnen speziell vorbereite, was Zeit braucht. Außerdem benötige ich mindestens einen Tag Regenerationszeit zwischen den Anlässen, wenn man das lange Nachhallen berücksichtigt. Mir gelingt es auch nicht immer, meinen eigenen und stimmigen Rhythmus zu leben. Was mir aber ein Grundsatz im Laufe der Jahre geworden ist: Ich räume mir nach einer anstrengenden Phase sehr bewusst einige Tage terminfreie Zeit ein. Aus der Stressforschung ist bekannt, dass bei andauernder Belastung zunächst die Leistungsfähigkeit erhöht ist. Hält die Belastung länger an und wird zum Dauerzustand, fällt die Leistungsfähigkeit allerdings sogar unter den Normwert und kann sogar bis zum Tod führen.[711] Karoshi, die Überarbeitung bis zum Tode, ist aus Japan bekannt. Selbst bei weit weniger dramatischen Auswirkungen ist es wichtig, gut mit der eigenen Zeit umzugehen. Zeit ist eine knappe Ressource geworden, aber wir alle haben jeden Tag die gleiche Zeit zur Verfügung. Es liegt an uns, wie wir sie nutzen. Zwischen Pflicht und Kür bleiben immer Handlungsmöglichkeiten, die wir nutzen sollten.

Ich weiß, dass ich Ihnen damit wahrscheinlich nichts Neues sage, die Ratgeberliteratur ist voll von diesen Weisheiten. Bevor Sie jetzt ermüdet dieses Buch weglegen, möchte ich Sie dazu einladen, sich nur einmal den nächsten Tag vorzunehmen und sich konkret zu überlegen, wie Sie Ihren eigenen Rhythmus für einen Tag lang gestalten könnten. Würde das bedeuten, dass Sie vielleicht etwas früher aufstehen, damit Sie in Ruhe eine Tasse Kaffee auf der Terrasse oder am Fenster genießen können, bevor die Kinder wach werden? Wäre es möglich, einen kleinen Umweg zur Arbeit in Kauf zu nehmen, dafür aber einen schöneren Weg zu fahren, vielleicht entlang eines Sees? Wäre es denkbar, dass Sie sich eine Erinnerung ins Handy eingeben, die Sie mit einem angenehmen Ton stündlich daran erinnert, dass Sie einmal innehalten sollten? Und ist es vorstellbar, nicht direkt von der Arbeit nach Hause zu fahren, sondern eine kleine Zwischenstation an einem besonders schönen Ort, vielleicht wieder an einem See, zu machen? Es genügt schon, diese Anti-Routine zu etablieren, um ein Gegengewicht zur Leistung und Anstrengung zu bilden. Morgen fangen Sie damit an, nur einmal für einen Tag. Es geht darum, dass Sie sich in Zukunft genauso wichtig nehmen wie alles andere. Selbst in sehr stressreichen Phasen schaue ich meine Lieblingsserien, koche ich selbst, jäte das Unkraut in meinem Garten und lese ein unterhaltsames Buch (neben der ganzen Fachliteratur, die sich in den Himmel türmt). Wenn Sie sich dergestalt ernst nehmen, werden Sie Ihre Kraft behalten und immer auch schöne Momente während des Tages erleben.

Empfindsame Menschen neigen leider dazu, die Verantwortung für ihr Wohlergehen an andere Menschen oder die Umstände abzugeben und sie nicht für sich selbst zu übernehmen. Woran liegt es nun, dass gerade sehr empfindsame Menschen gerne die Verantwortung an andere Menschen, eine übergeordnete Macht, den Staat oder Gott abgeben, obwohl es sie doch schwächt?

Davon soll im nächsten Kapitel die Rede sein.

Vom magischen Denken und vier Fragen

Es ist ein bisschen wie im magischen Denken: Da erscheint eine gute (oder böse) Fee, verhängt einen Zauberspruch, der dann auch in Erfüllung geht und in dessen Bann man dann sehr lange steht. Oder es gibt Monster in der kindlichen Vorstellung, die überaus real sind und so manche Mutter und mancher Vater muss abends unter dem Bett oder im Schrank nachsehen, ob auch tatsächlich kein Ungeheuer sich dort verbirgt. Magisches Denken bezeichnet in der Kindheit jene Phase zwischen dem dritten und dem fünften Lebensjahr, in der die Kinder ihre Gedanken, Worte oder Handlungen als Ursache von Ereignissen nehmen. »Weil ich gestern meinen Teller nicht aufgegessen habe, regnet es heute«, oder: »Weil ich böse war, ist die Mama krank«, oder auch wie bei mir: »Irgendetwas habe ich falsch gemacht, deshalb habe ich jetzt einen Bruder statt ein Schwesterchen bekommen«. Diesem Denken liegt die Haltung zugrunde, dass man im Mittelpunkt des Universums steht und der Dreh- und Angelpunkt allen Geschehens ist. In einem bestimmten Zeitraum des Lebens ist diese Art von Egozentrik normal und gehört zu einer gesunden Entwicklung dazu. Die Egozentrik bei den Gedanken an die Feen und Monster liegt darin, dass diese Wesen sich ausschließlich um einen selbst kümmern, als gäbe es keine anderen Lebewesen auf dieser Welt.

Diese Phase durchlaufen die Kinder, wenn sie zwischen drei und fünf, manchmal auch sechs oder sieben Jahre alt sind. Danach gewinnt eine realistischere Einschätzung der eigenen Möglichkeiten und Wirkungen die Oberhand. Nun beobachte ich aber immer wieder, dass mir Erwachsene begegnen, die eine ähnliche Denkstruktur wie beim magischen Denken aufweisen. Da hat sich »alles gegen mich verschworen« oder »alle technischen Geräte funktionieren bei mir nicht« oder aber auch: »Bei mir klappt nie etwas auf Anhieb«. Gerade so, als ob sich die ganze Welt und das Geschehen darin ausschließlich um die eigene Person ranken würde. Ich vermute, dass dieses Abgeben der Verantwortung oder letztlich diese Egozentrik aus dem intensiven emotionalen Erleben Hochsensibler resultiert. Ich möchte es einmal so formulieren: je stärker das Empfinden, desto mehr erlebt man sich als Mittelpunkt der Welt. Sie werden jetzt vielleicht irritiert innehalten und fragen: »Hochsensibel und egozentrisch? Wie passt das zusammen?«, gelten sehr empfindsame Menschen doch im Allgemeinen als empathisch, beziehungsorientiert und anpassungsfähig. Nun, Menschen sind nicht ›so‹ oder ›so‹, sondern eine Mischung aus vielen Aspekten. Es ist möglich, gleichzeitig empathisch und zugewandt zu sein, aber auch vorsichtig, misstrauisch und ängstlich. Und an vielen Tagen mögen vielleicht das Misstrauen und die Ängstlichkeit dominieren, sodass alles, was einem begegnet, durch diesen Filter läuft. Was das hochsensible Erleben ausmacht, ist die Vielfalt von Erfahrungs- und Empfindungsmöglichkeiten. An manchen Tagen fühlt man sich im Reinen mit sich, es gelingt fast alles wie von selbst, man ist relativ entspannt und kann empathisch auf die Mitmenschen reagieren. An anderen Tagen fühlt man sich in seiner eigenen Haut unwohl, ist schon vor dem Aufstehen angespannt, alles ist einem zu viel und man möchte am liebsten nur seine Ruhe haben. Meine Erfahrung ist, dass diese Tage im Erleben empfindsamer Menschen überwiegen.

Natürlich erleben auch Normalsensible diese Schwankungen. Das ist weitgehend normal. Aber wenn sich aufgrund dieser Erfahrungen ein Denken etabliert, das vor allem auf die negativen Aspekte fokussiert ist und eine grundsätzlich negativ gefärbte Haltung zum Leben und sich selbst darin widerspiegelt, dann ist das meiner Ansicht nach eher kontraproduktiv und hilft in keiner Weise dabei, zum eigenen Potenzial vorzudringen.

Es ist durchaus nicht lebensfreundlich, in dieser Art des Denkens zu verharren und auch als Erwachsene noch der Überzeugung zu sein, dass es (im übertragenen Sinne) Monster gibt, die Einfluss auf das Wohl und Wehe des Schicksals nehmen und denen man hilflos ausgeliefert ist.

Ich erinnere mich an eine Klientin, die der festen Überzeugung war, dass das Universum von Wesen bevölkert sei, die ihr Übles wollten, jede ihrer Handlungen beobachteten und ihr Steine in den Weg legten. Sie berichtete mir einmal folgende Begebenheit: Sie hatte ihr Auto gerade frisch gewaschen, als eine Kehrmaschine heranrauschte und die kreiselnden Drahtbürsten ihr Auto mit Laub und Straßendreck bewarfen. Dazu hatte sie dann folgende Gedanken: ›Die da oben haben etwas dagegen, dass ich mich freue. Ich darf mich nicht an meinem sauberen Auto freuen. Nur, wenn es mir schlecht geht, dann sind die da oben zufrieden. Ich muss mich also möglichst unsichtbar machen, damit ich irgendwie durchs Leben komme‹.

Ein anderes Mal rief sie mich kurz vor unserem Termin an, um anzukündigen, dass sie später käme. Der Zugverkehr war wegen Wartungsarbeiten unterbrochen, und sie musste auf komplizierte Weise andere Bahnen und Busse nehmen. Als sie dann ankam, war ihre Reaktion ähnlich: ›Die da oben wollen nicht, dass ich zu Ihnen komme und mir etwas Gutes tue‹.

Dieses magische Denken findet dann statt, wenn Menschen die Verantwortung und damit ihre Handlungsmöglichkeiten vollständig nach außen abgeben, sei es an Autoritätspersonen wie Eltern, Lehrer, Polizisten, Ärzte, Richter, Therapeuten, Institutionen und Politiker. Übersetzt in kindliche Denkmuster könnte sich das in etwa so anhören: ›Er (oder sie) wird schon wissen, was zu tun ist. Jetzt habe ich ja mein Anliegen deponiert, er (oder sie) wird es schon richten. Er (oder sie) hat sich sicher etwas bei diesem oder jenem Vorgehen gedacht …‹

Um aus diesem wenig nützlichen Denkschema herauszukommen, ist Folgendes notwendig: Sie als erwachsener Mensch benötigen Ihren Verstand, um sich darüber klar zu werden, ob diese Denkmuster realistisch sind oder eher einer kindlichen Frustration entspringen. Um diese, nicht immer einfache, Arbeit zu leisten, möchte ich Ihnen das Werk von Byron Katie nahelegen. Sie hat aus einer eigenen, existenziellen Krise heraus das entdeckt, wie sie selbst sagt, was ihr einen Ausweg aus negativen Gedanken und Verhaltensmustern ermöglicht hat. Sie hat ihre Erkenntnisse in Form von vier Fragen zusammengefasst, die sie *The Work* nennt. Dazu gibt es ein Arbeitsblatt, aus dem die folgenden vier Fragen entnommen wurden[722]:

- Ist das wahr?
- Kannst du mit absoluter Sicherheit wissen, dass das wahr ist?
- Wie reagierst du (was passiert in dir), wenn du diesen Gedanken glaubst?
- Wer wärest du ohne den Gedanken?

So einfach diese Fragen auch klingen, so komplex sind sie doch in ihren Konsequenzen. Grundsätzlich ist dabei die Grundannahme, dass die eigenen Überzeugungen nicht objektiv »wahr« sein müssen, sondern mit einem imaginären Fragezeichen versehen werden sollten. Das intensive Erleben Hochsensibler legt nahe, dass die Empfindungen wahr sein müssen, weil sie eben so intensiv sind. Hier gilt es, den Verstand als korrigierendes Element einzusetzen, wobei die vier Fragen helfen können.

Wenn Sie ähnliche Erfahrungen wie ich gemacht haben sollten, dann kann magisches Denken auch ins Gegenteil verfallen. Frustriertes magisches Denken hört sich in etwa so an: »Ich glaube nicht, dass irgendjemand mich wirklich verstehen kann. Du kannst mir gar nichts erzählen, ich werde erst einmal googeln, ob das wirklich stimmt. Ich mag keine Regeln und lasse mir von niemandem vorschreiben, wie ich zu leben habe …« und ähnliches mehr.

Enttäuschte, also frustrierte Erwartungen führen also zu einer Polarisierung.

Wie ich schon öfter beschrieben habe, schwächt ein Denken oder Fühlen in den Extremen, weil dadurch die ganzen Zwischentöne ausgeblendet werden und der gesamte Organismus auf Überleben ausgerichtet ist, sodass kein Platz mehr für Lebendigkeit bleibt.

Mir sind in meiner Arbeit sehr viele empfindsame Menschen begegnet, die sich nicht anders zu helfen wussten, als ständig zwischen Extremen zu schwanken. Dieses Hin- und Herpendeln ist anstrengend und oft eine Folge von traumatischen Erfahrungen.

Polarisierung als Ergebnis von traumatischen Erfahrungen

Von Trauma zu sprechen weckt bei den meisten Menschen Assoziationen an schwere Schicksalsschläge, Unfälle und ähnlich schreckliche Szenarien. Traumatische Erfahrungen finden aber auch viel subtiler statt. Sehr empfindsame Menschen neigen dazu, auch relativ alltägliche Erfahrungen als traumatisch zu erleben. Aufgrund ihrer hohen Wahrnehmungsfähigkeit und ihres intensiven Erlebens ist es möglich, dass sie Auseinandersetzungen, schwelende Konflikte oder auch nur die Anforderungen eines ganz normalen Tages wie kleine Schocks erleben, denen sie sich nicht gewachsen fühlen. An manchen Tagen fühlen sich Hochsensible äußerst fragil, an anderen Tagen wiederum vertragen sie mehr. Mir ist im Laufe der Zeit immer bewusster geworden, wie wichtig es für hochsensible Menschen ist, sich mit Traumata und deren Folgen für das Körpersystem auseinanderzusetzen. Die emotionale Intensität setzt den gesamten Organismus in ständige Alarmbereitschaft, sodass

Empfindsame irritiert und reizbar werden. Nach ein paar Jahrzehnten intensiven Erlebens ist ihr Nervensystem so angespannt, dass sie gar nicht mehr wissen, wie es ist, tatsächlich entspannt zu sein. Man kann diesen Zustand mit gutem Gewissen als traumatisiert bezeichnen, weil diese Grundanspannung Verhaltens- und Denkweisen fördert, die in der zuvor beschriebenen Polarisierung münden und eher dazu dienen, soziale Kontakte zu erschweren. In diesem eingeschränkten Zustand neigt man dazu, sich zu isolieren und keine sozialen Ressourcen, wie Familie und Freunde, zu sehen. Dies ist traumatisches Handeln.

Das Leben in dieser Anspannung zu verbringen, kostet sehr viel Kraft und Energie. Deshalb sind die meisten empfindsamen Menschen in einem geschwächten, weil traumatisierten Zustand und kommen nicht in Kontakt mit ihrem Potenzial. Zu verstehen, wie das hochsensible Nervensystem auf Anforderungen reagiert, ist der erste Schritt zur Bewältigung und hin zur Potenzialentwicklung. Ich möchte Ihnen anhand der folgenden Grafik anschaulich darstellen, was im Nervensystem bei Anspannung geschieht.[733]

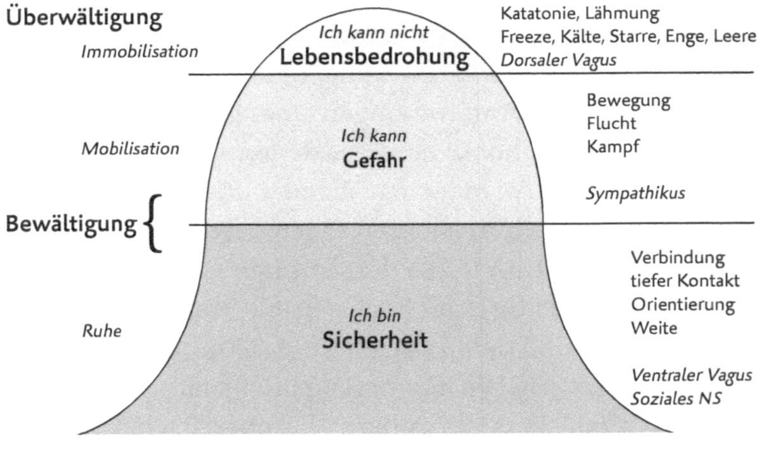

Das Modell wurde von Urs Honauer, Leiter des Zentrums für Innere Ökologie in Zürich, entwickelt. Es fußt auf den Forschungen von Stephen W. Porges, amerikanischer Biopsychologe und Autor des Buches *Die Polyvagal-Theorie.*[744] Die Glockenkurve stellt das Nervensystem dar. Es gibt dabei drei Möglichkeiten, auf Reize zu reagieren. Dort, wo keine oder nur wenig Anspannung (Stephen Porges und Urs Honauer sprechen wertfrei von Aktivierung) herrscht, ist der Zustand von Orientierung und Sicherheit, in der Grafik unten eingezeichnet. Wenn Sie orientiert sind, kennen Sie Ihre Aufgaben, wissen um Ihren Platz im Leben, sind klar in Ihren Gedanken und wissen, wer Sie sind. Sie fühlen sich sicher und sind in einem stimmigen Kontakt mit anderen Menschen. Sie wissen um Ihre Ressourcen, können sowohl Freude am Leben empfinden als auch Herausforderungen meistern. Diese Phase kann mit dem Zustand »Ich bin« umschrieben werden.

Wenn die Aktivierung steigt, das heißt wenn mehr und mehr Reize auf das Nervensystem einwirken, ohne dass sich der Organismus adäquat regulieren kann, werden archaische Kampf- und Fluchtreaktionen aktiviert, in der Grafik als mittlere Phase sichtbar gemacht. Diese Verteidigungsmechanismen des Körpers sind im Hirnstamm gespeichert und werden aktiv, sobald der Mensch eine Art von Bedrohung, und die kann sehr subtil sein, empfindet. Zu Urzeiten, als Menschen noch in Höhlen lebten und sich gegen Säbelzahntiger und Höhlenbären verteidigen mussten, dienten Kampf- und Fluchtreflexe dem schieren Überleben. Heute müssen Menschen sich in der Regel nicht mehr diesen existenziellen Bedrohungen stellen, dennoch erlebt der Körper Bedrohung, auf die er mit zuvor genannten Reflexen reagiert. Beispiele für Kampfreaktionen können sein: Aggressives oder schnippisches Verhalten, Trotz,

Ellbogenmentalität, übersteigertes Misstrauen, ständig auf der Hut sein, unkontrollierbare Wut-Impulse, viele Konflikte im Leben und ähnliches mehr. Fluchtimpulse können sich so zeigen: starkes Rückzugsbedürfnis, der Tendenz, Konflikten aus dem Weg zu gehen, Kündigungen, häufige Wohnungswechsel, starkes Bedürfnis, alleine zu sein, Ruhe haben zu wollen. In dieser Phase herrscht viel Bewegung, deshalb wird sie auch als Mobilisierungsphase bezeichnet. Das Nervensystem ist aktiviert, aber noch handlungsfähig. Die Verteidigungsimpulse zeigen sich, werden wahrgenommen und vielleicht auch ausagiert. Wichtig bei dieser Phase ist es zu wissen, dass, je höher die Aktivierung steigt, der Mensch immer weniger Herr oder Herrin über die eigenen Handlungsimpulse ist. Irgendwann in dieser Phase schaltet der Körper auf »Autopilot« und übernimmt die Führung. Das kann dann so aussehen, dass Sie sich selbst nicht mehr verstehen, weil Sie aus nichtigem Anlass heraus »explodieren«, Ihnen alles zu viel wird und Sie das Gefühl haben, dass Ihnen alles entgleitet und Sie den Anforderungen des Lebens nur noch hinterherhecheln. Grundsätzlich erlebt der Körper in dieser Phase Bedrohung und reagiert entsprechend. Deshalb kann diese Phase auch mit dem Zustand »Ich kann« beschrieben werden. Oftmals entsteht dann ein regelrechter Aktionismus.

Gelingt es nicht, in dieser Phase wieder herunterzuregulieren in Richtung Sicherheit, kann es sein, dass die Aktivierung weitersteigt und die dritte Phase, in der Grafik oben, erreicht wird. Dies ist der Zustand der Überwältigung. Nichts geht mehr, man ist wie erstarrt, innerlich wie eingefroren, hat keinen Kontakt mehr zu seinen Gefühlen und bricht vielleicht auch im Außen Kontakte ab. Es ist nicht zu dramatisch, wenn ich hier davon spreche, dass der Organismus Lebensbedrohung erlebt. Diese Phase wird deshalb auch mit dem Zustand »Ich kann nicht« umschrieben. Es ist auch oftmals das vorherrschende Gefühl, dem Leben nicht mehr gewachsen zu sein, das Einfachste nicht mehr auf die Reihe zu bringen, und sich nicht mehr spüren zu können.

Während in der zweiten Phase noch die Bewältigung im Vordergrund stand, ist man bei Gelb im Zustand des Überwältigt-Seins. Jeder, der schon einmal ein Burn-out oder eine Depression hatte, kennt dieses Erleben.

Wichtig ist, dass Sie sich bewusst machen, dass dieser Verlauf mit allen drei Phasen natürlich ist und zum Leben gehört. Jeder Mensch ist mal in der einen oder anderen Phase. Es ist aber nicht natürlich, in einer der drei Phasen sozusagen »stecken zu bleiben« und sich zum Beispiel nur in der mittleren Phase aufzuhalten. Es gibt allerdings Menschen, die sich ihr Leben lang im Kampf- oder Flucht-Modus bewegen und gar nicht wissen, wie es sich anfühlt, orientiert und sicher zu sein.

Dieses Modell von Porges und Honauer ist ein allgemeingültiges Modell, das für alle Menschen gilt, unabhängig von ihrer Sensibilität. Was es aber für empfindsame Menschen bedeutsam macht, ist meine Beobachtung, dass sich hochsensible Menschen meistens in einem schmalen Bereich zwischen Gefahr und Lebenserhaltung befinden, also in einer stets hohen Aktivierung verharren.

Das Tragische daran ist, dass dieses Erleben als normal und selbstverständlich angesehen wird, wenn man nichts anderes als diesen schmalen Ausschnitt kennt. Man bewegt sich ständig zwischen Kampf, Flucht und Erstarrung hin und her, ohne jemals wirkliche Ruhe und Sicherheit zu erreichen. Es ist aber natürlich, alle drei Phasen zur Verfügung zu haben.

Das soll nun nicht bedeuten, dass es darum geht, ständig im unteren Bereich zu sein. Das ist nicht realistisch. Wenn man nur in der Ruhe ist, geschieht wenig und man ist kaum für neue Projekte oder Entwicklungen motiviert. Dennoch müssen besonders hochsensible Menschen daran arbeiten, dass sie den unteren Bereich kennenlernen und mit der Zeit erfahren, dass sie Ressourcen entwickeln können, um ihr Nervensystem zu regulieren. Zunächst ist es dafür wichtig, dass Sie sich bewusst machen, in welcher Phase Sie sich für gewöhnlich aufhalten. Stellen Sie fest, dass Sie sich mehrheitlich in der mittleren Phase befinden, dann können Sie auch Ihre Verhaltensweisen besser verstehen, denn diese resultieren aus einer hohen Aktivierung heraus. Und dann macht auf einmal alles Sinn und gewinnt eine eigene Logik.

Ich habe zuvor von der Tendenz zur Polarisierung gesprochen. Mit dem Wissen um die Immobilisations-Kurve wird nun vielleicht verständlich, dass es sich dabei um eine Folge von stets erhöhter Aktivierung im Nervensystem handelt. Das ist eine Traumafolge. In einem traumatischen Erleben gefangen zu sein, heißt nicht, dass es ein Ereignis gegeben haben muss, das Auslöser für eine hohe Aktivierung war. Bei sehr empfindsamen Menschen ist es meistens eher so, dass viele kleine Erfahrungen das Nervensystem besonders empfänglich gemacht haben für Reize und dass sich diese Erfahrungen über die Jahre hinweg aufkumuliert und sich wie eine »Stress-Schicht« auf dem Nervensystem festgesetzt haben.

Meiner Ansicht nach ist der ständige Zustand der Bedrohung, den Hochsensible erleben, ein wichtiger, wenn nicht sogar der ausschlaggebende Punkt dafür, dass sie nicht in ihre Kraft kommen und ihr Potenzial nicht ausschöpfen können.

Um in die eigene Kraft zu kommen, ist es also notwendig, sich darüber klarzuwerden, in welcher Phase man sich befindet. Dann ist es wichtig, dem Nervensystem neue Erfahrungen zu ermöglichen, die Handlungsspielräume erweitern und zu mehr Möglichkeiten der Entspannung führen.

Dazu möchte ich Ihnen eine Geschichte erzählen, die eine Klientin von mir erlebt hat und die mir sehr eindrücklich in Erinnerung geblieben ist.

Hochsensibel geboren, erlebte sie schon früh die Stimmungen und Spannungen in ihrer Familie sehr intensiv. Um keine Belastung zu sein, wurde sie ein sehr angepasstes Mädchen, nur manchmal, wenn sie Ungerechtigkeit erlebte oder beobachtete, konnte sie »ausrasten« und sehr kämpferisch auftreten. Als sie heranwuchs, nahm ihre innere Spannung immer mehr zu. Ihr Umfeld zeigte kein Verständnis für ihre sensible Wesensart und bestrafte sie, wenn sie doch einmal ihre Emotionen zeigte. Ihre innere Spannung zeigte sich in motorischer Unruhe (Füße wippen), verschlossenem und strengem Gesichtsausdruck und einer verkrampften, nach vorne gebeugten Haltung.

Als sie zwölf Jahre alt war, erlitt sie im Sportunterricht einen körperlichen Zusammenbruch. Diese schockierende Erfahrung wiederholte sich fortan jede Woche. Zuerst regelmäßig im Sportunterricht, nach einiger Zeit auch außerhalb der Schule. Niemand verstand, was da vor sich ging. Die Ärzte meinten, es handele sich um wachstumsbedingte Kreislaufschwierigkeiten. Die Zusammenbrüche häuften sich, begleitet von extremem Schwindel und häufig starkem Erbrechen. Nach einiger Zeit hatte das junge Mädchen jegliches Zutrauen zu seinem Körper verloren. Jedes Bewegen außerhalb der Wohnung war angstbesetzt, begleitet von der Furcht, wieder einen Anfall zu bekommen. Zu der Ausbildung der großen Angst trug maßgeblich das Verhalten der Mutter bei, die durch die körperliche Schwäche ihrer Tochter in einen hilflosen Bedrohungs- und Überwältigungszustand geriet. Sie wusste sich nicht anders zu helfen und schlug ihre Tochter, wenn es ihr schlecht ging. Das Mädchen bekam permanent die Botschaft, nur Theater zu spielen und es solle sich endlich einmal disziplinieren. »Reiß dich zusammen«, wurde der meistgehörte Satz für sie. In der Folge mobilisierte sie alle verfügbaren Kräfte, um ihren Zustand zu verbergen.

Im Alter von vierzehn Jahren, in dem Gleichaltrige in Discos gingen und Partys feierten, musste sie wildfremde Menschen auf der Straße ansprechen, um sie zu bitten, sie auf die andere Straßenseite zu bringen, da sie nicht aus eigener Kraft den leeren Raum überwinden konnte, aus Angst, mitten auf der Straße zusammenzubrechen. Wenn sie an einer roten Ampel stand, wuchs die Spannung und die Angst in ihr ins Unermessliche und ihr wurde schwindlig. Nicht selten kehrte sie dann wieder um. Sie lernte, sich Wege zu suchen, auf denen sie keine offene Straße überqueren musste. Sie suchte Halt an Gebäuden, Mauern und Zäunen. Zweimal kam sie wegen dieser Anfälle ins Krankenhaus, wo sie jeweils mehrere Wochen lang zur Beobachtung blieb – ohne Ergebnis. Am sichersten fühlte sie sich im Bett, und das wurde auch ihr bevorzugter Rückzugsort. Mit der Zeit reichte ihre pure Anwesenheit zu Hause, um eine extreme Wut bei ihrer Mutter auszulösen, sodass sie öfter verprügelt und getreten wurde. Die Anfälle verschlimmerten sich. Es geschah überall: auf dem Weg zum Bus, auf der Straße, in der Schule auch außerhalb des Sportunterrichtes, bei Ausflügen und Familienfesten. Sie erhielt eine Lehrstelle in einer öffentlichen Bücherei. Dort brach sie nach zwei Wochen das erste Mal zusammen. Der Besuch der Berufsschule wurde für sie zur Qual, weil sie durch den langen Weg dorthin bereits vollkommen erschöpft ankam und dann auch beinahe jedes Mal dort zusammenbrach. Sie verbrachte einen Großteil der Berufsschulzeit alleine in einem kahlen Raum, in dem ein Notbett stand, mit einem Eimer davor, während sie nicht wusste, wie sie nach Hause kommen sollte. Dennoch gelang es ihr, die Ausbildung abzuschließen, nicht zuletzt auch deshalb, weil sie verständnisvolle Kolleginnen hatte, die ihr so etwas wie ein Mutterersatz wurden. Da sie keine Freunde hatte und auch von niemandem eingeladen wurde, verbrachte sie ihre Freizeit mit Lesen und Lernen. Die Situation zu Hause wurde für sie immer unerträglicher. Sie entwickelte Hass auf ihre Mutter und immer, wenn sie Prügel bezog, zählte sie die Schläge und Tritte mit und weinte dabei keine Träne. Anschließend notierte sie sich die Anzahl der Kniffe, Ohrfeigen und Fußtritte, die sie bezogen hatte, fein säuberlich mit Datum in ein Notizheft.

Mit sechzehn Jahren fasste sie den Entschluss, eine Psychotherapie zu machen. Es war ihr klar, dass ihr Zustand vor allem psychischer Natur war, organisch gab es ja keine Ansatzpunkte. Sie geriet an einen Therapeuten, dem sie verzweifelt von ihrer Not und dem Hass auf ihre Mutter erzählte und sie erinnerte sich noch im reifen Erwachsenenalter daran, wie er auf seine Uhr sah und trocken meinte: »Naja, Ihre Eltern haben Sie doch nicht verhungern lassen.« Damit wurde sie entlassen.

Sie brachte die Kraft auf, im Alter von siebzehn Jahren in einer Nacht- und Nebel-Aktion von zu Hause auszuziehen, als ihre Eltern und ihr Bruder nicht da waren. Jahre der Irrungen und Wirrungen folgten, und ihre Anfälle blieben.

Zehn Jahre später, sie war mittlerweile verheiratet, war ihr körperlicher Zustand unverändert, und sie nahm erneut einen Anlauf zu einer Psychotherapie. Dieses Mal durfte sie eine einfühlsame Therapeutin erleben, die ihre Not erkannte und mit deren Hilfe sie die Wut auf ihre Mutter überwand. Die Anfälle blieben trotzdem. Auch nach der Geburt ihrer Kinder änderte sich nichts. Im Gegenteil, die ständige Präsenz und die Unberechenbarkeit der Kinder brachten sie von neuem jeden Tag in existenzielle Not, und die Anfälle verschlimmerten sich. Wenn sie mit ihrem Sohn das Haus verließ, war sie froh, den Kinderwagen zu haben, um sich daran festhalten zu können. In dieser belasteten Zeit tauchte aber in ihr ein alter Wunsch auf, den sie schon mit sechzehn gehabt hatte: Psychologie zu studieren. Angetrieben von dem Bedürfnis, notleidenden Menschen eine bessere Unterstützung zu sein als der erste Psychotherapeut, suchte sie nach einer Ausbildung, die sie mit ihrer Familie vereinbaren konnte und meldete sich an. Um es kurz zu machen: Die ersten drei Semester der Ausbildung waren für sie schrecklich. Von den zwei Kurstagen musste sie den ersten Tag liegend verbringen, weil ihr so schwindlig war, dass sie nicht sitzen konnte. Ihre Kurskolleginnen trugen ihr jedes Mal ein rotes Sofa in den Kursraum, damit sie am Unterricht teilnehmen konnte. Obwohl sie bequem abends hätte nach Hause fahren können, übernachtete sie in einem Hotel in der Nähe. Die Gewissheit, nur wenige Meter von einem sicheren Bett und Ruhe getrennt zu sein, ließ sie den Tag überstehen. Sie hielt durch, und ab dem vierten Semester änderte sich die Lage: Die Gruppe wurde sehr viel kleiner, weil viele der Teilnehmenden die Ausbildung abgebrochen hatten, und der Kurs fand fortan in einem kleineren Raum mit Teppichboden statt, in dem sie sich wohler fühlte. Außerdem hatte ihre Dozentin ihr Talent für die Psychologie bereits erkannt, und sie erhielt auch von den Kurskameradinnen Anerkennung. Besonders eindrücklich blieb ihr in Erinnerung, dass ihre Dozentin ein unerschütterliches Vertrauen zu ihr und ihren Selbstheilungskräften hatte, niemals wertete und ihre Stärken hervorhob. Ihre Zusammenbrüche nahmen ab, und schließlich bestand sie die Ausbildung mit Auszeichnung. Sie fügte eine Ausbildung zur Erwachsenenbildnerin an und schloss auch diese nach weiteren drei Jahren erfolgreich ab. Sie begann, eine eigene Praxis aufzubauen, und dank ihrer Einfühlsamkeit konnte sie von Anfang an einige Klienten und Klientinnen begleiten. Dann ließ sie sich scheiden und fand sich in der Verantwortung wieder, den Lebensunterhalt für sich und ihre zwei Kinder zu verdienen. Klienten alleine reichten nicht, sie war auch Kursleiterin, also musste sie Kurse in der Erwachsenenbildung geben. Sie begann, eigene Kurse und Vorträge zu organisieren, immer begleitet von ihren Schwächeanfällen und Zusammenbrüchen. Es gab Veranstaltungen, bei denen sie nicht vor der Gruppe stehen konnte, weil ihr so schwindlig war, dass sie nur im Sitzen sprechen konnte. Sie übergab sich regelmäßig vor und nach den Anlässen, aber sie machte weiter. Mit der Zeit lernte sie, ihre Angst zu kontrollieren und authentischer zu werden. Wenn ihr schlecht war, konnte sie das auch sagen, und ihr begegneten viele freundliche Menschen, die wohlwollend waren und ihr gutes Feedback gaben. Nach einigen Jahren hörten ihre Zusammenbrüche auf und kamen auch nicht wieder. Ihr Nervensystem hatte gelernt, dass es nicht bedrohlich ist, sich in exponierte soziale Situationen zu begeben.

Eine Situation ist ihr noch im Gedächtnis geblieben: Sie war eingeladen zu einem Vortrag vor zweihundert Personen, stand auf der Bühne mit einem Headset, PowerPoint und Flipchart und sprach sehr eloquent über ein Thema, das ihr sehr am Herzen lag, ohne dass ihr Körper in irgendeiner Weise rebelliert hätte. Im Anschluss an den Vortrag erfuhr sie, dass sie sich in einer ehemaligen Turnhalle befand, die umgebaut worden war. In dem Moment wusste sie, dass ihre Anfälle endgültig der Geschichte angehörten. Sie hatten in einer Turnhalle begonnen und wieder in einem solchen Rahmen zu sein, hätte das Trauma von damals reaktiveren können. Aber ihr Körper blieb ruhig – ihr Nervensystem hatte dazugelernt. Diese schwer traumatisierte und misshandelte Frau hatte es geschafft, mit ihren Erfahrungen so umzugehen, dass sie sie transformieren und darüber hinaus ihre Erfahrungen anderen Menschen zur Verfügung stellen konnte. Neben ihrer hochsensiblen Veranlagung waren es also noch andere Eigenschaften wie Durchhaltevermögen, Resilienz und die Bereitschaft, sich selbst weiterzuentwickeln, die dazu beigetragen haben, dass sie ihr Trauma überwinden konnte.

Ich erzähle Ihnen diese Geschichte, um mit Ihnen meine Überzeugung zu teilen, dass es immer möglich ist, das Nervensystem zu schulen und traumatische Erfahrungen, die sich körperlich manifestiert haben, zu verändern. Nicht in dem Sinne, dass sie vergessen oder verleugnet werden, sondern sie können körperlich transformiert werden.

Meine Klientin ist heute eine erfolgreiche und selbstständige Kursleiterin, die anderen Menschen dabei behilflich ist, ihren eigenen Weg zu gehen. Ihre traumatische Geschichte macht sich heute nur noch dann bemerkbar, wenn sie mitunter noch ein beklemmendes Gefühl dabei hat, in eine neue Gruppe zu gehen, oder wenn sie erschöpft ist und deshalb manchmal aggressiv reagiert.

Dieses Beispiel ist ein recht extremes, aber solche Lebensgeschichten gibt es. Auch, wenn Sie nicht solche dramatischen Erfahrungen gemacht haben sollten, wird Ihr Nervensystem auf die eine oder andere Weise auf sogenannte Trigger, also Auslöser traumatischen Stresses, reagieren. Bei meiner Klientin waren es lange Zeit Räume, die auch nur im entferntesten durch Licht, Fenster, Bodenbeläge oder Gerüche an Turnhallen erinnerten, bei Ihnen kann es vielleicht die Atmosphäre eines bestimmten Menschen sein, die Sie als unangenehm empfinden, ohne den Grund benennen zu können. Oder es ärgert Sie nachhaltig, wenn Sie jemanden als unauthentisch erleben. Es wühlt Sie auf, wenn Sie wenig wertschätzend behandelt werden. Sie spüren oft Ihr Herz klopfen oder hören Ihr Blut rauschen. Das können alles Signale dafür sein, dass traumatischer Stress in Ihrem Nervensystem sitzt und sich bei Gelegenheit zu Wort meldet. Immer dann, wenn Sie nicht gelassen reagieren können, können Sie sicher sein, dass in Ihrem Organismus Erfahrungen gespeichert sind, die einen Sog in Richtung Polarisierung ausüben.

Dieser Sog kann sehr mächtig sein. Er diktiert Ihnen förmlich Ihr Verhalten (Autopilot) und führt Sie weg vom unteren Bereich der Ruhe, Sicherheit und Orientierung, wie er in der Grafik veranschaulicht ist. Bindungsverlust ist die Folge.

Wieder in Verbindung kommen und Kohärenz erleben

Es scheint eine einfache Rechnung zu sein: Hochsensiblen Menschen ist oft alles zu viel und in dem Zustand des »Überfülltseins«, also bei einer Aktivierung, die schon hoch oben im mittleren Bereich ist, neigt man dazu, das »Zuviel« abzubauen, indem man weniger macht. Grundsätzlich keine schlechte Idee, leider jedoch werden meistens die Dinge gestrichen, die eigentlich Spaß machen und Ressourcen darstellen wie Hobbys oder soziale Kontakte. Der ganze Organismus ist auf das Überleben ausgerichtet. Dabei bleibt die Lebendigkeit auf der Strecke. Das wird Sie aber nachhaltig schwächen. Der Verlust von Verbindung kann auf verschiedenen Ebenen stattfinden. Es gibt die Ebene der äußeren Aktivitäten, wenn Sie sich von Hobbys, Ehrenamt oder Treffen mit Freunden zurückziehen. Dann gibt es die Ebene der inneren Eigenschaften und Fähigkeiten. Auf dieser Ebene verlieren Sie den Kontakt zu den inneren Ressourcen, sodass Sie nur noch Überforderung spüren können. Es existiert auch die Ebene der Körperempfindungen. Verlust auf dieser Ebene bedeutet, dass Sie entweder körperlich gar nichts spüren oder aber nur Negatives wie Schmerzen, Blockaden oder Verspannungen. Als vierte Ebene gibt es dann die sozialen Kontakte. Hier bedeutet Verlust das Abbrechen oder Einfrieren von Beziehungen, Absagen von Einladungen, selbst keine Einladungen auszusprechen und mit Abwehr auf gemeinsame Unternehmungen wie Ausflüge oder Familienfeiern zu reagieren. Außerdem bedeutet Verlust auf dieser Ebene auch mangelndes Interesse an kulturellen Veranstaltungen.

Der Verlust von Verbindung ist oftmals ein schleichender Prozess. Zuerst beginnt man vielleicht, scheinbar überflüssige Aktivitäten zu eliminieren. Dadurch entsteht fast zwangsläufig auch der Verlust von sozialen Beziehungen. Man redet sich ein, diese auch nicht zu brauchen und verhärtet innerlich, sodass ein Verlust auf der Ebene der inneren Eigenschaften und Fähigkeiten folgt. Dadurch entsteht auch ein Verlust der Körperempfindungen.

Wenn Sie in Ihre Kraft kommen möchten, und darum geht es in diesem Buch, ist es also notwendig, wieder in Verbindung zu treten. Ich habe versucht aufzuzeigen, dass Kontaktverlust eine Folge von Stress ist und keine Wesensart an sich darstellt. Im Grunde genommen haben empfindsame Menschen eine große Sehnsucht nach stimmigen sozialen Beziehungen. Sie wählen sehr bewusst aus, wen sie in ihr

Leben lassen. Menschen sind soziale Wesen und auf Kontakt angelegt. Ein Mensch, der sich isoliert und dem alle sozialen Kontakte zu viel sind, reagiert nicht natürlich, sondern aufgrund seines hohen Aktivitätslevels.

Das, was ich hier als Verbindung beschreibe, wird allgemein auch Kohärenz genannt. Der Begriff Kohärenz leitet sich ab vom Lateinischen »cohaerere« und bedeutet »zusammenhängend«. In der Psychologie wird Kohärenz wie folgt definiert: Zusammengehörigkeit, Zusammenhalt von Einzelelementen in einem übergeordneten Ganzen.[155] Im Gegensatz dazu bedeutet mangelnde Kohärenz Zersplitterung. Die meisten hochsensiblen Menschen spüren eine Art innere Zerrissenheit, was ein Ausdruck für die Zersplitterung sein kann. Zersplitterung bedeutet, dass keine Verbindung zwischen den einzelnen Empfindungen, seien sie geistiger, körperlicher oder emotionaler Natur, besteht. Sich dem Zustand der Kohärenz anzunähern, bedeutet, Zusammenhänge herzustellen. Das geschieht auf geistiger Ebene durch das Verstehen, auf emotionaler Ebene durch Akzeptieren und auf körperlicher Ebene durch das Spüren. Bücher wie dieses dienen vor allem der geistigen Ebene und dem Verstehen, schon das kann eine große Entlastung bedeuten.

An manchen Tagen werden Sie sich fühlen, als wären sie »durch die Mangel gedreht«. Sie sind über Gebühr müde und haben eine Art »Nebel im Kopf«. Nichts scheint so richtig rundzulaufen, und Sie sind bei allen Verrichtungen langsamer, als Sie möchten. Solche Tage gibt es. Wenn Sie dann versuchen, dagegen anzukämpfen und die Leistung zu erbringen, die Sie für angemessen halten und die gestern doch noch möglich war, dann verlieren Sie die wenige Kraft, die Sie noch haben. Besser ist es, Sie akzeptieren Ihre Leistungsfähigkeit, wie sie sich heute eben darstellt. Das ist in unserer leistungsorientierten Gesellschaft gar nicht so einfach, ist aber ein Weg zu mehr Kraft und Kohärenz. Machen Sie sich bewusst, dass es auch wieder andere Tage gibt und akzeptieren Sie Ihre jeweilige Jetzt-Form. Sobald Sie Ihren jetzigen Zustand annehmen, wie er ist, werden Sie sich entlastet fühlen. Dafür schaffen Sie an anderen Tagen mehr, als Sie sich zugetraut haben und unter dem Strich geht es schon auf. Kohärenz bedeutet, in Einklang zu kommen mit dem, was jetzt ist, und nicht dagegen anzukämpfen. Wir modernen Menschen befinden uns da oft in einer Zwickmühle: Gestern zum Beispiel habe ich 21 000 Zeichen geschrieben (versuchen Sie das mal, wenn das Geschriebene auch noch Sinn ergeben soll) und, berauscht von diesem großartigen Schreibtag, habe ich mir für heute wieder 20 000 Zeichen vorgenommen. Und jetzt, am späten Nachmittag, habe ich gerade mal 5000 geschafft. Nun habe ich die Wahl: ich kann frustriert sein und mit aller Kraft versuchen, zumindest noch die 10 000 zu schaffen, was aber im Vergleich zu gestern genauso erbärmlich ist, oder ich akzeptiere, dass ich heute weniger vorangekommen bin, aber wichtige Gedanken formulieren konnte. Es hat Zeit gebraucht, darüber nachzudenken und in Anbetracht meiner Müdigkeit sind 5000 Zeichen doch auch ganz beachtlich.

Wir sind oft auch Gefangene unserer Vorstellungen und Ansprüche. Nur weil gestern etwas möglich war, muss es das heute nicht sein. Menschen funktionieren nicht wie Maschinen, selbst wenn manch ein Zeitgenosse sich das vielleicht wünschen mag, sondern sie sind lebendige Organismen. Sie bleiben mehr in Ihrer Kraft, wenn Sie in den unterschiedlichen Tagesformen und Verfassungen mitschwingen, in denen Sie sich befinden. Ein Dozent in einer meiner Ausbildungen hat es einmal so ausgedrückt: »Seid wie Bambus. Lernt, im heftigen Wind zu schwingen, ohne zu zerbrechen.«

Der Kohärenzbegriff spielt auch im Salutogenese-Konzept von Aaron Antonovsky eine zentrale Rolle. Der Forscher befasste sich mit dem Gedanken, was Menschen gesund erhält und welche Bedingungen für Gesundheit erfüllt sein müssen. Zu seiner Zeit war das durchaus revolutionär, denn die Medizin befasste sich vor allem mit der Entstehung von Krankheiten, der Pathogenese. Antonovskys Haltung war, dass Gesundheit mehr ist als die Abwesenheit von Krankheit. Aus diesem Gedanken heraus entwickelte er sein Salutogenese-Modell. In diesem Modell griff er Gedanken und Ergebnisse der Stressforschung auf, entwickelte eine neue Definition von Gesundheit und Krankheit, postulierte das sogenannte Kohärenzgefühl als salutogenen Faktor und beschrieb Widerstandsfaktoren gegen potenziell gesundheitsschädigende Stressoren. Eine berühmte Metapher geht auf Antonovsky zurück: Menschen schwimmen in einem Fluss voller Gefahren, Strudeln, Biegungen, Untiefen und Stromschnellen. Der Arzt könne mit seiner pathogenetisch orientierten Medizin versuchen, den Ertrinkenden aus dem Strom zu reißen. In der Salutogenese geht es aber darum, den Menschen zu einem guten Schwimmer zu machen.[766]

Antonovsky stellte fest, dass gesunde Menschen über eine bestimmte Haltung und Ausrichtung im Leben verfügen. Er nannte diese Ausrichtung das Kohärenzgefühl (sense of coherence, SOC). Es handelt sich dabei um ein Wahrnehmungs- und Beurteilungsmuster, das Menschen von Geburt an entwickeln können, sodass es sich wie ein roter Faden durch das Leben zieht. Das Kohärenzgefühl setzt sich nach Antonovsky aus drei Aspekten zusammen:

- *Verstehbarkeit*, das heißt, Menschen erleben die Welt als strukturiert, vorhersehbar und erklärbar. Das gilt aber nicht nur für die äußeren Umstände, sondern auch für das innere Erleben. Beispielsweise können empfindsame Menschen verstehen, was in ihrem Inneren vor sich geht und erfahren auch, dass andere Menschen sie verstehen. In diesem Punkt erleben aber gerade sehr sensible Menschen oft eine Diskrepanz. Einerseits verstehen sie ihre inneren Zustände gut, auf der anderen Seite erleben sie häufig, dass andere Menschen sie eben nicht verstehen. Hier gilt es also daran zu arbeiten, die eigene Ausdrucksfähigkeit so zu schulen, dass sie für andere verständlich wird.
- *Handhabbarkeit*, das bedeutet, den Herausforderungen der Welt und des Lebens gewachsen zu sein und Ressourcen zur Verfügung zu haben, mit denen die Herausforderungen des Lebens gemeistert werden können. Die Grundüberzeugung ist, dass Schwierigkeiten zu meistern sind, entweder aus eigener Kraft, indem man sich auf andere verlässt oder auch, indem man an eine höhere Macht glaubt. Empfindsame Menschen haben aber im Gegensatz dazu häufig das Gefühl, den Herausforderungen nicht gewachsen zu sein und verlieren im Zustand der Überstimulation den Kontakt zu ihren Ressourcen. Hier gilt es also, effektive Ressourcenarbeit zu leisten, sei es, um neue Ressourcen aufzubauen oder aber um das Bewusstsein für vorhandene Ressourcen zu schärfen und sie zu aktivieren.
- *Bedeutsamkeit*, das heißt, Menschen mit einem hohen Kohärenzgefühl halten ihr Leben, ihr Tun und ihre Biografie für sinnvoll. Die Aufgaben und Herausforderungen sind es wert, Energie zu investieren, egal »wie die Sache ausgeht«. Kohärente Menschen empfinden ihr Leben als

lebenswert, interessant und stimmig. Im Salutogenese-Konzept gilt dieser Aspekt als wichtigste Komponente.[777] Empfindsame Menschen erleben meiner Erfahrung nach zwar ihr Leben als bedeutsam, verzweifeln aber oft daran, dass sie ihre Ideen für eine wertvolle und nachhaltige Lebensweise nicht umsetzen können. Hier gilt es, mit Ängsten aufzuräumen und Möglichkeiten zu finden, die eigenen Ideen und Werthaltungen auszubauen und im Alltag zu leben. Das kann unter Umständen auch bedeuten, vom Wohlstandsdenken Abstand zu nehmen und materiell bescheidener zu leben.

Grundsätzlich gilt, dass der Kohärenzbegriff bei Antonovsky nicht einer bestimmten Gruppe (Kategorie) von Menschen vorbehalten ist, sondern dass es sich dabei eher um eine Disposition und eine überdauernde Orientierung handelt. Antonovsky stellte dar, dass die Ausprägung des SOC maßgeblich von der Umwelt beeinflusst wird, in der ein Mensch aufwächst. Das erinnert uns an die Forschungsergebnisse von W. Thomas Boyce, der herausgestellt hat, dass empfindsame Menschen, abhängig von ihrer Umwelt, ihre Disposition positiv oder negativ ausprägen können.

Ging Antonovsky noch davon aus, dass sich der SOC jenseits des dreißigsten Lebensjahres konstant erhält und nicht mehr veränderbar ist, sind neuere Forschungen der Ansicht, dass sich das Kohärenzerleben auch jenseits der Dreißig noch entwickeln kann. Antonovsky kann aber mit Fug und Recht als Wegbereiter einer modernen Ausrichtung verstanden werden, die die Entwicklung des Menschen über die gesamte Lebensspanne hinweg im Blick hat.

Neurobiologen haben festgestellt, dass das Gehirn bis ins hohe Alter plastisch und veränderbar bleibt und damit auch das Erlebensspektrum der Menschen. Das Konzept des lebenslangen Lernens postuliert, dass Menschen bis zum Tod entwicklungsfähig bleiben.[788]

Nicht jeder Mensch jedoch ist es in gleichem Maße. Wenn ich hier von Kohärenz spreche, dann geht es mir nicht um eine Anhäufung von angelerntem Wissen, sondern um eine tief greifende Verbindung mit sich und den eigenen Fähigkeiten. Auch Eigenschaften kann man sein Leben lang entwickeln, so wie die Einstellung zum Leben.

Wie fühlt sich nun Kohärenz an? Nun, Sie bemerken vielleicht an manchen Tagen, dass Sie sich innerlich »runder« fühlen. Mitunter mag es Ihnen gelingen, Ihre inneren Zustände zu akzeptieren, unabhängig davon, ob Sie sie verstehen oder nicht. Oder Sie erkennen einfach Zusammenhänge, Sie erleben Ihre Biografie als »logisch« und zusammenhängend und erfahren bewusst, warum Sie so handeln, wie Sie es tun. Das ist Kohärenzerleben mit sich selbst. Man kann aber natürlich auch eine Verbindung mit der Umwelt, anderen Menschen, der Gesellschaft an sich und dem Universum erleben.

Ich erinnere mich daran, wie ich zum ersten Mal diese Art von Kohärenz erlebte: Ich befand mich auf dem Weg zu einem Vortrag, den ich vor siebenhundert Menschen halten sollte. Diese angsteinflößende Zahl hatte ich ständig im Hinterkopf während meiner mehrstündigen Zugreise zum Veranstaltungsort. Und dann geschah etwas Unerwartetes: Plötzlich fühlte ich mich verbunden mit den Menschen um mich herum, ich begleitete die Sekretärin in ihr Büro, sah sie ihren Mantel aufhängen und den Computer starten, ich sah den Handwerker, der in seiner Werkstatt an einem Kundenauftrag arbeitete, ich bemerkte den Bauarbeiter, der mit seiner Arbeit Stück für Stück zu einem Hausbau beiträgt, und ich war eins mit ihnen. Auf einmal war es nicht mehr wichtig, dass mich dieses große Publikum erwartete, ich war nicht mehr die Mitte des Universums, sondern verbunden mit allen Menschen, die einfach ihre Arbeit taten. Und mir war bewusst, dass sie diese Arbeit so gut wie möglich machten mit allen Mitteln, die ihnen zur Verfügung standen. Und ich war ein Teil davon und würde meine Arbeit auch so gut machen, wie ich konnte. Es waren nicht nur kognitive Gedanken, die ich in diesem kostbaren Moment der Kohärenz hatte, sondern es war eine geradezu körperliche Empfindung, die mich mit allen Menschen verband. Ich fühlte mich entlastet und konnte freier atmen.

Zugegeben: Kohärenz zu erleben, muss kein dauerhafter Zustand sein. Auch dieser Moment, den ich erlebt habe, war nicht von Dauer. Aber er gehörte zu mir, und ich bin überzeugt davon, dass er in mein Körpergedächtnis eingegangen ist und sich wieder aktivieren lässt. Jetzt, wo ich darüber schreibe, kann ich einen Nachhall dieser Empfindung spüren und bin dankbar für diese Erfahrung.

Halten wir fest: Kohärenzerleben gilt es anzustreben als Gegenpol zur Zersplitterung. Nach Antonovsky, dem Begründer der Salutogenese, sind Verstehbarkeit, Handhabbarkeit und Bedeutsamkeit essenzielle Faktoren, um Kohärenz zu etablieren. Bei jedem dieser drei Aspekte sind empfindsame Menschen gefordert, entweder, um Verbindungen und eine Logik zur Biografie herzustellen, um Ressourcen zu etablieren und spürbar zu machen oder auch um Sinnhaftigkeit zu erleben.

Die Notwendigkeit, sich in Kohärenz zu üben, bringt mich auf direktem Wege zum Thema der Selbstfürsorge.

Empfindsamkeit schützt nicht vor Charakterschwächen, schlechten Entscheidungen, Lebenskrisen, falschen Freunden oder Armut. Sie ist aber auch keine Garantie für Erfolg, Wohlstand oder Glück. Nichts, was ich in diesem Buch mit Ihnen teile, keine meiner Geschichten, keine Empfehlung und kein Modell ist ein Versprechen auf Gelingen. Alles, was ich hier vorbringe, dient lediglich dem Zweck, Sie in die Ermächtigung zu bringen. Ich möchte, dass Sie ein guter Schwimmer oder eine gute Schwimmerin werden. Alles, was Sie dazu brauchen, tragen Sie bereits in sich. Empfindsamkeit ist nur ein kleines Puzzleteil davon. Das, was die einzelnen Elemente Ihrer Persönlichkeit zusammenhalten und für eine größere Kohärenz sorgen kann, ist die Selbstfürsorge. Wenn Sie lernen, gut für sich zu sorgen und fürsorglich mit sich selbst umzugehen, können Sie auch besser mit Ihrer Kraft haushalten. Selbstfürsorge ist für mich, im Sinne von Dr. Tatjana Reichhart und ihrem Buch *Das Prinzip Selbstfürsorge*, die Voraussetzung, um den Belastungen und Anforderungen des Alltags standhalten zu können. Fürsorglich mit sich selbst umzugehen, erfordert Eigenverantwortung und sie weiterzuentwickeln heißt, flexibel zu denken und zu handeln und damit gut auf Veränderungen reagieren zu können. Darüber hinaus hat die Selbstfürsorge eine soziale Komponente. Wie Reichhart sagt, steht sie zwischen zwei Extremen: der Aufopferung und dem Egoismus. Freundlichkeit, Unterstützung und Wertschätzung anderen Menschen gegenüber wirken sich positiv auf uns selbst aus, und damit umfasst Selbstfürsorge auch stets ein Stück weit die Sorge für andere Menschen.[79]

Bevor ich mich näher mit dem Thema Selbstfürsorge befasse, halte ich es für wichtig, etwas anzusprechen, was vielen empfindsamen Menschen nicht bewusst sein dürfte: die Tatsache, dass Sensibilität auch sehr manipulativ sein kann.

Sensibilität als Manipulation

In diesem Buch möchte ich vor allem herausarbeiten, was hochsensible Menschen in ihre Kraft bringen kann. Ich kann diesen Schritt aber nicht unternehmen, ohne zugleich ein paar Worte darüber zu verlieren, was sensible Menschen schwächt. Manchmal sind Schwächungen äußerlicher Natur, oft aber kommen sie aus dem eigenen Inneren. Es gibt keine Medaille ohne zwei Seiten. Wenn wir die sensible Veranlagung als Kraft und Stärke betrachten wollen, dann müssen wir uns auch mit ihren Schattenseiten beschäftigen.

Und eine der Schattenseiten besteht wohl darin, dass sich Sensibilität sehr gut dazu eignet, andere Menschen zu manipulieren. Wie das, werden Sie fragen, wo doch überall nachzulesen ist, dass sehr sensible Menschen über eine hohe Gewissenhaftigkeit und große ethische Wert- und Maßstäbe verfügen. Lassen Sie uns, um diesen scheinbaren Widerspruch zu verstehen, zunächst anschauen, was Manipulation überhaupt bedeutet.

Nach Rainer Sachse zeichnet sich manipulatives Handeln durch drei Aspekte aus:

- es ist intransparent, also nicht durchschaubar
- es veranlasst andere Menschen zu einem Handeln, welches sie sonst nicht ausführen würden,
- es täuscht das Gegenüber über die tatsächlichen Handlungsgründe und schränkt dadurch seine Entscheidungsmöglichkeiten ein.[800]

Folgt man dieser Definition, ist jegliche Art von Erziehung manipulativ, weil durch Einflussnahme auf Kinder ein gesellschaftlich akzeptiertes Ziel verfolgt wird (zum Beispiel bei der Begrüßung die Hand zu geben oder ›Bitte‹ und ›Danke‹ zu sagen, ohne zu begründen, warum das jetzt wichtig ist: Intransparenz). Durch Sanktionen oder Belohnungen werden Kinder zu einem Handeln veranlasst, welches sie sonst nicht tun würden (zum Beispiel werden Reitstunden in Aussicht gestellt, wenn sich die Schulnoten verbessern), ohne dass die Eltern ihre wirklichen Ziele transparent machen würden (möglicherweise ist Leistung den Eltern sehr wichtig, ohne dass dies ausgesprochen wird).

Wie kann nun Sensibilität das Werkzeug zur Manipulation sein? Um es vorweg zu sagen: selbstverständlich geschieht manipulatives Verhalten oft aufgrund von unbewussten oder halbbewussten Motiven. Man kann sagen, dass jegliches Verhalten eine Wirkung hervorruft, jeder Mensch also durch das eigene Verhalten bereits Einfluss auf andere Menschen nimmt. Lediglich Einfluss zu nehmen stellt aber noch keine Manipulation dar. Verhalten wird dann manipulativ, wenn es eigenen Zwecken dient. Ich erinnere mich, dass eine hochsensible Frau einmal nach einem meiner Vorträge sehr vehement die Meinung vertrat, dass sich jetzt auch einmal die Normalsensiblen nach den Hochsensiblen richten sollten. Dieser Ansicht liegt die Annahme zugrunde, dass Hochsensible sich immer stark anpassen und dieses Verhalten auf Kosten ihrer Bedürfnisse geht. Dabei hat die Dame übersehen, dass dieses Anpassungsverhalten von Normalsensiblen nicht eingefordert oder erwartet wird. Als ob Normalsensible absichtlich und böswillig die Anpassungsbereitschaft Hochsensibler ausnutzen würden. Das ist nach meiner Beobachtung nur sehr selten der Fall. Menschen handeln so, wie es ihnen ihre Natur, ihre Biografie und die Gesellschaft vorschreibt. Hochsensible werden dann manipulativ, wenn sie ihre Sensibilität bewusst einsetzen, um das Verhalten anderer Menschen zu beeinflussen. Ein Beispiel: Eine sehr sensible Frau hat die Erfahrung gemacht, dass Restaurantbesuche für sie sehr schwierig sind, weil sie die Anwesenheit der anderen Gäste stört, sie sich unbedingt nur an einem Tisch am Fenster wohlfühlt, sie nicht von Essensgerüchen übermannt werden darf, die Hintergrundmusik ihr zu dominant ist und noch anderes. An einen Restaurantbesuch sind für sie derart viele Bedingungen geknüpft, dass die Menschen in ihrem Umfeld zunehmend genervt reagieren und lieber zu Hause bleiben. Wenn sich jemand so offensichtlich unwohl fühlt, dann kommt beim Gegenüber häufig die Botschaft an, dass er oder sie etwas zum Wohlbefinden der Person beitragen müsse. Möglicherweise entstehen auch Schuldgefühle, den Empfindsamen in diese Lage gebracht zu haben. Auch Normalsensible reagieren sensibel auf diese Dinge.

Bei aller Rücksichtnahme auf die eigenen Bedürfnisse: Wenn man immer und jederzeit zu stark auf die Einhaltung der eigenen Komfortzone achtet, wird mitunter übersehen, dass mit diesem Verhalten eine Erwartungshaltung an das Gegenüber verbunden ist und unausgesprochen die Haltung sichtbar wird: »Wenn du mit mir ausgehen willst, dann geht das aber nur unter diesen und jenen Bedingungen. Sonst fühle ich mich nicht wohl und bin kein/e gute/r Gesprächspartner/in«. Und das halte ich für manipulativ.

Verstehen Sie mich recht: Ich halte viel davon, die eigenen Bedürfnisse zu kennen und auch die eigenen Grenzen zu wahren. In diesem Buch soll es ja schließlich darum gehen, wie sensible Menschen zu ihrer Kraft finden können. Nach meiner Erfahrung ist es aber so, dass eine zu starke Fixierung auf die Bedürfnisbefriedigung und das Einhalten der Komfortzone hochsensible Menschen eher schwächt als stärkt, weil sie auf diese Weise immer wieder die Erfahrung machen, dass sie speziell und irgendwie seltsam sind. Das ist keine stärkende und kraftvolle Haltung sich selbst gegenüber. Manchmal kann es sein, dass sehr empfindsame Menschen aufgrund ihrer Fixierung auf ihre Bedürfnisse diejenigen ihrer vielleicht weniger empfindsamen, aber durchaus sensiblen Mitmenschen übersehen.

Ich erinnere mich an eine Begebenheit, die dies eindrücklich illustriert: Ich traf mich mit einer Freundin in einer deutschen Großstadt. Wir sehen uns nicht so häufig, sind uns gegenseitig aber sehr wichtig, sodass wir unsere Treffen regelrecht zelebrieren. Die Situation, die ich mit Ihnen teilen möchte, spielte sich in einem Restaurant ab. Es ist mir zur zweiten Natur geworden, dass ich in Sekundenschnelle den für mich passenden Sitzplatz ausspähe und mich dann auch dort platziere. So auch diesmal. Ich steuerte zielstrebig auf einen Tisch zu, an dem ich mich wohlfühlen würde. Meine Freundin hatte gar keine andere Wahl, als mir zu folgen und den anderen Platz einzunehmen. Während ich bequem an einer Säule lehnen konnte, liefen hinter ihr die Kellner vorbei und stauten sich die Menschen, die auf einen freien Tisch warteten. Als wir saßen, fragte meine Freundin in einem sehr zurückhaltenden Ton, ob wir nicht an den Nebentisch wechseln könnten, hinter ihr würden die Leute vorbeilaufen. Ich, die ich mich wohl an meinem Platz fühlte, entgegnete ihr, dass am Nebentisch auch die Leute hinter ihr vorbeilaufen würden. Ich spürte kein Bedürfnis, den Platz zu wechseln. Dann sah ich, dass meine Freundin die Augen niederschlug, und ich spürte, dass es ihr nicht gut ging. Ich weiß, wie sich das anfühlt. Und in dem Moment konnte ich ihr anbieten, den Tisch zu wechseln. Das taten wir dann auch, und es wurde ein sehr vergnüglicher Abend.

Sie verstehen: Hochsensible Menschen sind mitunter so auf ihre eigenen Bedürfnisse fixiert, dass sie diejenigen ihrer Mitmenschen übersehen oder als unwichtiger bewerten. Auch normalsensible Menschen haben ihre Komfortzone und ihre Bedürfnisse, und sehr empfindsame Menschen tun gut daran, sich aufmerksam und empathisch zu zeigen.

Weil es oftmals so aussieht, als wäre hochsensible Bedürfnisbefriedigung eine Einbahnstraße, ist es mir ein Anliegen, über den Unterschied zwischen Bedürfnisbefriedigung im Sinne von Selbstfürsorge und Egozentrik nachzudenken.

Der Unterschied zwischen Selbstfürsorge und Egozentrik

Sie sehen, auch hier geht es um das Aristotelische »rechte Maß«. Egozentrik (zusammengesetzt aus dem lateinischen »ego« = Ich und »centrum« = Mittelpunkt) stellt das Ich in den Mittelpunkt und bezeichnet unter anderem die Unfähigkeit, die Perspektive eines anderen Menschen einzunehmen und sich in jemand anderen hineinzuversetzen. Außerdem wird unter egozentrischem Verhalten die Neigung verstanden, alles auf sich selbst zu beziehen.[811] Wie ich am Beispiel im vorangegangenen Kapitel gezeigt habe, ist es gut möglich, dass sehr sensible Menschen dazu neigen, alles auf sich zu beziehen und dabei die Bedürfnisse anderer aus den Augen zu verlieren. Dies geschieht aus einem Mangelzustand und einer Not heraus. Sind hochsensible Menschen ganz bei sich und relativ entspannt, gelingt ihnen das gleichzeitige Wahrnehmen eigener und fremder Bedürfnisse.

Hochsensible machen vielfach die Erfahrung, dass sie andere in den Mittelpunkt stellen und die Perspektive des Gegenübers eher zu stark einnehmen. Genau deshalb fällt es ihnen ja oft so schwer, bei sich selbst zu bleiben beziehungsweise die eigenen Bedürfnisse zu spüren. Allerdings kann sich auch aus der hochsensiblen Veranlagung egozentrisches Verhalten entwickeln. Das passiert dann, wenn über eine lange Zeit hinweg die eigentlichen Bedürfnisse nach Zuwendung, Zugehörigkeit und Fürsorge frustriert werden. Aufgrund dieser – oft frühen – Erfahrungen kann sich Egozentrik herausbilden, die nur sehr oberflächlich betrachtet Ähnlichkeiten mit Hochsensibilität aufweist.

Wenn wir dagegen von Selbstfürsorge sprechen, dann werden darunter Aktivitäten verstanden, die dem physischen und psychischen Wohlbefinden dienen und uns helfen, Belastungen und Stress auszugleichen. Selbstfürsorge kann einerseits bedeuten, sich etwas zu gönnen, sich zu verwöhnen, andererseits aber auch Beschränkung oder Verzicht beinhalten von etwas, das schadet oder nicht guttut (zum Beispiel Arbeitszeit, Nahrungs- und Genussmittel, Konsum sozialer Medien oder des Fernsehens).[822] Wie Tatjana Reichhart schreibt, kann auch soziales Engagement selbstfürsorglich sein. Denken Sie an die Ausführungen über Großzügigkeit im Kapitel »Das rechte Maß finden«. Auch hier geht es um das Maßhalten.

Sie können sich Egozentrik und Selbstfürsorge als zwei entgegengesetzte Pole auf einem Kontinuum vorstellen. Sehr Ich-bezogenes Verhalten ist oft die Folge eines früh erlebten Mangels an Fürsorge seitens der Bezugspersonen. Man musste irgendwie selbst zurechtkommen und entwickelte aus diesem einst überlebensnotwendigen Muster ein Verhalten, das nicht mehr anders kann, als das Ich in den Mittelpunkt zu stellen.

Um es auf den Punkt zu bringen: Während Egozentrik sich aus einem (oft unbewussten) Mangelzustand heraus etabliert, setzt Selbstfürsorge ein profundes Wissen über sich selbst voraus. Was tut mir gut, und was tut mir nicht gut? Was kann ich tun, um meine Seele zu formen? Wie kann ich verhindern, dass ich auf dem Kontinuum zu weit in Richtung Egozentrik rutsche? Habe ich heute schon aktiv Selbstfürsorge geübt? Diese Fragen möchte ich Ihnen gerne als Leitfaden mitgeben.

Das Wissen über sich selbst allein reicht jedoch noch nicht aus, um eine nachhaltige Selbstfürsorge zu praktizieren. Es braucht dazu auch noch die Überzeugung, dass Selbstfürsorge wichtig ist und gelingen wird. Hier erleben Hochsensible oft ein Dilemma: Sie können sich noch so oft sagen, dass sie von nun an besser auf sich achtgeben möchten, wenn aber innere Überzeugungen dagegensprechen, wird der Erfolg nur minimal sein. Der Verstand sagt: »Natürlich ist Selbstfürsorge gut und wichtig, ich weiß es und ich möchte von nun an besser für mich sorgen«, während auf einer unbewussteren Ebene gleichzeitig ein anderer Prozess stattfindet. Dort herrscht vielleicht die Überzeugung, dass man es nicht wert ist, dem eigenen Wohlbefinden so viel Aufmerksamkeit zu widmen, weil es grundsätzlich nicht wichtig ist, oder auch die Vorstellung, dass man sich anpassen muss und die eigenen Bedürfnisse unterordnen soll.[833]

Wie Sie sehen, ist es gar nicht einfach, aktiv und nachhaltig Selbstfürsorge zu üben. Der Grund, warum es bis jetzt trotz aller guten Vorsätze nicht geklappt hat, mag an den inneren Überzeugungen liegen. Die kulturell weitverbreitete Haltung, dass man sich selbst nicht wichtig nehmen soll, verhindert oft eine gesunde Selbstfürsorge. Daran hat auch das Christentum seinen Anteil, denn Christen betrachteten (und manche Ausrichtungen sehen das heute noch so) das Leben als einen Weg, der durchlitten werden muss, um ins himmlische Paradies zu gelangen. Das Sprichwort »Wen Gott liebt, den züchtigt er« legt davon ein beredtes Zeugnis ab. Diese Überzeugung haben viele Menschen verinnerlicht, ohne dass es ihnen bewusst ist. Auch deshalb dürfte es uns heute schwerfallen, einen gesunden Zugang zu selbstfürsorglichem Verhalten zu finden.

In der Antike gehörte es zum guten Ton und zur Bildung der Seele, Selbstfürsorge zu betreiben. Für Sokrates war die Selbsterkenntnis der Seele der zentrale Gegenstand der Sorge um sich und gleichzeitig auch die Grundlage für schönes und gerechtes Handeln.[844]

Die Zeit, in der wir heute leben, ist im Gegensatz dazu geprägt von einer Ausrichtung nach außen. Berufliche Aus- und Weiterbildungen werden nach der Nachfrage des Arbeitsmarktes durchgeführt. Da bleibt oft kein Raum für die Entwicklung eigener Visionen oder Vorstellungen. Sie sind auch nach außen orientiert, wenn Sie anderen Menschen und ihren Bedürfnissen mehr Bedeutung beimessen als Ihrer eigenen Person. Das ist zwar gesellschaftlich anerkannt und wird auch gutgeheißen. Die Folge jedoch ist, dass Sie gar nicht mehr in Kontakt mit Ihren eigenen Bedürfnissen kommen und diese vielleicht nicht einmal kennen.

Wenn Sie als empfindsamer Mensch aber in Ihre Kraft kommen möchten, ist es unerlässlich und geradezu existenziell, sich selbst ernst zu nehmen und aktiv Selbstfürsorge zu pflegen.

Das Vermögen, sich selbst ernst zu nehmen, geht empfindsamen Menschen oftmals schon früh verloren.

Stellen Sie sich einen Menschen vor, der aufgrund einer hochsensiblen Veranlagung schon als Kleinkind gespürt hat, ob es den Bezugspersonen gut gegangen ist oder ob sie gestresst waren. Dieses Kind hat möglicherweise schon früh wahrgenommen, ob andere Menschen die Wahrheit sagten oder nicht. Es konnte auch sehr genau spüren, wer es mochte und wer nur so tat. Gleichzeitig hat es vielleicht auch wahrgenommen, dass es in seinen Empfindungen und Bedürfnissen nicht ernst genommen wurde. Es kann sein, dass ihm gesagt wurde, es solle nicht immer so empfindlich sein. Oder aber seine Bezugspersonen konnten seine Empfindungen schlichtweg nicht nachvollziehen und haben sie deswegen belächelt oder abgewertet. Wohlgemerkt: Die meisten Erwachsenen haben beste Absichten, und man kann als Erziehende nicht bei jeder Interaktion wissen, wie sie beim Kind ankommt. Auch in einer relativ glücklichen und behüteten Kindheit läuft nicht alles nach Plan. Es geht mir hier nicht darum, Eltern noch mehr zu verunsichern, als sie es heutzutage ohnehin schon sind, sondern ich möchte das Bewusstsein dafür schärfen, dass sehr empfindsame Menschen den Kontakt zu sich selbst und damit die Grundlage für eine gesunde Selbstfürsorge aufgrund von Erfahrungen schnell und vor allem nachhaltig verlieren können.

Möglicherweise wirkten Erfahrungen wie das Nicht-ernst-genommen-Werden, anders zu sein, nicht in diese Welt, diese Familie oder diese Gesellschaft zu passen, auf dieses Kind so verstörend, dass es sich dafür »entschieden hat«, nichts mehr von dem reichen Empfindungsspektrum seines Inneren zu zeigen. Ich setze diese Entscheidung in Anführungszeichen, da es sich dabei natürlich nicht um eine bewusste, sprich kognitive Entscheidung handelt, wie sie Erwachsene treffen würden. Vielmehr entscheidet der

Organismus praktisch autonom, welche Strategie am sinnvollsten ist, um mit den Anforderungen des Lebens umzugehen. Sinnvoll in der Bedeutung, wie das Leben am besten mit dem geringsten Aufwand zu bewältigen ist. Und für sehr empfindsame Menschen scheint das Sinnvollste oft der Rückzug zu sein, weil es sehr anstrengend ist, sich zu behaupten. Dies können nur die robustesten Kinder. Hat man aber erst einmal gelernt, das reiche Innenleben für sich zu behalten und nach außen zu versuchen, die Erwartungen zu erfüllen, etabliert sich schnell das Grundgefühl, dass man eh nicht wirklich so sein kann, wie man ist und dass es auch niemanden interessiert, was in einem vorgeht. Im späteren Lebensverlauf, wenn es keine korrigierenden Erfahrungen gibt, manifestiert sich aus dieser früh erlernten Grundhaltung vielleicht ein grundsätzliches Misstrauen anderen Menschen gegenüber und das Gefühl, ständig zu kurz zu kommen. Aus dieser Haltung eines Mangels heraus ist es aber kaum möglich, aktiv Selbstfürsorge zu betreiben.

Um ein gesundes Verhältnis zu sich selbst und zu anderen Menschen zu entwickeln, braucht es die bewusste Hinwendung zu einer vertrauensvollen Haltung. Als Erwachsene haben Sie immer die Möglichkeit, sich zu entscheiden, wie Sie Ihre Seele formen wollen.

Ich erinnere mich an eine Szene aus einem der Harry-Potter-Filme. In dieser Szene gibt es ein Gespräch zwischen Harry Potter und Dumbledore, dem Schulleiter von Hogwarts. Harry ist sehr verzweifelt, weil er erkennt, dass er viele Ähnlichkeiten mit Voldemort, dem Bösewicht schlechthin, hat. Und er äußert seine Befürchtung, deswegen auch einmal böse zu werden. Darauf entgegnet Dumbledore sinngemäß, dass es unsere Entscheidungen sind, nicht unsere Anlagen, die den Unterschied machen. Natürlich wissen wir heute, dass Anlagen und Erfahrungen unser Verhalten gleichermaßen beeinflussen. Jede Erfahrung ist auch eine Entscheidung. Wie Sie sich auch entscheiden – ob Sie mit dem Auto oder mit dem Fahrrad zur Arbeit fahren, ob Sie sich für oder gegen eigene Kinder entscheiden, ob Sie teilnehmen an der Fridays-For-Future-Bewegung oder nicht, ob Sie Ihre Sensibilität zeigen oder sie eher verstecken – jede Entscheidung hat unterschiedliche Erfahrungen zur Folge.

Die Persönlichkeit entwickelt sich ständig, auch ohne unser bewusstes Zutun. Jede Erfahrung, die Sie machen, und alle Anlagen, die Sie genetisch mitbringen, prägen Sie. Sobald Ihnen aber mehr und mehr davon bewusst wird, gewinnen Sie die Entscheidungsfreiheit über sich selbst zurück.

Kurz gesagt, Sie werden zum Regisseur eines inneren Theaterstücks, in dem Sie allen Ihren Facetten die ihnen angemessene Rolle zuweisen.

Jeder Mensch besteht aus einer Vielzahl von Facetten, Eigenschaften, Erfahrungen und Genen, die in ihrer Kombination einzigartig sind. Das bedeutet, auch wenn Sie hochsensibel sind, tragen Sie in sich auch andere Fähigkeiten und Eigenschaften, die mit der Veranlagung zur Empfindsamkeit korrespondieren. Auf dem Weg zur »Vantage-Sensitivität« (siehe Kapitel »Verschiedene Sensitivitätstypen«) brauchen Sie dieses ganze Spektrum, um Ihre Persönlichkeit in eine Balance zu führen. Es mag sein, dass Sie Ihre hochsensible Veranlagung als dominant erleben, weil sie in jedem Lebensbereich, sei es in der Familie, im Beruf, im Freundeskreis, beim Sport oder Hobby, spürbar ist. Aber dennoch ist sie nur ein Teil Ihres Wesens. Ich denke, dass es für die körperliche und seelische Gesundheit wichtig ist, den einzelnen Aspekten der Persönlichkeit den ihnen angemessenen Platz zuzuweisen. Wenn man etwas zu groß macht und ihm mehr Bedeutung beimisst, als ihm zusteht, dann verstärkt man auch gleichzeitig diesen Aspekt.

Wenn Sie sich exzessiv mit Ihrer Empfindsamkeit beschäftigen, ist die Wahrscheinlichkeit groß, dass Sie noch empfindsamer werden. Die Kunst besteht darin, die hochsensible Veranlagung ernst zu nehmen und sich bewusst zu machen, wie sie im eigenen Leben wirkt, ihr aber gleichzeitig auch nicht zu viel Raum zu geben. Es ist kontraproduktiv und dient nicht Ihrer Stärkung, wenn Sie das Thema Hochsensibilität wie ein Schild vor sich hertragen, als wären Sie auf einer Demo.

Machen Sie sich bewusst, dass es manchmal sinnvoll, lebensfreundlich und unterstützend sein kann, die eigene Empfindsamkeit mit anderen Menschen zu teilen, dass es aber zu anderen Gelegenheiten ebenso wichtig ist, andere Eigenschaften wie zum Beispiel Mut, Risikobereitschaft und Initiative zu zeigen.

Es gilt, sich bewusst zu machen, welches Theaterstück Sie auf Ihrer inneren Bühne aufführen möchten, eine Komödie, ein Drama, eine Tragödie, eine Stand-up-Comedy? Und welche Rolle soll Ihre Empfindsamkeit in Ihrem Stück spielen?

Empfindsamkeit und Scham

Ich habe mich schon lange gefragt, warum es empfindsamen Menschen häufig schwerfällt, zu Ihrer Veranlagung zu stehen und sie wirklich als Gabe zu nutzen. Nahezu alle Bücher zum Thema Hochsensibilität betonen, dass es sich dabei um eine Gabe handelt. Wieso dauert es dann so lange, das Positive an dieser Wesensart zu sehen? Ich glaube mittlerweile, dass das zugrunde liegende Hemmnis das Schamgefühl darstellt. Ich erinnere mich an einen Klienten, dem es äußerst wichtig war, dass ich meine Rechnungen an ihn nicht mit meinem üblichen Adressstempel versah. Er wollte nicht, dass seine Familie erfuhr, dass er in Kontakt mit dem Institut für Hochsensibilität stand.

Ich erlebe es oft, dass sich Menschen von mir zum Thema Hochsensibilität beraten lassen, es aber gleichzeitig versteckt und heimlich tun.

Die große Erkenntnis, die ich aus diesen Beobachtungen gewann, war, dass das Schamgefühl eine essenzielle Lebenserfahrung ist, die darüber Aufschluss gibt, ob jemand seine empfindsame Veranlagung zeigen und leben kann oder eben nicht.

Ich habe bereits darüber geschrieben, dass vielen empfindsamen Menschen schon früh gespiegelt wird, dass sie nicht in Ordnung sind. Ihre Empfindsamkeit ist unerwünscht und wird abgewertet. Aus diesen Erfahrungen entwickelt sich ein großes Schamgefühl. Man schämt sich, so zu sein, und kann aber doch nicht anders. Man wird auch oft beschämt durch andere, weil man im direkten Vergleich ständig schlechter abschneidet, oder es wird einem ins Gesicht gesagt, dass man sich doch endlich zusammenreißen solle. Es sind demütigende Erfahrungen, die das Gefühl der Scham verstärken. Häufig ist es ein langer Weg, sich einzugestehen, dass man hochsensibel ist und dann noch einmal ein längerer, dies aus vollem Herzen zu bejahen. Ich finde es erstaunlich, dass in den Büchern über Hochsensibilität das Gefühl der Scham kaum thematisiert wird. Für mich hängt aber die Erfahrung, sehr empfindsam zu sein, eng mit dem Schamempfinden zusammen. Hochsensible Menschen empfinden sich häufig als »nicht gut genug«, oft sogar als »ungenügend«. Jede Begegnung mit der Nachbarin, die begleitet ist von dem Gefühl, nicht die richtigen Worte für einen Small Talk gefunden zu haben, erzeugt ein Schamgefühl, das oft nur als unbestimmtes Unwohlsein zu spüren ist.

Brené Brown, Autorin des Buches *Verletzlichkeit macht stark* und Schamforscherin, ist überzeugt davon, dass Scham sich verstärkt, je weniger darüber gesprochen wird.[85] Sie beschreibt außerdem, dass Scham ein universelles Gefühl und eine der ursprünglichsten Emotionen ist, die Menschen kennen. Darüber hinaus sei das Thema angstbesetzt, sodass kaum jemand darüber sprechen mag.

Ich war sehr aufgewühlt, als mir bewusst wurde, dass das Bewusstsein, hochsensibel zu sein, mit großer Scham einhergeht. Mir wurde klar, dass hier der Schlüssel liegt, warum es empfindsamen Menschen schwerfällt, ihre Veranlagung als Kraft zu sehen. Eine Teilnehmerin an einem meiner Vorträge kam hinterher zu mir und berichtete davon, dass sie gerade in den letzten Tagen im beruflichen Umfeld derartig emotional wurde, dass sie innerlich dafür hart mit sich ins Gericht ging. Sie beschimpfte sich regelrecht dafür, nicht cool und gelassen geblieben zu sein. Nach meinem Vortrag fragte sie sich: Warum eigentlich? Der Anlass ihres Ausbruches rechtfertigte durchaus, Emotionen zu zeigen. Die Antwort ist ebenso einfach wie tief greifend: Sie schämte sich. Die Scham bestand für sie darin, sich angreifbar und verletzlich gezeigt zu haben. Sie hatte sich durch ihren Ausbruch praktisch »entblößt« und das Gefühl des »Nackt-Seins« vor ihrer Chefin und ihren Kolleginnen verursachte starke Abwehrmechanismen, wie zum Beispiel folgende Gedanken: »Rutscht mir doch den Buckel runter. Macht in Zukunft euren Sch … alleine. Ich halte mich von nun an aus allem heraus …« und dergleichen, gespickt mit weiteren nicht druckreifen Ausdrücken.

Scham ist eine der stärksten Emotionen, die Menschen

kennen. Und das Schamgefühl entwickelt sich schon früh im Leben. Der Entwicklungspsychologe Erik H. Erikson siedelte die Entstehung des Schamgefühls zwischen dem zweiten und dritten Lebensjahr an. Er übertitelte diese Phase mit dem Begriffspaar »Autonomie versus Scham und Zweifel« und meinte damit, dass das zunehmend selbstständiger werdende Kind eine Reifung des Muskelsystems erfährt, die es befähigt, komplexe Handlungen wie Festhalten und Loslassen zu bewerkstelligen. Denken Sie nur daran, mit wie viel Hingabe Kinder in diesem Alter ihre Fähigkeit, Dinge herunterzuwerfen, zelebrieren, und wie fasziniert sie davon sind, dass diese Dinge von ihren Bezugspersonen wieder aufgehoben werden.

Nach Erikson bildet sich das Schamgefühl in einer sehr frühen Entwicklungsphase aus, nämlich dann, wenn Kinder stehen lernen und sich damit vergleichen lernen in Bezug zu ihrer Umwelt, was die eigene Größe und Kraft angeht.[866]

Ich wage es zu behaupten, dass sich in dieser frühen Entwicklungsphase das Gefühl des Ungenügens und des Unvermögens etabliert, das gerade besonders empfindsame Menschen im späteren Lebensverlauf daran hindert, kraftvoll aus der eigenen Fülle heraus zu leben. Um es auf den Punkt zu bringen und eine Formulierung heranzuziehen, die Brené Brown benutzt: Sie fliegen ständig unter dem Radar.

Unter dem Radar zu fliegen bedeutet, nicht sichtbar zu sein und stets unter den eigenen Möglichkeiten zu bleiben.

Das starke und alles zersetzende Gefühl der Scham, verbunden mit dem Empfinden von Unzulänglichkeit und des »Nicht-Genügens«, kann ein Leben lang verhindern, dass empfindsame Menschen wirklich in ihre Kraft kommen.

Was bedeutet das nun konkret für Hochsensible?

Machen Sie sich bewusst, dass jegliches Abwehrverhalten auf Scham beruht. Jede Strategie, sich zu schützen, sei es, dass Sie sich hinter Studienergebnissen verstecken oder in polarisierende Gedanken verfallen oder auch, indem Sie andere Menschen abwerten oder grundsätzlich stark bewertend unterwegs sind, ist auf Scham zurückzuführen. Es ist beschämend, sich eingestehen zu müssen, dass man in einer leistungsorientierten Kultur nicht perfekt ist. Viele Menschen unternehmen deshalb Anstrengungen, damit andere nicht merken, wie unvollkommen sie sich fühlen. Die Strategien dazu reichen von Verleugnen von Schwächen über Kompensationsmaßnahmen wie Überengagement bis hin zu offener Diskriminierung andersdenkender Menschen.

Es wäre alles so einfach, wenn Menschen lernen könnten, ihre Scham zu überwinden und dazu zu stehen, dass sie verletzlich und angreifbar sind. Nach meiner Beobachtung haben viele Menschen das Gefühl, dass sie etwas verlieren, wenn sie sich verletzlich zeigen, dabei ist das Gegenteil der Fall. Denn sie gewinnen sich mit allem zurück, was zu Ihnen gehört – dem, was Sie gut können, und auch dem, was manchmal ein wenig schräg daherkommt. Eine große Weisheit liegt darin zu erkennen, dass man eigentlich unangreifbar wird, wenn man sich mit seiner Verletzlichkeit zeigt. In einem guten Kontakt mit sich selbst zu sein, bedeutet, alle Aspekte der eigenen Persönlichkeit zu akzeptieren und sich nicht dafür zu schämen. Es kann gelingen, auch die »Schattenseiten« des eigenen Wesens anzunehmen, in dem Bewusstsein, dass ihre Entstehung einer biografischen Logik unterliegt.

Wenn ich Vorträge halte, bin ich hinterher oft nicht zufrieden mit meiner Performance. Ich bin häufig zu aufgeregt, was dazu führt, dass ich mich verhaspele und vom Hundertsten ins Tausendste komme. Ich ziehe praktisch nie einen Vortrag aus der Schublade, sondern kreiere die Präsentation jeweils neu, um auch meine neuesten Erkenntnisse einfließen zu lassen. Das bedeutet aber auch, dass ich dazu neige, das Publikum zu überfordern, sodass die Leute meine Gedankengänge manchmal nicht nachvollziehen können. Ich bin richtig schlecht darin, in einem Vortrag praktische Beispiele und Tipps zu geben. Aber ich bin gut darin, den großen Überblick zu behalten und Verbindungen zwischen einzelnen Aspekten zu knüpfen.

Auch wenn ich nicht zufrieden bin und mich manchmal dafür schäme, dass man mir meine Nervosität ansieht, gibt es doch regelmäßig Menschen, die mir hinterher das Feedback geben, dass mein Vortrag sie gerade wegen dieser Authentizität berührt hat. Je echter ich bin, desto stärker fühlen sich die Teilnehmer angesprochen. Dennoch begleitet mich die Scham auf Schritt und Tritt. Ich genüge nie auch nur annähernd meinen Ansprüchen, ich möchte meine Erkenntnisse mit der ganzen Welt teilen und weiß doch nicht, wie. Ich zögere, mich wirklich einem eher kritischen und feindseligen Publikum zu stellen. Es ist viel einfacher, keinen Gegenwind zu bekommen und sich nur in den Gremien zu exponieren, die einem wohlgesonnen sind. Wenn ich mich schäme, dann spüre ich die Hitze in meine Wangen steigen (aber ich werde nicht rot) und ein Kribbeln im ganzen Körper, das mich in Alarmbereitschaft versetzt.

Dieses Phänomen tritt auch dann auf, wenn ich mich für andere schäme. Es macht mich betroffen, wenn ich Unhöflichkeit bemerke, wenn ich feststelle, welche Rüpel die Geschicke der Welt lenken und wenn ich sehe, dass Reisende, die im Zug unterwegs sind, sich nicht anschauen. Ich schäme mich für die Gaffer, die schwere Autounfälle filmen und Einsatzkräfte bei ihrer Arbeit behindern, ich schäme mich für diejenigen, die nur auf ihren eigenen Vorteil bedacht sind und andere ausnutzen. Wenn ich sehe, dass im deutschen Fernsehen Sendungen wie »Deutschland sucht den Superstar« mit großem Erfolg laufen, dann schäme ich mich für die Menschen, die sich dort exponieren und mit zweifelhaften Darbietungen ihre fünfzehn Minuten Ruhm erhaschen wollen.

Das nennt man Fremdschämen: Man schämt sich für etwas, das andere getan haben. In Österreich wurde das Wort »Fremdschämen« zum Wort des Jahres 2010 gekürt. 2009 wurde es im Duden aufgenommen.[877]

Es scheint einen Zusammenhang zu geben zwischen Empathie und Fremdschämen. Dr. Sören Krach und Frieder Paulus, Psychologen der Universität Lübeck, fanden heraus, dass die Versuchsteilnehmer, die sich als sehr empathisch beschrieben, sich auch öfter schämten als diejenigen, die sich als weniger empathisch bezeichneten. Dabei werden dieselben Hirnareale aktiviert, die für das Empfinden von Schmerz zuständig sind. Fremdschämen tut weh.

Scham macht verletzlich, und Verletzlichkeit ist in unserer Zeit schwer auszuhalten. Es benötigt schon ein gerütteltes Maß an Selbstbewusstsein, zu seiner Verletzlichkeit zu stehen.

Diese Erkenntnis führt mich auf direktem Wege dahin, Empathie genauer zu betrachten.

Empathie

Bianca P. Acevedo konnte mit anderen Wissenschaftlern nachweisen, dass hochsensible Menschen über eine stärkere Aktivität im Bereich der Spiegelneuronen verfügen.[888] Als Spiegelneuronen werden jene Neuronenverbände im Gehirn bezeichnet, die dafür zuständig sind, sich in andere hineinversetzen zu können. Aus diesen Erkenntnissen zog Elaine Aron die Schlussfolgerung, dass sehr sensible Menschen grundsätzlich über Empathie verfügen.[89] Ich hingegen bin der Auffassung, dass die Fähigkeit zur Empathie auch ohne hochsensible Veranlagung vorhanden sein kann. Es ist daher meines Erachtens auch nicht zulässig, alleine vom Vorhandensein großer Empathie auf eine hochsensible Veranlagung zu schließen. Daher sehe ich die Schlussfolgerung Arons auch kritisch – es werden sicher noch weitere Studien benötigt, die diese Ergebnisse unterstützen.

Dessen ungeachtet stelle ich in meiner Arbeit immer wieder fest, dass empfindsame Menschen, wenn bei ihnen nicht Verletztheit und Groll im Vordergrund stehen, auch empfindsam anderen gegenüber sind. Sehr eindrücklich erinnere ich mich an Geschichten, die mir Klienten und Klientinnen erzählt haben, in denen sie berichteten, dass sie, wenn sie eine Situation auch nur beobachtet haben, die jemand anderem widerfuhr, sich davon derart betroffen, berührt, verängstigt oder begeistert gefühlt haben, als würde diese Begebenheit ihnen selbst geschehen. Dies schließt die Möglichkeit des Fremdschämens, wie im vorigen Kapitel besprochen, ein.

Allerdings muss unterschieden werden zwischen der Fähigkeit zur Empathie und empathischem Verhalten.

Sehr sensible Menschen können zu Tränen bewegt sein, wenn sie schreckliche Bilder von Leid und Gewalt im Fernsehen sehen, gleichzeitig aber relativ verhärtet und unempfänglich für die Bedürfnisse und das Befinden der Menschen in ihrem nahen Umfeld. Das bedeutet, dass empfindsame Menschen über das Potenzial der Empathie verfügen, was aber nicht gleichzeitig heißen muss, dass sie sich immer und überall empathisch verhalten.

Wenden wir uns deshalb dem zu, was ich als den Januskopf der Empathie bezeichne.

Janus war ein römischer Gott und als solcher das Symbol für Anfang und Ende. Bildliche Darstellungen zeigen ihn als doppelgesichtiges Wesen, und so gilt auch heute noch der Januskopf als Symbol für Zwiespältigkeit. Wenn sich etwas von zwei entgegengesetzten Seiten zeigt, spricht man von einer »Janusköpfigkeit«.

Wenn ich in diesem Kapitel dem Phänomen der Empathie auf den Grund gehen möchte, dann ist mir bewusst, dass es sich bei dieser Eigenschaft durchaus um ein zwiespältiges Erscheinungsbild handelt. Empathie wird oft als positive Fähigkeit beschrieben, und obwohl sie zweifellos etwas Wertvolles ist, wird dabei häufig übersehen, dass sie auch eine Schattenseite haben kann.

Zunächst erscheint es mir wichtig darzulegen, was Empathie überhaupt ist, denn um diesen Begriff ranken sich zahlreiche Missverständnisse. Von allen Definitionen, die im Internet zu finden sind, habe ich jene ausgewählt, die für mich am differenziertesten und verständlichsten sind. Die nachfolgenden Ausführungen stellen eine Zusammenfassung des Artikels über Empathie-Definition der deutschen Empathie-Akademie in Düsseldorf dar:[900]

Der kleinste gemeinsame Nenner aller Empathie-Definitionen kann folgendermaßen formuliert werden: Empathie ist die Fähigkeit wahrzunehmen, was in einem anderen vorgeht.

Diese sehr allgemeine Definition bedarf noch einer genaueren Erläuterung, denn Empathie umfasst verschiedene Aspekte. So wird zum Beispiel zwischen kognitiver und emotionaler Empathie unterschieden. Von kognitiver Empathie ist die Rede, wenn jemand wahrnimmt, was in einem anderen vorgeht, ohne aber die emotionalen Reaktionen des Gegenübers selbst zu zeigen. Hier geht es vor allem um das Verstehen, was in einem anderen vorgeht (das muss sich nicht nur auf andere Menschen beziehen, sondern kann alle Lebewesen umfassen) und nicht auf das Fühlen.

Eine andere Sicht versteht unter emotionaler Empathie die Fähigkeit, die Gefühle eines anderen anzunehmen und selbst zu fühlen, das heißt man fühlt das, was auch der andere fühlt.

Mir scheint für das bessere Verständnis dessen, wie Empathie sich bei Hochsensiblen ausdrückt, diese Unterscheidung sehr wichtig zu sein. Mir begegnen sehr oft Menschen, die sich geradezu von den Gefühlen anderer Menschen überflutet fühlen und denen es schwerfällt, zwischen eigenen Gefühlen und denen anderer zu unterscheiden. In der Beratung fallen dann oft Sätze wie: »Ich kann mich nicht abgrenzen«, oder: »Wie schaffe ich es, bei mir zu bleiben?«

Wenn man sich der beiden Komponenten der Empathie bewusst ist, dann ist es auch möglich, die eine oder die andere gezielt zu trainieren. Laut der Empathie-Akademie lässt sich emotionale Empathie durch Meditationstechniken verbessern, kognitive Empathie durch Analyse und das Hinzuziehen von Persönlichkeitsmodellen. Zunächst ist dafür meines Erachtens aber die genaue Beobachtung nötig, wie sich die eigene Empathie äußert und welcher der beiden Aspekte überwiegt. Selbstverständlich können sich auch beide Komponenten gegenseitig beeinflussen. Zur Verdeutlichung führt Carlo Düllings, der Leiter der Empathie-Akademie, in seinem Artikel das Beispiel eines Autisten an. Demzufolge haben Autisten nur eine sehr geringe kognitive Empathie (sie verstehen nicht, was in anderen vorgeht), sind aber in der Lage, emotionale Empathie zu empfinden.[911] Solange dieses Ungleichgewicht besteht, kann man beobachten, dass Autisten scheinbar ohne Grund nervös oder fahrig werden, wenn bestimmte Menschen in ihrer Nähe sind, oder sie werden ausgeglichener, wenn sie mit anderen Menschen in Kontakt sind, die Ruhe und Gelassenheit ausstrahlen. In diesem Sinne können sie als »Spiegel ihrer Umwelt« fungieren und zeigen die emotionalen Reaktionen der Menschen in ihrer Umgebung, oftmals ohne sich dessen bewusst zu sein.

Dieses »Spiegeln« wird dann verständlicher, wenn Autisten lernen, ihre kognitive Empathie zu entwickeln und sie so ein Erklärungsmodell für das zur Verfügung haben, was in ihnen vorgeht.

Ihnen muss zuerst erklärt werden, wie sich der andere fühlt, damit sie Mitgefühl empfinden können und nicht nur die emotionalen Zustände des Gegenübers »annehmen«.

In der Regel werden Autisten als »empathielos« gekennzeichnet – ihnen wird also die Fähigkeit, sich in andere hineinzuversetzen, abgesprochen. Für den kognitiven Teilaspekt trifft dies auch zu. Da mir verschiedentlich Autisten begegnet sind, die auf ihre Umgebung außerordentlich hochsensibel wirken, finde ich diesen Aspekt der Unterscheidung zum besseren Verständnis beider Phänomene, dem der Hochsensibilität und den Autismus-Spektrum-Störungen wichtig. Folgen wir den Erkenntnissen der Empathie-Akademie, bedeutet dies, dass sich künftig Empathie und Autismus nicht mehr ausschließen, sondern dass Autisten einen bestimmten Teilaspekt der Empathie verkörpern und gleichwohl auch hochsensibel sein können. Bei sehr empfindsamen Menschen äußern sich beide Aspekte der Empathie, indem sie oft verschiedene Haltungen und Perspektiven verstehen können und sich zugleich in den einen oder anderen hineinversetzen. Das ist zum Beispiel gut zu beobachten, wenn sehr empfindsame Menschen Talkshows im Fernsehen verfolgen. Da diskutieren Menschen verschiedenster Ausrichtungen über ein bestimmtes Thema. Da sprechen der Politiker und der Philosoph, eine Aussteigerin und ein Soziologe, eine Hausfrau und ein Greenpeace-Aktivist aus ihrer Sicht. Hochsensible neigen dazu, alle Sichtweisen verstehen zu können. Deshalb fällt es ihnen schwer, einen klaren Standpunkt zu einem Thema zu beziehen. Daneben ist die Tatsache, dass die Diskussionsteilnehmer sich gegenseitig ins Wort fallen, sich nicht ausreden lassen, möglicherweise sogar beschimpfen und in Misskredit bringen, für empfindsame Menschen schwer auszuhalten.

Sie können sich sicher leicht vorstellen, dass verschiedene Situationen eher den kognitiven oder den emotionalen Aspekt der Empathie benötigen. Wenn Sie sich zum Beispiel beruflich in einer Verhandlung befinden, ist es sicher sinnvoll, das Gegenüber zu verstehen, seine Argumente nachvollziehen zu können, um schließlich auf einen gemeinsamen Nenner zu kommen. Die Fähigkeit zur Empathie vermittelt also. Diese Eigenschaft ist unerlässlich bei Supervisoren oder Mediatoren sowie bei Anwälten. Susan Cain beschreibt dazu in ihrem hervorragenden Buch *Still. Die Bedeutung von Introvertierten in einer lauten Welt* eine Situation, die eine Klientin von ihr als junge Rechtsanwältin erlebt hatte.[922]

Sie war Anwältin an der Wall Street. Aufgrund ihrer großen Introvertiertheit bekam sie jahrelang nur untergeordnete Aufgaben zugewiesen. Doch eines Tages fuhr ihr Vorgesetzter in Urlaub und übertrug ihr die Verantwortung für eine wichtige Verhandlung. Sie sollte die Interessen eines südamerikanischen Industrieunternehmens vertreten, das in Zahlungsschwierigkeiten gekommen war und einen überfälligen Kredit nicht zurückzahlen konnte. Ihr gegenüber saßen Vertreter des Bankenkonsortiums und eine barsche Anwältin. Susan Cain beschreibt, wie es ihrer Klientin im Laufe der Verhandlung gelang, die Stimmung im Raum zu verändern. Sie war besser vorbereitet als die anderen und drückte sich ruhig, aber bestimmt aus.

Durch viele Fragen, ihre gleichleibend freundliche, aber durchaus hartnäckige Verhandlungsführung erreichte sie schließlich einen für beide Seiten gangbaren Kompromiss und konnte sich nach diesem anstrengenden Tag mit einem Buch in ihre Wohnung zurückziehen. Am nächsten Tag erhielt sie zwei Jobangebote – von der Gegenseite. Sie hatte durch ihre besondere Art der Verhandlungsführung, die ohne Machtgehabe und einschüchternde Manöver auskam, beeindruckt.

Damit hier keine Verwechslungen geschehen: Natürlich ist *Introversion* nicht das Gleiche wie Hochsensibilität. Alleine die Tatsache, dass es siebzig Prozent hochsensible Introvertierte gibt, aber auch dreißig Prozent Extravertierte, zeigt, dass es nicht das Gleiche sein kann. Ich möchte dieses Beispiel hier aber dennoch gerne zitieren, weil für Hochsensible das Gleiche gilt wie für Introvertierte: Sie haben meistens eine genaue Vorstellung davon, wie miteinander umgegangen werden sollte, sie fühlen sich in der Regel wohl mit leiseren Tönen und besitzen eine hohe ethische Vorstellung von Moral und Nachhaltigkeit. Der Unterschied ist, dass sich Hochsensible aufgrund ihrer hohen Wahrnehmungsfähigkeit wahrscheinlich schnell hätten ablenken lassen durch das einschüchternde Gebaren der Verhandlungsgegner, wären sie in der Lage der Anwältin gewesen. Wäre die Verhandlungsführerin hochsensibel und introvertiert gewesen, hätte sie sich wohl mehr mit den emotionalen Zuständen der Verhandlungsgegner beschäftigt und es wäre ihr wohl sehr schwergefallen, bei sich selbst und ihrem Auftrag zu bleiben.

Das Selbstbewusstsein, das die Anwältin an den Tag gelegt hat, kann man Hochsensiblen nur wünschen. Um es klar zu sagen: Über ein reichhaltiges Innenleben zu verfügen, nützt niemandem, wenn man nicht auch einen Ausdruck dafür finden kann. Und um den individuellen Ausdruck geht es in diesem Buch. In der Literatur zum Thema Hochsensibilität wird Empathie oft auch als eine Stärke hochsensibler Menschen dargestellt. Aber alleine deshalb, weil sich jemand kognitiv oder emotional in einen anderen Menschen hineinversetzen kann, wird diese Fähigkeit noch nicht zu einem nützlichen Instrument, das befähigt, besser mit sich, anderen Menschen und dem Leben umzugehen. Empathie ist praktisch nutzlos, wenn man nicht lernt, bei den Wahrnehmungen zwischen kognitiver und emotionaler Empathie zu unterscheiden.

Es braucht in engen persönlichen Beziehungen emotionale Empathie, beispielsweise wenn es darum geht zu spüren, wie sich der andere gerade fühlt, und um herauszufinden, was derjenige jetzt braucht. Auch Psychotherapeuten profitieren von diesem Aspekt der Empathie, und die Klienten fühlen sich von ihnen verstanden. Aber auch für Lehrpersonen und Pflegepersonal ist diese Fähigkeit unerlässlich.

Manchmal ist natürlich das eine vom anderen nicht so leicht zu trennen, und beides geht Hand in Hand. Gerade während ich dieses Kapitel schreibe, bekomme ich eine Nachricht von einem Freund, der mir mitteilt, dass er und sein Partner seit zwei Tagen stolze Eltern eines kleinen Jungen sind. Ich weiß, dass die beiden schon seit längerer Zeit auf den Anruf der Adoptionsbehörde gewartet haben. Meine Reaktion zeigt beide Aspekte der Empathie: Kognitiv, weil ich sehr gut verstehen kann, wie einschneidend diese Lebensveränderung für meinen Freund ist und dass er deshalb jetzt alle Termine absagt und sich in die Elternzeit verabschiedet. Und emotional, weil ich mich genauso aufgeregt fühle, wie er sich fühlen muss.

Ich denke, dass das Wissen um die Beschaffenheit der eigenen Empathie notwendig ist, um daraus Erkenntnisse zur *Potenzialentfaltung* zu gewinnen.

Zurück zum Januskopf der Empathie: Hochsensible können sich also gut in das Gegenüber hineinversetzen, viele, auch scheinbar widersprüchliche, Argumente verstehen und sind deshalb auch mit der Fähigkeit begabt, zwischen verhärteten Positionen zu vermitteln. Gleichzeitig aber lassen sie sich genau aus dieser Fähigkeit heraus ständig aus sich selbst »herausziehen«, das heißt, sie übernehmen praktisch die Position des oder der anderen und lassen sich von den Stimmungen und Befindlichkeiten des Gegenübers so stark beeinflussen, dass es scheint, als ob sie ganz in die andere Sichtweise »hineinrutschen«.

Um sorgfältig vorzugehen, möchte ich an dieser Stelle zuerst noch einige Begriffsklärungen und Unterscheidungen erläutern. Auch diese Definitionen sind dem Artikel der Empathie-Akademie entnommen. Die kursiv gedruckten Begriffe finden Sie im Anhang im Glossar mit kurzen Definitionen wieder.

Die *Gefühlsansteckung* ist der emotionalen Empathie in dem Sinne sehr ähnlich, dass in beiden Fällen Gefühle anderer übernommen werden. Der Unterschied besteht laut Empathie-Akademie darin, dass man sich bei emotionaler Empathie bewusst ist, dass die Gefühle nicht auf einen selbst, sondern auf jemand anderen zurückgehen. Bei *Gefühlsansteckung* ist das nicht der Fall. Man übernimmt zwar die Gefühle des anderen, ist sich dessen aber nicht bewusst, sondern agiert so, als ob es die eigenen wären. Wer kennt nicht das Ansteckungsphänomen in Kindergruppen, wenn ein Kind anfängt zu weinen und bald die ganze Gruppe weint? Als weiteres Beispiel führt Carlo Düllings Massenpaniken an. Auch die euphorische Stimmung bei einem Rockkonzert (man erinnere sich an die Massenhysterien bei den Konzerten der *Beatles*) gehört in dieses Spektrum.

Während Empathie das Wahrnehmen und Erkennen dessen, was in anderen vorgeht, beschreibt, hat *Selbstempathie* das Erkennen dessen, was in einem selbst vorgeht, zum Inhalt. Es ist gar nicht selbstverständlich zu wissen, was im eigenen Inneren vor sich geht und vielen Menschen, darunter auch sehr vielen Hochsensiblen, fällt es sehr viel leichter, sich in andere hineinzuversetzen als in sich selbst. Das führt dann oftmals zu der Erkenntnis, die meiste Zeit bei den anderen zu sein und sich im Außen zu verlieren. *Selbstempathie* bedeutet also nicht zwangsläufig, sich selbst mit Mitgefühl zu begegnen, sondern lediglich zu wissen, was im eigenen Inneren vor sich geht. Auch hier kann man, wie ich persönlich meine, kognitiv und emotional selbstempathisch sein. Es ist möglich, sich lediglich selbst zu verstehen, aber auch emotional empathisch im Sinne von *Selbstmitgefühl* zu sein.

Emotionale Intelligenz ist ein weiterer Begriff, der häufig mit Empathie verwechselt oder gleichgesetzt wird.

Darunter wird nicht nur das Erkennen der Vorgänge im eigenen Inneren und dasjenige anderer Menschen verstanden, sondern auch der adäquate Umgang damit. Sich selbst gut zu kennen und sich in andere hineinversetzen zu können muss ja noch lange nicht heißen, dass man auch kompetent damit umgehen kann. Da ich diesem Aspekt in Zusammenhang mit hochsensiblen Menschen eine besondere

Bedeutung beimesse, möchte ich der *emotionalen Kompetenz* oder *Intelligenz* (beide Begriffe werden oft synonym verwendet) an dieser Stelle ein eigenes Kapitel widmen.

Emotionale Kompetenz

Es scheint eine Tendenz unserer Zeit zu sein, dass Emotionen außer Kontrolle geraten. Hier ein paar Beispiele der letzten Zeit.

Eine Tageszeitung berichtet, dass nach einem Fußballspiel ein sechzehnjähriger Schüler einen vierzigjährigen Familienvater bewusstlos schlägt. Bei einem Meeting wird der Vortragende von seinem Vorgesetzten sachlich kritisiert. Daraufhin fängt er an herumzuschreien, rafft seine Dokumente zusammen und verlässt türenknallend den Raum. Ein Mädchen wird in der Schule täglich beleidigt und gedemütigt, bis es keinen anderen Ausweg mehr sieht, als sich das Leben zu nehmen. Staatsoberhäupter greifen zu erpresserischen Mitteln, Gewalt und Schmähungen, um ihre Ziele auf Kosten anderer durchzusetzen. Weil sie mutige Karikaturen oder aufdeckende Reportagen veröffentlicht haben, werden Journalisten getötet.

Nicht nur Höflichkeit und menschlicher Anstand mutieren zu Fremdwörtern. Auch Amokläufe, Fremdenhass, Unmenschlichkeit sind an der Tagesordnung. Das unkontrollierte Ausagieren von Emotionen wie Wut, Angst und Trauer scheint in den letzten dreißig Jahren stark zugenommen zu haben. Der Umgang mit Emotionen ist aus dem Ruder gelaufen. Mir liegt es fern, eine Diskussion über das Woher und Warum zu führen, die Tatsachen sollen genügen. Interessanterweise sind es gerade die empfindsamen und hochsensiblen Menschen, die unter dieser Entwicklung beinahe körperlich leiden. Es schmerzt sie, wenn ihnen in einem Kaufhaus die Tür vor der Nase zugeschlagen wird, weil derjenige, der vor ihnen eintritt, nicht den Anstand hat, ihnen die Tür aufzuhalten. Es tut weh, eine mürrische Kassiererin im Supermarkt zu erleben, weil an dem lustlosen Abfertigen der Kunden das ganze Ausmaß der frustrierten und resignierten Lebenshaltung sichtbar wird und Hochsensible das sehr genau wahrnehmen. Nur genügt die Wahrnehmung alleine nicht, um emotional kompetent zu sein. Nach meiner Beobachtung ist es eher so, dass sehr empfindsame Menschen ihre Emotionen nicht nach außen zeigen, sondern im Grunde nach innen »implodieren«. Ihre Scheu und Harmoniebedürftigkeit sind häufig so groß, dass sie es nicht wagen, zu ihren Emotionen zu stehen. Trotzdem sind diese natürlich vorhanden. Emotionen haben die Eigenschaft, sich gegen ihren Träger oder ihre Trägerin zu richten, wenn sie keinen angemessenen Ausdruck finden. Das kann sich in Form von stressbedingten Folgeerscheinungen wie Bluthochdruck, Magen-Darmbeschwerden, Unverträglichkeiten, extremer Müdigkeit oder Depressionen ausdrücken. Um dem entgegenzuwirken, ist es sinnvoll, sich mit den eigenen Emotionen zu beschäftigen und die emotionale Kompetenz zu fördern.

In meiner Arbeit beobachte ich ein interessantes Phänomen: Sehr empfindsame Menschen neigen dazu, auch relativ banale Geschehnisse so hoch zu bewerten, als ob ihr gesamtes Lebensglück davon abhinge. Da wird ein Restaurantbesuch zu einem schier unüberwindbaren Hindernis, eine Emotion wird für absolut genommen, sodass neben ihr nichts anderes mehr zu existieren scheint, eine Stimmung oder ein körperlicher wie seelischer Zustand werden so intensiv wahrgenommen, dass kein Raum für den

Gedanken ist, morgen könnte es anders aussehen. Empfindsame Menschen neigen meiner Beobachtung zufolge dazu, den eigenen momentanen Zustand als »absolut« zu nehmen, das heißt, Hochsensible bewerten ihre vorherrschende Emotion als ewig gültige Wahrheit. Sie besinnen sich nicht darauf, dass es auch einen nächsten Tag gibt, an dem man in einem anderen Zustand sein könnte. Das ist ein Ergebnis ihrer emotionalen Intensität, hat aber mit emotionaler Kompetenz nichts zu tun. Mitunter kann es für empfindsame Menschen sehr wichtig sein, einfach abzuwarten, den inneren Sturm »abzuwettern«, um einen Begriff aus der Seefahrt zu verwenden, und neugierig darauf zu sein, was der nächste Tag bringt und wie sich die innere Befindlichkeit wandeln mag.

Hochsensible Menschen sind im Grunde genommen von Natur aus mit dem Potenzial zur emotionalen Kompetenz ausgestattet. Durch ihre seismografisch exakt arbeitenden Wahrnehmungskanäle besitzen sie die Voraussetzungen, um frühzeitig auf ungünstige Entwicklungen hinweisen zu können. Um diese grundsätzliche Fähigkeit aber einsetzen zu können, braucht es ein gesundes Selbstbewusstsein und eben emotionale Kompetenz. Lassen Sie uns hinschauen, was das bedeutet.

Die Begriffe emotionale Kompetenz und emotionale Intelligenz werden häufig synonym verwendet. Ich möchte im Folgenden aber den Begriff emotionale Kompetenz benutzen, da er meiner Meinung nach noch mehr den Aspekt der Entwicklungsmöglichkeit beinhaltet – Kompetenzen kann man erwerben, erweitern und entwickeln, Intelligenz, obwohl bis heute keine einheitliche Definition für diesen Begriff besteht, wird unter anderem auch von biologischen und genetischen Komponenten bestimmt.[933]

Ich möchte Ihnen eine kleine persönliche Geschichte erzählen: Als ich vier Jahre alt war, konnte ich bereits die Stimmungen meiner Bezugspersonen sehr gut wahrnehmen und analysieren. Ich wusste genau, ohne, dass ich dafür bereits Worte gehabt hätte, wie es jedem Menschen in meiner Umgebung ging. Bei Familienfeiern spürte ich die unterschwelligen Spannungen und richtete mich so darauf ein, dass ich schnell lernte, den Clown zu spielen, um die Stimmung etwas aufzulockern. Ich habe mich also praktisch schon mein ganzes Leben darin geübt, Emotionen wahrzunehmen. Diese Fähigkeit bezog sich in meiner Kindheit vor allem auf die Emotionen anderer Menschen, wie schon beschrieben. In der Pubertät lernte ich dann, meine eigenen Emotionen zu erkennen und zu benennen. Diese Fähigkeit habe ich im Laufe der Jahre und auch in meinen Ausbildungen gut ausbauen können. Aufgrund dessen hielt ich mich immer für »emotional kompetent«. Bis vor relativ kurzer Zeit mein Supervisor zu mir sagte, dass ich meine emotionale Kompetenz noch mehr ausbauen könne. Zunächst hat mich diese Aussage ziemlich irritiert: Ich sollte nicht emotional kompetent sein? Ich, die ich schon mein ganzes Leben lang Emotionen beobachtet und wahrgenommen hatte? Was meinte er wohl damit?

Nach einigen Tagen des Nachdenkens schließlich ging mir auf, dass mein Supervisor und ich von zwei verschiedenen Definitionen emotionaler Kompetenz ausgingen. Für mich bedeutete diese Fähigkeit, Emotionen zu erkennen und wahrzunehmen, für ihn bedeutete sie außerdem, Emotionen auch regulieren und frei ausdrücken zu können. Was für ein Unterschied! Mir ging eine ganze Welt auf. Tatsächlich stellte ich an mir fest, dass ich zwar meine Emotionen und auch diejenigen anderer Menschen gut erfassen konnte, aber gleichzeitig litt ich an extremer Unsicherheit, wie ich meine Emotionen ausdrücken könnte, ohne verletzend zu sein. Ich kannte das aus meiner Vergangenheit: Wenn ich es in seltenen Momenten wagte, meinen Ärger zu zeigen, war ich aggressiv, destruktiv, trotzig und rebellisch. Ich kannte keinen gelassenen Weg, zu meinen Emotionen zu stehen und gleichzeitig nicht die Brücken hinter mir abzubrechen. Vielen Hochsensiblen, die mir in meiner Arbeit begegnen, geht es ähnlich: Ich habe schon einiges über das Schwarz-Weiß-Denken Hochsensibler gesagt. Entweder sind sie das liebe, angepasste Kind oder aber der rebellische und aggressive Außenseiter. Dazwischen scheint es oft keine Nuancen zu geben. Oder sie schwanken zwischen einem hemmungslosen Kommunikationsbedürfnis und teilen alles mit, was in ihnen vorgeht, oder geben gar nichts von sich preis, oder aber sie brechen schnell den Kontakt ab und kehren alles unter den Teppich um des lieben Friedens willen.

Hier neigen sehr empfindsame Menschen zu Extrempositionen, obwohl sie meistens als geradezu harmoniesüchtig und anpassungswillig bis zur Selbstaufgabe gelten. Zwischen Extremen hin- und herzupendeln bringt auch extreme Entscheidungen hervor. Diese treffen Hochsensible alleine für sich und erstaunen damit oft ihre Umwelt. Ob es sich um die Trennung von ihrem Partner handelt, um die Kündigung einer Wohnung oder der Arbeitsstelle, extreme Entscheidungen lindern in einem ersten Anlauf oft den inneren Spannungszustand. Allerdings fordern extreme Entscheidungen auch extreme Konsequenzen: ein Umzug bedeutet neue Nachbarn, neue Arbeits- und Einkaufswege, neue Schulen für die Kinder und dergleichen mehr. Ein Wechsel des Arbeitsplatzes bringt neue Kollegen, neue Regeln, neue Arbeitsbedingungen mit sich. Diese Veränderungen fordern einen empfindsamen Organismus über das gebotene Maß hinaus. Natürlich ist es notwendig, ab und zu umzuziehen oder auch den Job zu wechseln, aber dies sollte nicht aus einem inneren Zwang heraus entschieden werden. In einem polarisierenden Denken gefangen zu sein heißt, keine Sicht auf die zwischen den Polen liegenden Nuancen zu haben. Gerade in den Abstufungen sind aber Handlungsmöglichkeiten vorhanden. Keine differenzierten Handlungsmöglichkeiten zu sehen, schneidet Menschen aber von ihrer Kraft und ihrem Potenzial ab. Und hat nicht das Geringste mit emotionaler Kompetenz zu tun.

Emotionale Kompetenz grenzt sich von emotionaler Intelligenz folgendermaßen ab: Emotionale Intelligenz ist praktisch das zugrunde liegende Potenzial, das auf biologischen, genetischen und Erfahrungswerten basiert. Auf diesem Boden kann emotionale Kompetenz wachsen und gedeihen, wenn bestimmte Voraussetzungen dafür erfüllt sind.[944]

Zusammenfassend lässt sich sagen, dass emotionale Kompetenz verschiedene Aspekte beinhaltet. Dazu gehören:

- Emotionsausdruck
- Emotionsverständnis und
- Emotionsregulation[955]

Wie ich schon versucht habe aufzuzeigen, ist bei hochsensiblen Menschen der angemessene Emotionsausdruck oft gestört. Das zeigt sich im polarisierenden Denken, in Überreaktionen, Aggression und inneren Spannungszuständen. Sie implodieren lieber als einen offenen Konflikt zu wagen.

Beim Emotionsverständnis dagegen sind sie oft sehr gut darin, ihr Gegenüber in seinem Befinden zu erfassen. Auch die eigenen Emotionen werden häufig genau beobachtet und analysiert.

Schwierigkeiten haben empfindsame Menschen meiner Erfahrung nach bei der Emotionsregulation. Da dieser Aspekt emotionaler Kompetenz aber sehr wichtig ist, um in die eigene Kraft zu kommen, möchte ich dabei noch ein wenig verweilen, und mit Ihnen darüber nachdenken, was nötig ist, um die Emotionen regulieren zu können. Sie haben gesehen, dass emotionale Intensität ursächlich zur hochsensiblen Veranlagung dazugehört. Das wird auch so bleiben. Selbst wenn Sie lernen, Ihre Emotionen zu regulieren, wird die Intensität der Empfindungen nicht abnehmen oder gar verschwinden. Aber Sie können lernen, Ihre negativen Affekte zu transformieren, also in etwas zu verwandeln, das Ihnen zugutekommt und nützlich ist. Ich möchte das an einem Beispiel illustrieren.

Ich komme durch meine Arbeit mit sehr vielen Menschen in Kontakt. Und es gibt immer wieder Situationen, in denen ich mich emotional sehr gefordert fühle. Ich erinnere mich zum Beispiel an eine Klientin, die mir durch ihr forderndes und etwas herrisches Wesen in Erinnerung geblieben ist. Durch ihre vehemente Art stand sie meines Erachtens ihrer *Potenzialentfaltung* selbst im Weg. Alle meine Versuche, sie behutsam darauf hinzuweisen, wurden von ihr mit Eile und Eloquenz abgewehrt. In mir breitete sich ein Gefühl von Ärger aus. Ich sah ihr Potenzial und verzweifelte schier daran, dass sie nicht verstand, dass ich sie mit meinen Interventionen in ihre Kraft führen wollte. Sie erlebte meine Kongruenz und Authentizität als unprofessionell, und als sie schließlich noch mein Honorar infrage stellte, wurde mein Ärger zu Wut. Ich denke, jeder Mensch, der therapeutisch tätig ist, erlebt so etwas von Zeit zu Zeit. Es ist durchaus menschlich, dass Emotionen eine Rolle spielen und man diese nicht an der Praxistür abgeben kann. Ich führte tagelang innere Monologe, gerichtet an die Adresse meiner Klientin, erklärte dies, verdeutlichte jenes, gab auch meinem Ärger Ausdruck und nahm Supervision, denn ich merkte, dass ich meine Emotionen ohne Unterstützung nicht regulieren konnte. Das übergeordnete Ziel dabei war, meine Klientin weiter gut begleiten zu können und meine persönlichen Anteile an dem Konflikt zurückzunehmen, um ihr gelassener begegnen zu können. Ich möchte Ihnen an diesem Beispiel verdeutlichen, wie Sie mit Ihren Emotionen umgehen können. Es gibt eine klare Abfolge der Schritte.

Erster Schritt: Ich horchte in mich hinein und nahm Kontakt mit den Gefühlen auf, die spürbar waren, wenn ich an diese Klientin dachte. Ich versuchte, diese Gefühle körperlich wahrzunehmen – wo genau spürte ich den Ärger? Verdichtete sich die Wut an irgendeiner Stelle meines Körpers? Lies sie sich verorten? Ich nahm wahr, dass sich die Wut in meinem Bauchraum am stärksten lokalisieren ließ. Das ist übrigens bei vielen Menschen der Fall, weil in der Bauch- und Magengegend besonders viele Nerven zusammentreffen. Man spricht auch mitunter vom »Bauchgehirn«.

Ich richtete also meine Aufmerksamkeit auf diese Region. Wertfrei, betrachtend und neugierig, was als Nächstes geschehen würde. Ich spürte, wie sich die Wut ausdehnen wollte und richtete meine Aufmerksamkeit gleichzeitig auf meinen Atem. Ich atmete bewusst lange aus und spürte, wie sich meine Lunge bis in ihre Spitzen hinein entleerte. Dadurch gelang es mir, die Wut nicht größer werden zu lassen, sondern sie an dem Ort zu behalten, an dem sie sich zuerst gezeigt hatte.

Bei der Emotionsregulation ist es wichtig, den Affekten den ihnen gebührenden Platz zuzuweisen. Sie also nicht zu groß werden zu lassen, sondern so zu handhaben, dass man noch handlungsfähig ist. Wenn die Emotionen die

Herrschaft übernehmen, ist man ihnen hilflos ausgeliefert und praktisch ein Spielball der inneren Vorgänge. Es geht aber darum, Herrin oder Herr über den eigenen Organismus zu werden und nicht eine Sklavin oder ein Sklave der inneren Vorgänge zu sein. Deshalb ist es wichtig, bei starken Emotionen darauf zu achten, dass sie sich nicht ausdehnen und damit übermächtig werden, sondern zu lernen, dass der Körper Werkzeuge besitzt, die Emotionen in ihre Schranken zu weisen. Ein solches Werkzeug ist der Atem. Lange auszuatmen hilft dabei, das Nervensystem zu regulieren und vermittelt auch im Zustand der Aufgewühltheit dem Körpersystem neue Erfahrungen.

In einem zweiten Schritt beobachtete ich wertfrei, was mit der Wut geschah. Es dauerte einige Zeit, bis ich eine Veränderung feststellte. Neben der Wut machte sich plötzlich die Erkenntnis breit, dass die starken Reaktionen der Klientin gar nichts mit mir zu tun hatten. Ich spürte auch eine Art liebevolles Verständnis für die Vehemenz, die mir vorher so viel Unbehagen verursacht hatte.

Eine meiner Dozentinnen hat einmal einen Ausspruch getan, der mir seitdem in prägender Erinnerung geblieben ist und sinngemäß so lautete: Das, was ist, darf sein, und das, was sein darf, darf sich verändern. Wenn ich hier von Emotionsregulierung spreche, dann geht es genau darum: Sich zu erlauben, den Emotionen Raum zu geben, weil es eine Wahrheit darstellt, sie zu empfinden. Das heißt, auch unangenehme und gesellschaftlich nicht unbedingt akzeptierte Emotionen zuzulassen und ernst zu nehmen. Zulassen heißt ja nicht, ausagieren zu müssen.

Der dritte Schritt zur Emotionsregulierung bestand für mich darin, mit meiner Aufmerksamkeit zwischen dem neu entstandenen Verständnis und der Wut gleichsam hin- und herzupendeln. Ich versuchte, mal bei der Wut zu sein, mal beim liebevollen Verständnis. Beides ließ sich interessanterweise im Bauch verorten. Ich bemerkte, wie sich meine Wut veränderte und es auf einmal Raum gab für etwas Leichtes, Helles. Ich versuchte, mit meiner Aufmerksamkeit dabei zu bleiben und konnte so eine neue Erfahrung machen: Meine Wut hatte sich in etwas Leichtes und Helles transformiert. In der Folge konnte ich meiner Klientin ohne Ärger begegnen und sie mit liebevollem Verständnis begleiten.

Was ich mit diesem Beispiel aufzeigen möchte, ist diese Reihenfolge:

- Emotionen zulassen und körperlich wahrnehmen, wertfrei beobachten. Falls nötig, mit dem Atem dafür sorgen, dass die negativen Emotionen nicht zu groß werden.
- Mit der Aufmerksamkeit wertfrei und neutral dabei zu bleiben und schauen, was als nächstes geschieht. In der Regel verändern sich die Emotionen dann. Neugierig und gelassen beobachten, ob sich etwas Neues zeigt.
- Zwischen der »alten« und der »neuen« Emotion mit der Aufmerksamkeit hin- und herpendeln und Veränderungen wahrnehmen.
- Diese Art der Arbeit mit den inneren Vorgängen geht auf Eugene T. Gendlin zurück, der mit der Methode des Focusing bahnbrechende Möglichkeiten zur Emotionsregulierung aufgezeigt hat.[966]

Eine gut verständliche und praxisorientierte Einführung bietet auch das Buch von Dr. Isa Grüber *Was der Körper zu sagen hat.* [977]

Hochsensible Menschen mit ihrer emotionalen Intensität erleben tagtäglich eine Flut von Emotionen, die ihren Organismus in ständiger Alarmbereitschaft hält (denken Sie an die Immobilitätskurve von Porges und Honauer). Es ist also für Empfindsame besonders wichtig, ihre Emotionsregulierung zu pflegen. Lassen Sie sich darin von erfahrenen Menschen begleiten, bis Sie die Werkzeuge Ihres Körpers so gut kennengelernt haben, dass Sie sie auch ohne Anleitung anwenden können.

Gelassenheit

Nahezu alle Menschen, die ich durch meine Arbeit kennengelernt habe, wünschten sich mehr Gelassenheit. Die Vorstellung ist ja auch durchaus verlockend: Sich vorzustellen, dass man nicht mehr so intensiv erleben müsste, alles, was einem passiert, gleichsam mit etwas mehr Distanz betrachten zu können und geradezu stoisch alle Unbill des Lebens hinzunehmen. Dieser Wunsch ist verständlich, wenn man sich vor Augen hält, dass sich empfindsame Menschen oft durch ihre Emotionen geleitet fühlen. Dennoch ist diese Art von Gelassenheit, wie ich sie zuvor skizziert habe, ein frommer Wunsch. Es ist durchaus möglich, etwas mehr Distanz zum Geschehen zu erlangen und sich den eigenen Emotionen nicht hilflos ausgeliefert zu fühlen, wie ich es im vorigen Kapitel geschildert habe. Aber das heißt nicht, dass Sie nicht mehr intensiv fühlen werden. Mir scheint manchmal, dass Gelassenheit allzu oft mit Resignation verwechselt wird.

Hochsensible sind jedoch in den allermeisten Fällen alles andere als gelassen. In ihrem Inneren ist immer so viel los, dass es nur seltene Momente der Ruhe gibt. Welcher Mensch, ob hochsensibel oder nicht, würde sich nicht mehr Gelassenheit wünschen? Ich möchte mit Ihnen darüber nachdenken, wie Sie etwas mehr Gelassenheit erreichen können. Gelassenheit scheint mir eine der Säulen zu sein, die dazu notwendig sind, das Gebäude der eigenen Stärke und Kraft zu tragen.

Da lohnt sich der Vergleich mit anderen Völkern. Vor ein paar Jahren besuchte ich mit meiner Familie Oslo in Norwegen. Den Eindruck, der mir am nachhaltigsten von diesen Ferien in Erinnerung blieb, ist der, dass ich die Norweger als extrem gelassen empfand. Ich beobachtete, wie sie mit ihren Kindern umgingen, ich sah, wie sie die Dinge des täglichen Lebens sehr unaufgeregt entgegennahmen (»Ja, die Fähre fährt heute nicht«), ich bemerkte, dass sie jederzeit zu einem freundlichen Gespräch bereit waren. Es teilte sich mir an jedem Ort die Atmosphäre von Lebensfreude, Sein und Entspanntheit mit. Jede Kultur hat natürlich ihre eigenen Wurzeln und Quellen. Aufgrund der jeweiligen Geschichte eines Landes werden zweifellos kollektive Erfahrungen weitergegeben. Es ist ein Unterschied, ob ein Mensch in den nordischen Ländern aufwächst und mit Kälte und Schneestürmen umzugehen lernt oder in südlicheren Gefilden wie Italien oder Spanien, in denen andere klimatische Verhältnisse herrschen.

Eine Bekannte erzählte mir nach ihrem siebten Norwegen-Aufenthalt, dass sie gerne dorthin auswandern würde, weil die Bewohner dieses Landes so geduldig seien. Es kann passieren, dass ein ganzes Dorf eingeschneit und somit von der Außenwelt abgeschnitten wird und jeder, der das Dorf verlassen will, auf den Schneepflug warten muss, um dann in Kolonne hinter diesem herzufahren. Ich würde die Behauptung aufstellen, dass, wer mit diesen Naturkräften umgehen muss, andere Eigenschaften entwickelt, als wenn man diesen Gewalten nicht ausgesetzt ist.

Ich bin in Deutschland geboren und aufgewachsen, lebe aber schon seit mehr als zwanzig Jahren in der Schweiz.

Hier findet das Leben in einem ruhigeren Rhythmus statt, was mir immer dann stark bewusst wird, wenn ich Freunde in Berlin oder München besuche. Oberflächlich gesehen könnte man das verlangsamte Tempo als Ausdruck einer gelassenen Lebenseinstellung interpretieren, dabei wird aber oft übersehen, dass gerade in der Schweiz das Leistungsdenken stark ausgeprägt ist. Es wird sehr viel bewertet, und man ist nur »wer«, wenn man einen bestimmten Lebensstandard erreicht hat.

Die Menschen machen sich Sorgen und Ängste wegen allem Möglichen und vertrauen meiner Ansicht nach dem Leben zu wenig. Das ist aber nicht allein schweizspezifisch, sondern trifft meiner Beobachtung zufolge auf ganz Mitteleuropa zu.

In den nordischen Ländern, wo das Überleben mit den Naturgewalten zum Alltag gehört, macht man sich meiner Erfahrung nach weniger Sorgen, obwohl man mehr Gründe dafür hätte. Das ist doch interessant. Mir scheint, als ob sich gewisse Prioritäten verschieben, wenn man Bedrohung im Alltag erlebt.

Ich beobachte, dass es in letzter Zeit recht viele Sendungen im Fernsehen gibt, die das Überleben in der Wildnis, Survival-Trips oder das Dokumentieren von Leben in Alaska zum Thema haben. Mitunter sehe ich mir diese Sendungen an und bin fasziniert davon, wie viel Zeit und Energie dafür aufgewendet wird, Feuer zu machen, Nahrung zu suchen und ein Dach über dem Kopf zu haben. Je archaischer die Lebensverhältnisse sind, umso weniger Energie und Aufmerksamkeit bleibt für die Selbstverwirklichungstendenzen des Menschen übrig. Das wusste schon Abraham H. Maslow und hat dies in seinem Modell der Bedürfnispyramide zum Ausdruck gebracht.[988]

Maslow nahm an, dass die menschlichen Bedürfnisse

einer Hierarchie unterliegen. Er vermutete, dass die physiologischen Bedürfnisse wie diejenigen nach Ernährung, Schlaf und Sexualität die stärksten Kräfte in einem Organismus darstellen. Auf der nächsten Stufe stehen die Sicherheitsbedürfnisse nach Wohnen, Arbeit und Einkommen. Dann folgen die sozialen Bedürfnisse nach Partnerschaft, Freundschaften und sozialem Kontakt und Austausch. Danach kommen erst die Individualbedürfnisse wie zum Beispiel, anerkannt zu werden und etwas zu gelten. Ganz zuoberst in dieser Pyramide stehen dann die Bedürfnisse nach Selbstverwirklichung.

So gesehen, sind die Stimmen verständlich, die meinen, dass die Beschäftigung mit Sensibilität ein Luxusproblem sei.

Auch wenn die meisten Menschen, die Bücher wie dieses lesen, in einer Welt leben, in der sie in der Regel ein ausreichendes Maß an Sicherheit finden und sich gerade deswegen mit Selbstentfaltung und *Persönlichkeitsentwicklung* beschäftigen können, sind diese Themen, Sorgen und Nöte, die mit Entwicklung einhergehen, doch ernst zu nehmen. Nöte und Ängste werden nicht nur deshalb kleiner, weil sie nicht lebensnotwendig sind. Der Organismus reagiert mit dem gleichen Maß an Bedrohung, als wenn tatsächlich das Leben auf dem Spiel stünde. Sich bedroht zu fühlen, ist aber das Gegenteil von Gelassenheit. Es stellt eine Bedrohung dar, wenn der Chef die Augenbrauen hochzieht oder grußlos den Raum betritt. Ebenso wird es von empfindsamen Menschen als bedrohlich empfunden, zu einem überraschenden Meeting hinzugebeten zu werden, oder es kann schon als Bedrohung empfunden werden, das Wort Feedback in der Betreffzeile einer E-Mail zu lesen.

Mir geht es so: Wenn mir jemand sagt, dass er oder sie mir Feedback geben möchte, schaltet mein Körper auf Alarm.

Ich bekomme Herzklopfen, frage mich, was jetzt wohl auf mich zukommt und brauche Mut, um die E-Mail dann zu lesen. Ich bin also weit entfernt davon, gelassen zu sein. Im Gegenteil, ich erwarte das Schlimmste: Jemand hat erkannt, wie unperfekt ich bin und weist mich mit deutlichen Worten darauf hin. Zugegeben, das Schlimmste tritt nur sehr selten ein, meistens ist das Feedback, das ich bekomme, wohlwollend bis sehr positiv. Aber ich habe erkannt, dass das Schlimmste gar nicht einmal die Worte oder die angenommene Unzufriedenheit des Feedbackgebers ist, sondern die Wirkung, die es auf mich hat. Wie gesagt, auch Hochsensible sind nicht immer empathisch und in ihrem Bemühen, sich selbst Erleichterung zu verschaffen, geben sie manchmal Feedback, ohne sich darüber Gedanken zu machen, wie dies beim Gegenüber ankommen könnte. Mitunter wird Feedback auch grenzüberschreitend missbraucht, etwa dann, wenn ein Laie einem Experten sagen zu müssen glaubt, was er von ihm und seiner Arbeit hält, obwohl er das im Grunde genommen gar nicht beurteilen kann, da er nur einen kleinen Ausschnitt davon sieht. Die sozialen Medien quellen über von unqualifizierten Kommentaren. Das Problem beim Feedback ist, dass man sich noch nett dafür bedanken muss, denn wenn man das nicht tut, qualifiziert man sich ab und wird nicht mehr ernst genommen. Aber die Emotionen – Wut oder Ärger – bleiben im Organismus erhalten.

Feedback wird oft einfach dafür benutzt, jemandem eins auszuwischen, und empfindsame Menschen haben dafür ein sehr feines Gespür.

Sie reagieren auf feinste Nuancen in der Mimik, Gestik oder der Sprache des Gegenübers und werden in Sekundenschnelle aus ihrer Komfortzone katapultiert. Selbst wenn das Feedback äußerst positiv ausfallen sollte, spüren sie höchstens Erleichterung, dass der Kelch an ihnen vorübergegangen ist, aber keine Freude.

Wie kann es nun gelingen, zu mehr Gelassenheit zu finden? Machen Sie sich bewusst, dass die starken Reaktionen, die Sie empfinden, zu Ihnen gehören, auf dem Boden Ihrer Persönlichkeit entstehen und zwar Ihre innere Wahrheit, aber nicht die objektive Realität abbilden. Sagen Sie sich, dass Sie immer noch derselbe Mensch sind, egal, welche Rückmeldung Sie bekommen. Sprechen Sie mit sich wie mit einem guten Freund oder einer guten Freundin, die Sie auch trösten und der Sie einen Tee machen würden, wenn diese Ihnen von ihren schwierigen Erfahrungen erzählt. Neben diesen kognitiven Interventionen können Sie sich auch wieder auf die Spur Ihres Körpers begeben, lange ausatmen, spüren, wo der Druck sitzt. Sie können auch zur Unterstützung Ihre Hände etwas oberhalb Ihrer Nieren legen, wo sich die Nebennieren befinden. Die Nebennieren schütten Stresshormone aus. Wenn Sie Kontakt mit ihnen aufnehmen, zum Beispiel mit Ihren Händen, geben Sie Ihrem Körper die Möglichkeit, sich zu regulieren. Zugegeben, es benötigt Zeit, mehr Gelassenheit im Leben zu etablieren und manchmal wird es Ihnen vorkommen, als würden Sie keine Fortschritte machen, aber hin und wieder mag es einen Moment geben, in dem Sie feststellen, dass Sie innerlich ruhiger sind und Sie gelassener reagieren können. Gelassenheit ist aus meiner Erfahrung heraus keine konstante Größe. Mal ist sie mehr da, mal weniger. Es gilt, die Momente zu sammeln, in denen sie mehr da ist und die Aufmerksamkeit bewusst darauf zu lenken.

Teil IV:
Potenziale und was es braucht, um sie zu entfalten

Wenn im Folgenden von Potenzialen und ihrer Entfaltung die Rede ist, möchte ich eines vorwegschicken: Es gibt seit einigen Jahren eine Selbstoptimierungstendenz. Nachdem die Neurowissenschaften die menschliche Fähigkeit zum lebenslangen Lernen herausgestellt haben, lässt sich beobachten, dass dies zu einer Art gesellschaftlichen Erwartung geworden ist. Jemand, der sich nicht weiterentwickelt, gilt als »stecken geblieben« und wenig fortschrittlich. Derjenige »macht nichts aus sich«, was mit einem bedauernden und manchmal sogar mitleidigen Unterton quittiert wird.

Jeder Mensch hat das Recht, so viel oder so wenig aus sich zu machen, wie er oder sie möchte. Ich möchte der Selbstoptimierungstendenz entgegenhalten, dass es durchaus ein gelingendes, zufriedenes und sogar glückliches Leben in bescheidenem Rahmen geben kann. Nicht jeder Mensch muss sich dazu berufen fühlen, das Optimum aus sich herauszuholen. Mit der Idee, die Kommunikation zu verbessern, die eigenen Grenzen zu stärken, Selbstfürsorge und Empathie zu üben, wird oft auch unterschwellig die Haltung transportiert, dass man nicht in Ordnung sei, so, wie man ist. Coaches, Beratende und Therapeuten arbeiten in der Regel daran, etwas zu »verbessern« oder »wegzubekommen«. Wenn es ein Verhalten gibt, das der Lebendigkeit im Wege steht, mag das auch durchaus richtig sein. Bei der angeborenen Empfindsamkeit geht es aber mehr um Akzeptanz als um ein Korrigieren. Wenn ich also von *Potenzialentfaltung* spreche, dann machen Sie sich bitte bewusst, dass es sich dabei nicht um einen Zwang handelt.

Sie müssen grundsätzlich gar nichts tun. Fühlen Sie sich frei zu entscheiden, ob Sie Ihre Möglichkeiten erkunden möchten oder nicht. Beides ist in Ordnung. Sie sind in Ordnung, ganz gleich, wie Sie sich entscheiden. Bitte behalten Sie das im Hinterkopf, wenn ich im Folgenden darüber spreche, wie empfindsame Menschen in Kontakt zu ihrem Potenzial kommen können.

Was sind Potenziale überhaupt?

Viele empfindsame Menschen erleben ihre Hochsensibilität als Aufruf zur persönlichen Entwicklung. Wenn empfindsame Menschen wirklich erfahren möchten, dass ihre Veranlagung sie selbst und die Welt bereichern kann, dann reicht es nicht, sich mit dem Status quo zufrieden zu geben. Es braucht meiner Ansicht nach gezielte und bewusste Einflussnahme, um bestimmte Eigenschaften hervorzuheben oder andere abzuschwächen. Und ich möchte zwischen *Persönlichkeitsentwicklung* und *Potenzialentfaltung* unterscheiden. Es ist nicht einfach, eine Definition dafür zu finden, was Persönlichkeit eigentlich ist. Gordon Allport hat sich die Mühe gemacht, alle zu seiner Zeit gängigen Definitionen zusammenzutragen, sage und schreibe neunundvierzig, um dann noch als fünfzigste seine eigene Definition anzuschließen: Persönlichkeit sei die dynamische Ordnung derjenigen psychophysischen Systeme im Individuum, die seine einzigartigen Anpassungen an seine Umwelt bestimmten.[99] Alle Definitionen spiegeln natürlich die Weltanschauungen und Menschenbilder ihrer Verfasser und deren Persönlichkeit wider. Was die Definition von Allport für unsere Zwecke interessant macht, ist: Er spricht von einer Dynamik, der die inneren Systeme, wie zum Beispiel Anlagen und Eigenschaften, unterliegen. Das heißt, es gibt Anlagen, die stabil und beständig bleiben, wie zum Beispiel die erhöhte Empfindsamkeit, aber diese unterliegen einer dynamischen Ordnung. Durch diese dynamische Ordnung entwickelt sich die Persönlichkeit ein Leben lang. Dieser Dynamik ist es zu verdanken, dass Hochsensible im Laufe ihres Lebens eine Veränderung in Bezug auf ihre Empfindsamkeit feststellen. Da mag es ihnen vorkommen, als ob sie mit zunehmendem Alter immer empfindlicher werden, sie erfahren aber vielleicht auch eine größere Zufriedenheit mit ihrer Sensibilität, weil sie gelernt haben, sie nutzbringend einzusetzen. Die Erfahrungen durch die Kombination von Anlagen und Umwelt prägen dann die fortgesetzte Entwicklung und Selbstregulation.[1000]

Persönlichkeit entwickelt sich also, und zwar unabhängig davon, ob Menschen das wollen oder nicht. Zusammenfassend möchte ich sagen, dass *Persönlichkeitsentwicklung* die Formung des Zusammenspiels aller psychischen Eigenschaften eines Menschen darstellt. Ich gehe so weit zu behaupten, dass *Persönlichkeitsentwicklung* nur außerhalb der Komfortzone stattfindet. Befinden wir uns nur innerhalb der manchmal recht engen Grenzen unserer Komfortzone,

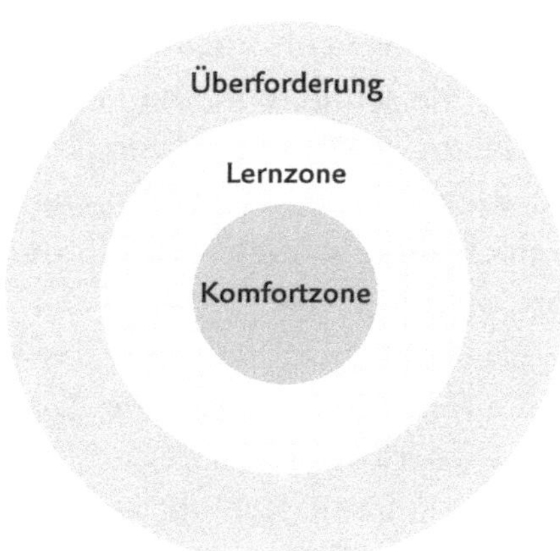

also in dem Bereich, in dem wir uns wohlfühlen, regenerieren wir uns zwar, aber Entwicklung findet dort nicht statt. Erst wenn wir die Komfortzone verlassen und uns Herausforderungen stellen, betreten wir den Bereich, den ich die Lernzone nenne. In diesem Bereich fühlen wir uns nicht mehr ganz so komfortabel, denn es gibt Anforderungen, die wir zu meistern versuchen, Herausforderungen, die wir annehmen oder ablehnen, was beides schwierig sein kann. Da werden Sie vielleicht angefragt, in Ihrem Sportverein eine Funktion zu übernehmen, oder Sie erhalten die Anfrage, für das Fest in der Nachbarschaft das Büfett zu organisieren, oder aber Sie möchten mehr Kunden akquirieren und planen deshalb, Vorträge vor größerem Publikum zu halten. Wie auch immer die Herausforderungen aussehen, Sie fühlen sich gefordert. Manche Aufgaben fallen Ihnen möglicherweise unerwartet leicht, sei es, weil Sie bereits einschlägige Erfahrungen gemacht haben, sei es, weil Sie auf einmal entdecken, dass Ihnen die Aufgabe Spaß macht und Sie Ihr Organisations- oder Rednertalent entdecken. Sie bewegen sich in der Lernzone. Nun macht es natürlich einen Unterschied, ob Sie sich, während Sie sich in der Lernzone aufhalten, nahe am Rand der Komfortzone bewegen oder davon weiter entfernt sind. Wo Sie sich genau befinden, merken Sie daran, dass Sie Herausforderungen als belastend erleben (weit entfernt von der Komfortzone) oder indem Sie die Aufgaben zwar als nicht unbedingt angenehm, aber doch als bewältigbar empfinden (näher dran an der Komfortzone).

Bewegen Sie sich sehr weit weg von der Komfortzone, erreichen Sie die Grenze der Lernzone. Dort beginnt die Überforderung. Dieser Bereich ist dermaßen überstimulierend, dass es sich empfiehlt, sich nur selten dort aufzuhalten. Im Bereich der Überforderung werden alle Anforderungen als nicht bewältigbar erlebt, und der Organismus schaltet auf den Überlebensmodus. Sie bemerken, dass Sie sich im Bereich der Überforderung befinden daran, dass der Stress, die Anspannung und Ihre Gereiztheit zunehmen und Sie dazu neigen, polarisierende Gedanken zu haben. Dies habe ich bereits ausgeführt.

Zur Veranschaulichung möge das Schaubild dienen.[1011]

Sie brauchen als empfindsamer Mensch die Komfortzone, aber Entwicklung findet außerhalb im Bereich der Lernzone statt. Im Bereich der Überforderung dagegen stagniert die Entwicklung, weil der Organismus mit Überleben beschäftigt ist.

Halten wir fest: Aufgaben, Herausforderungen und Angebote korrespondieren mit Ihren Eigenschaften und Fähigkeiten, auch wenn diese Ihnen noch nicht bewusst sein sollten. Ist etwas noch nicht genügend entwickelt, reagiert der Organismus mit Stress.

Nun ist es aber sicher auch so, dass nicht jeder Mensch die gleichen Potenziale in sich trägt. Man kann nicht aus einem Leistungssportler einen Büromenschen machen und umgekehrt.

Potenziale sind Möglichkeiten. Manche Menschen tragen das Potenzial in sich, ein charismatischer Redner zu werden, andere die Möglichkeit, eine gute Journalistin, Künstlerin, ein Autor oder Politiker zu sein. Welche Möglichkeiten tatsächlich genutzt und umgesetzt werden, hängt von dem Zusammenspiel der Persönlichkeitseigenschaften und den Gelegenheiten, sich zu beweisen, ab. Potenzialentfaltung setzt also Persönlichkeit voraus. Je bewusster Ihnen Ihre Eigenschaften und Fähigkeiten werden, desto wahrscheinlicher ist es, dass Sie in Kontakt mit Ihrem Potenzial kommen. Aber das ist auch keine Garantie dafür, dass

Sie Ihr ganzes Potenzial ausschöpfen können. Woran liegt es denn, dass so viele empfindsame Menschen trotz guter Anlagen und Möglichkeiten nicht in Berührung mit ihrem eigentlichen Potenzial kommen und ihr Leben lang unter dem Radar fliegen, wie Brené Brown das ausdrückt?

Die Antwort erhielt ich vor ein paar Jahren, als ich einen Vortrag von Gerald Hüther, dem bekannten deutschen Neurowissenschaftler, besuchte. Es ging um Potenzialentwicklung. Gerald Hüther ist der Ansicht, dass die Voraussetzung, um das eigene Potenzial zu entfalten, die Wahrnehmung des Subjekthaften ist. Was er damit meint, ist Folgendes:

Wir werden entweder als Junge oder als Mädchen geboren: »Oh, ein Stammhalter«, oder »Wie schön, eine kleine Prinzessin«. Es darf natürlich dabei auch nicht verschwiegen werden, dass es Menschen gibt, die sich weder dem einen noch dem anderen Geschlecht zugehörig fühlen. Die äußeren Geschlechtsmerkmale verleiten aber dennoch dazu, das Baby in eine der gängigen Kategorien einzuteilen. Dadurch wird jeder Mensch zum Objekt gemacht. Das Objekthafte findet sich in Zuschreibungen und Vorstellungen wieder. Eine Prinzessin bekommt andere Attribute zugeschrieben als ein Stammhalter. Auch nach zweihundert Jahren Frauenemanzipation hat sich nichts daran geändert, dass Menschen Jungen und Mädchen andere Attribute bescheinigen. Wir werden also von anderen Menschen vom Lebensbeginn an zum Objekt gemacht. Das Objekthafte ist immer dann im Spiel, wenn Zuschreibungen und Vorstellungen leitend sind. Sätze, die mit »du bist …«, »du kannst nicht …«, »du kannst …« anfangen, sind immer objekthafte Zuschreibungen. Wenn wir dergestalt erfahren, was wir können oder was wir nicht können, glauben wir das irgendwann. Und schon sind wir zum Beispiel davon überzeugt, Mathematik nicht zu können, nur weil es uns immer wieder gesagt wurde und wir einschlägige Erfahrungen in der Schule gesammelt haben. Dabei hätte es vielleicht nur eine andere Art des Unterrichts und mehr Zeit gebraucht, um Mathematik zu verstehen. Unterstützend kann in diesem Beispiel auch wirken, dass Eltern, vielleicht, um ein Klischee zu bedienen, die Mutter, kundtut: »Ja, ich weiß, wie das ist, ich konnte auch nie Mathe. Das liegt bei uns in der Familie.« Und schon ist etwas an Unvermögen zementiert. Wie verheerend solche Bewertungen und Urteile wirken können, soll die folgende kleine persönliche Geschichte illustrieren.

Ich war etwa neun Jahre alt und ich erinnere mich, dass unser Klassenlehrer eines Tages ankündigte, dass der Schulchor noch Mitglieder suchte und dass wir deshalb alle in Vierergruppen zu ihm nach vorne treten sollten, um ihm vorzusingen. Für manch ein Kind wäre das eine Tortur gewesen, sich dermaßen zu exponieren. Aber nicht für mich. Ich sang gerne, und ich konnte mir auch vorstellen, im Chor zu singen. Meine Großmutter hatte eine Schaukel für uns Kinder im Garten und immer, wenn ich bei ihr war, schaukelte ich und sang aus Leibeskräften die deutschen Schlager, die in den siebziger Jahren im Radio liefen. Voller Selbstbewusstsein trat ich also mit drei anderen Mädchen zum Lehrerpult, und wir begannen zu singen. Ich wollte es besonders gut machen und sang aus Leibeskräften. Als wir geendet hatten, zeigte der Lehrer auf zwei Mädchen und sagte, dass sie in den Chor kämen. Zu mir sagte er: »In dieser Gruppe bist du der Brummbär.« Das war's. Mir schossen Tränen in die Augen, und ich schämte mich bodenlos. Fortan habe ich nie wieder in der Öffentlichkeit gesungen.

Ich habe mir oft überlegt, wie denn eine adäquate Reaktion auf meine zugegebenermaßen ungenügenden Sangeskünste hätte aussehen können. Ich meine, dass es möglich gewesen wäre, meine kindliche Begeisterung für das Singen und den Chor wahrzunehmen und diese zu fördern. Mir wäre wahrscheinlich nach einiger Zeit selbst bewusst geworden, dass meine Gesangsstimme nicht in die gängigen Standards passte. Ich hätte mir aber die Freude am Singen erhalten können, auch wenn es für den Chor nicht gereicht hätte. Verstehen Sie mich recht: Ich bin überzeugt davon, dass mein Lehrer damals nach bestem Wissen und Gewissen gehandelt hat. Es lag ihm fern, mich beschämen zu wollen, und er konnte nicht ahnen, was seine kleine Bemerkung in mir auslösen würde. Ich gebe niemandem die Schuld dafür, möchte aber nur illustrieren, wie vorschnelle Urteile und Bewertungen jemanden von seinem Potenzial abschneiden können. Indem ich nicht mehr sang, verlor ich ein Stück meiner Lebendigkeit.

Ich wünsche mir, dass Menschen bewusster und achtsamer mit ihren Äußerungen umgehen. Es geht nicht darum, fortan jedes Wort auf die Goldwaage zu legen, aber sich doch darum zu bemühen, Bewertungen und Zuschreibungen zu überdenken. Wie oft passiert es alltäglich, dass wir meinen, jemand sei so oder so. Wir haben einen Eindruck von der Person und nehmen diesen als die absolute Wahrheit. Dabei läuft das, was wir wahrnehmen, immer durch unseren eigenen Filter und stellt höchstens eine Facette des Menschen dar, dem wir begegnen.

Niemand, auch ein hochsensibler Mensch nicht, ist auf dem Weg zur Heiligkeit. In unserer leistungsorientierten Gesellschaft ist es an der Tagesordnung, Handlungen, Verhalten und Ergebnisse einzuordnen in Kategorien wie »gut«, »genügend« oder »ungenügend«. Wir sind so trainiert darin, dass diese Prozesse beinahe unbewusst ablaufen. Um zu einer potenzialorientierten Gesellschaft zu gelangen, ist es aber notwendig, das Subjekthafte wieder zu beleben und den Mut aufzubringen, sich an der Vielfalt, Individualität und Lebendigkeit der Menschen zu erfreuen, selbst wenn das bedeutet, die eigene Weltsicht hinterfragen zu müssen.

Von Menschen genommen, von Menschen gegeben

Ein Gedanke, der mich sehr beschäftigt und der auch von Gerald Hüther stammt, ist folgender: Das Subjekthafte wird von Menschen genommen, deshalb kann es auch von Menschen gegeben werden.

Nun ist es aber so: Gesetzt den Fall, Sie sind böse auf Ihre Eltern, weil Sie sich nicht unterstützt und nicht gesehen gefühlt haben, weil Sie sich nicht entfalten konnten oder weil Erwartungen an Sie geknüpft wurden, die für Sie eher einem Kerker glichen als einer Freiheit, der oder die zu sein, der oder die Sie sind. Es kann dann gut möglich sein, dass Sie in Ihrem reifen Erwachsenenalter darum bemüht sind, die Lücken dort zu füllen, wo sie geschlagen wurden. Das bedeutet, dass Sie möglicherweise immer noch versuchen, Ihren Eltern bewusst zu machen, was Sie als Kind vermisst haben. Vielleicht versuchen Sie immer noch, »lieb Kind« zu sein, in der Hoffnung, die Anerkennung und Wertschätzung Ihrer Eltern zu bekommen, die Sie als Kind nötig gehabt hätten. So verständlich dieses Bedürfnis auch ist, es wird nur selten erfüllt. Um zu Ihrem Potenzial vorzudringen, ist es auch erforderlich, mit der eigenen Biografie ins Reine zu kommen. Damit meine ich, das, was war, anzuerkennen, Ihre Geschichte zu akzeptieren, aus der Sie hervorgegangen sind und ohne die Sie nicht denkbar wären.

Wir sind es leider so sehr gewohnt, zum Objekt gemacht zu werden, dass wir verlernt haben, Zuschreibungen zu hinterfragen. Die gute Nachricht ist: Es ist bis ins hohe Alter hinein möglich, korrigierende Erfahrungen zu machen. Wenn Ihnen das Subjekthafte von Ihren frühen Bezugspersonen genommen worden ist, dann braucht es nicht unbedingt dieselben Menschen, um es Ihnen wiederzugeben. Die Welt ist voller Brüder, Schwestern, Mütter und Väter. Wir haben in jedem Moment unseres Lebens die Wahl, unsere Beziehungen so zu gestalten, dass die Würde jedes Einzelnen erhalten bleibt. Wenn es so ist, dass das Subjekthafte von Menschen genommen und von Menschen gegeben werden kann, heißt das nicht, dass Sie sich abhängig von Ihren Mitmenschen machen. Sie können selbst viel dafür tun, dass Sie andere Menschen in ihrer Subjekthaftigkeit unterstützen und so ein Beispiel dafür geben, wie Potenzialentfaltung gelingen kann. Empfindsame Menschen sind oft besonders gut darin, Potenzial in anderen zu erkennen. Diese Gabe auch bei sich selbst einzusetzen, fällt ihnen dagegen schwer.

Das wahrhaft Tragische ist, dass wir nicht nur von anderen zum Objekt gemacht werden, sondern dass wir uns auch selbst zum Objekt machen. Irgendwann glauben wir den Bewertungen anderer Menschen und beschränken uns selbst, indem wir zu wissen meinen, was wir können und was nicht. Aber der Glaube an die eigene Unzulänglichkeit entfernt jeden Menschen von seinem Potenzial.

Machen Sie sich bewusst: Sie sind gut genug! Gut genug für alles, was Sie anpacken möchten, wenn Ihr inneres Feuer Sie dazu treibt und Sie nicht von außen gesteuert werden. Befreien Sie sich von Vorstellungen, wie etwas zu sein hat und wie Sie sein sollten. Nur dann bekommen Sie Zugang zu Ihrem Potenzial.

Ein wichtiger Gedanke, den ich gerne mit Ihnen teilen möchte, ist der: Auch die Idee, zur Gruppe der empfindsamen bis hochsensiblen Menschen zu gehören, ist eine Zuschreibung. Nicht selten bewerten Hochsensible ihre Veranlagung wie folgt: »Weil ich hochsensibel bin, kann ich dies oder das nicht tun …«, oder: »Ich bin hochsensibel, deshalb scanne ich alle Menschen in meiner Umgebung und spüre genau, was in ihnen vorgeht«, oder auch: »Weil ich so empfindsam bin, gelingt es mir nicht, einen Platz in dieser rauen Welt zu finden.« Solche oder ähnliche Statements gründen auf Erfahrungen und sind deshalb verständlich. Nichtsdestotrotz stellen sie eine Beschränkung dar.

Es macht in meinen Augen durchaus Sinn, sich auf die Spur der eigenen Empfindsamkeit zu begeben und herauszufinden, ob man zu den fünfzehn bis zwanzig Prozent empfindsamer Menschen gehört. Es ist eine Erleichterung damit verbunden zu merken, dass man nicht seltsam ist, sondern einfach nur sensibler als andere. So wichtig diese Erkenntnis auch ist: Irgendwann kommt der Moment, in dem es von Bedeutung ist, diese Schublade wieder zu öffnen und die Grenzen dessen zu erweitern, was man gemeinhin unter Hochsensibilität versteht. Machen Sie sich bewusst, dass Sie mehr als nur hochsensibel sind. Ihre Persönlichkeit besteht aus vielen Facetten, von denen die Empfindsamkeit nur eine ist. Integrieren Sie sie in Ihr Leben, machen Sie sie nicht zu groß, aber auch nicht zu klein, weisen Sie ihr den ihr entsprechenden Platz auf Ihrer inneren Bühne zu und bleiben Sie diejenige oder derjenige, die oder der die Fäden in der Hand hat. Lernen Sie sich selbst sehr gut kennen und lassen Sie sich ab und zu auch von sich selbst überraschen.

Im Kerker der Vorstellungen

Eine stark prägende Vorstellung besteht darin zu glauben, was Hochsensibilität ist und wie sie sich äußert. Um es vorweg zu sagen: Hochsensibel zu sein bedeutet keineswegs, sich sensibel zu verhalten. Wie ich bereits in Teil I des Buches beschrieben habe, sind hochsensible Menschen nicht nur zurückhaltend, empathisch und/oder altruistisch. Sie können genauso gut kämpferisch, gnadenlos und unerbittlich sein. Sie sind nicht generell sanftmütig, obwohl sie sich sehr danach sehnen. Sie können ihre feine und sensible Seite oft nur dann zeigen und zur Entfaltung bringen, wenn sie dazu eingeladen werden und sich sicher fühlen, sprich nicht in der Überstimulation sind. Überstimulation verhindert also den Zugang zu einer gesunden Selbstfürsorge.

Eine weitere boykottierende Vorstellung besteht darin, dass auch unter Hochsensiblen oft irreführende Überzeugungen herrschen und transportiert werden. Zum Beispiel die Vorstellung, den Erwartungen anderer entsprechen zu müssen.

Ein Beispiel: Ich organisiere einmal jährlich eine Weiterbildung für Fachpersonen, die lernen möchten, kompetenter mit ihrer hochsensiblen Klientel umzugehen. Die meisten der Teilnehmenden sind auch hochsensibel. Es handelt sich bei diesem Lehrgang um eine relativ kurze Weiterbildung, die nach einem halben Jahr abgeschlossen ist. Es gibt Teilnehmende, die auch danach noch den Kontakt zu mir halten, was ich sympathisch finde und auch begrüße. Von Zeit zu Zeit erlebe ich es dann, dass ein Teilnehmer oder eine Teilnehmerin mit fachlichen Fragen an mich herantritt. Selbstverständlich bin ich gerne zu einem Austausch bereit. Aber die Vorstellung, die solchen Anfragen zugrunde liegt, besteht darin, dass von mir erwartet wird, auch Jahre nach Abschluss der Weiterbildung zu einem Gratis-Support zur Verfügung zu stehen. Wenn ich dann darauf aufmerksam mache, dass ja die Möglichkeit besteht, Supervision bei mir zu nehmen, wird oft verständnislos und gekränkt reagiert. Dabei wird übersehen, dass ich mein Wissen in jahrelanger und kostspieliger Weiterbildung erworben habe und es einen Akt der Selbstfürsorge darstellt, diese Kompetenz wertzuschätzen, indem ich sie zwar gerne weitergebe, aber nicht unbedingt gratis.

Die Vorstellung, Hochsensible sollten immer und überall freigiebig und aufopfernd sein, stellt ebenfalls eine Schwächung dieser Veranlagung dar. Es ist menschlich, sich ein Bild zu machen. Es ist aber meines Erachtens nach wichtig, sich bewusst zu machen, was feste Bilder oder Vorstellungen bewirken und wie sie dazu beitragen, Menschen zu schwächen und von ihrem Potenzial abzubringen.

Manchmal erkennt man ein Potenzial auch erst durch wahrhaft schmerzliche Erfahrungen. Eine Klientin von mir hat eine Tochter, die eine lebensgefährliche Essstörung entwickelt hat. Jahrelang befand sich die Familie in einer Spirale von Klinikaufenthalten, Schuldgefühlen, großer Angst und Ernährungsprotokollen. Das Gewicht des Mädchens wurde zum Hauptthema in der Familie und bei den Ärzten. Jeder, der schon einmal mit Essstörungen zu tun hatte, weiß, wie ohnmächtig das Umfeld ist und wie verzweifelt die Eltern aufgrund ihrer Hilflosigkeit sind.

Ich lernte meine Klientin zu einer Zeit kennen, in der es ihrer Tochter sehr schlecht ging. Meine Klientin besaß aber die Kompetenz, sich Unterstützung in Form von Beratung zu organisieren. Ein Teil des Prozesses bestand darin, sie persönlich zu stärken, ein anderer Teil darin, ihre Fragen rund um das Thema Hochsensibilität zu beantworten. Eines Tages, wir hatten uns länger nicht mehr gesehen, kam sie mit einer dicken Rolle Endlospapier, auf der sie ein neues Konzept zur Entstehung von Essstörungen skizziert hatte. Sie war in der Zwischenzeit einem Verein beigetreten, der es sich zur Aufgabe gemacht hatte, über Essstörungen aufzuklären und Angehörige zu unterstützen. Als sie mir ihr Konzept erklärte, wurde uns beiden bewusst, dass darin das Potenzial für eine Diplomarbeit, eine Doktorarbeit oder ein Buch enthalten war. Sie war dabei, aufgrund ihrer Empfindsamkeit, ihrer Intelligenz und ihrem Wissensdurst etwas Neues zu entwickeln. Ohne die eigenen Erfahrungen als Mutter einer essgestörten Tochter wäre sie vielleicht nie in den Kontakt mit diesen Möglichkeiten gekommen.

Oft sind es gerade die schwierigen Dinge, jene, die viel Kraft und Energie kosten, aus denen Menschen ein ungeahntes Potenzial entwickeln können.

Sind Sie bereit, den Preis zu zahlen?

So weit, so gut. Bis hierhin habe ich Sie mitgenommen auf eine Reise. Wir haben die Geschichte der Sensibilität beleuchtet, Sie kennen nun die Kriterien zur Unterscheidung zwischen Hochsensibilität und Normalsensibilität (Orchideen und Löwenzähne). Sie können unterscheiden zwischen Hochsensibilität und verwandten Begriffen, Sie haben schwächende und stärkende Einflüsse kennengelernt. Nun ist es Zeit, sich Gedanken darüber zu machen, was es Sie kosten wird, wenn Sie sich auf den Weg machen, um in Zukunft Ihr Leben mit Ihrer empfindsamen Veranlagung zu gestalten. Es ist ein weitverbreiteter Irrtum anzunehmen, dass Menschen *Persönlichkeitsentwicklung* sozusagen im Geheimen ganz für sich alleine vollziehen können. Es ist vielmehr so, dass alles, was wir tun oder nicht tun, nicht nur auf uns selbst, sondern auch einen Einfluss auf die Menschen in unserem Umfeld hat. Es ist wie bei einem Mobile: Zieht man an einem Element, gerät das Ganze in Bewegung. Es soll sich gut und stimmig für Sie anfühlen, wenn Sie von nun an für sich einstehen, Selbstfürsorge üben, Ihren individuellen Rhythmus im Alltag leben mit Mikrooasen, Zeiten der Stille und Regeneration. Aber Sie können nicht davon ausgehen, dass dies anderen Menschen gefallen muss.

Mir ist in diesem Zusammenhang die Geschichte einer Klientin noch lebhaft in Erinnerung:

Ich hatte das Vergnügen, sie in ihrer persönlichen Entwicklung begleiten zu dürfen. Aufgrund gesundheitlicher Einschränkungen und ihrem biografischen Hintergrund war es für sie ganz wichtig, so viel Druck wie möglich zu vermeiden. Mit der Zeit lernte sie, auf ihre Körperwahrnehmung zu achten und ihr Leben so zu gestalten, dass sie möglichst viele Freiräume erlebte. Das Ganz-bei-sich-Sein wurde für sie zu einem Leitfaden, mit dem sie sich gut fühlte und durch den sie neue Lebensenergie gewann. Nun war es so, dass sie eine Freundin hatte, die sie bereits seit dreißig Jahren kannte. Das heißt, sie hatten sich kennengelernt, als meine Klientin sich noch sehr angepasst und aufopfernd verhalten hatte. Das Muster dieser Freundschaft sah so aus, dass vor allem die Freundin meiner Klientin ihre Probleme, und das waren nicht wenige, bei ihr deponierte und meine Klientin die Rolle der verständnisvollen Zuhörerin innehatte. Das gestaltete sich zunehmend sehr einseitig. Mit fortschreitendem Selbstbewusstsein fühlte sich meine Klientin in dieser Konstellation unwohl, nicht gesehen und nicht als Person wertgeschätzt. Dann ergab sich die Situation, dass die beiden ein Treffen ausmachen wollten. Das gestaltete sich schwierig, da die Freundin so viele Termine und Verpflichtungen hatte, dass sie sich anstrengen musste, einen halben Tag für ein Treffen freizuhalten. Das wiederum gab meiner Klientin das Gefühl, nicht wichtig genug zu sein und nur in den übervollen Terminkalender der Freundin »reingequetscht« zu werden. Es gab ein Telefongespräch, in dem meine Klientin der Freundin genau das sagte und ihrer Missstimmung in adäquater Weise Ausdruck verlieh. Das Ergebnis: Die Freundin brach in Tränen aus und hängte das Telefon ab. Einige WhatsApp-Nachrichten folgten. Es wurde immer deutlicher, dass beide Frauen von sehr unterschiedlichen Vorstellungen ausgingen, was die Gestaltung einer Freundschaft betraf. Meine Klientin wollte Dinge mit der Freundin unternehmen und gemeinsame Erlebnisse sammeln, während ihre Freundin Probleme wälzen und reden wollte. Das hatte in den langen Jahren der Freundschaft gut funktioniert, bis eben meine Klientin ihren eigenen Weg in Angriff nahm und ihr mehr und mehr die Schieflage in der Beziehung bewusst wurde. Der Preis dafür war, dass die Freundschaft mehr an Distanz gewann, was natürlich auch schmerzhaft für meine Klientin war, da diese Veränderung mit großer Unsicherheit verbunden war, wie es mit der Freundschaft weitergehen sollte.

Dies ist ein Beispiel dafür, wie der Preis für Ihre Entwicklung aussehen kann. Es kann sich aber auch anders verhalten.

Eine andere Klientin erzählte mir, dass sich zwar mit ihrer *Persönlichkeitsentwicklung* auch ihre Beziehungen verändert hätten (und nicht immer zum Positiven, wie das vorangegangene Beispiel gezeigt hat), aber sie auch mehr Interesse daran hätte, neue Menschen in ihr Leben einzuladen. Sie besucht neuerdings einen literarischen Club, in dem sie mit anderen ihre Liebe zur Literatur ausleben kann, und einen philosophischen Zirkel, in dem sie ihre Denkfähigkeit schult. Außerdem besucht sie einmal im Monat einen Gesprächskreis für Hochsensible. Es tut ihr gut, sich mit anderen Empfindsamen auszutauschen und angenommen zu werden, wie sie ist. Alle diese Aktivitäten ermöglichen ihr Begegnungen mit Menschen, die sie vorher nie getroffen hätte, und sie genießt es, Teil dieser für sie neuen Welt zu sein und sich dort einbringen zu können.

Halten wir fest: Veränderungen ziehen Konsequenzen nach sich – diese können positiv oder negativ sein. Um die Konsequenzen der Veränderung tragen zu können, ist es notwendig, gut verankert in den eigenen Ressourcen zu sein. Wenn es Ihnen wichtig ist, Ihre Empfindsamkeit zukünftig in Ihr Leben zu integrieren, sichtbar werden zu lassen und sie als Gabe zu betrachten, dann wird diese Entscheidung etwas verändern. Ich habe oft die Beobachtung gemacht, dass es die Ungewissheit der Konsequenzen ist, die Menschen davon abhält, ihr Potenzial auszuschöpfen. Unter dem Radar zu fliegen, wie Brené Brown das nennt, also nicht sichtbar zu sein, mag sich einfacher anfühlen, weil es der gewohnte Zustand ist. Aber auch das hat Konsequenzen. Angefangen von einer diffusen Unzufriedenheit über Verbitterung und offenem Groll bis hin zur Ausbildung von Krankheiten gibt es viele Möglichkeiten, den Preis für nichterfüllte Potenziale zu zahlen. Die Angst davor, sichtbar zu werden und damit angreifbar zu sein, ist so groß, dass Menschen oft lieber diese Konsequenzen in Kauf nehmen.

Dies hat Marianne Williamson einmal sehr pointiert und sinngemäß so ausgedrückt: Unsere größte Angst sei nicht, ungenügend zu sein, sondern über das Messbare hinaus kraftvoll zu sein. Sein Licht unter den Scheffel zu stellen, diene nicht der Welt. Es sei nichts Positives daran, sich so klein zu machen, dass andere um einen herum sich nicht verunsichert fühlten.[1022]

Bereit dafür sein, den Preis zu zahlen, bedeutet auch ganz konkret, Geld in die Hand zu nehmen und es in die eigene Entwicklung zu investieren. Hochsensibilität ist schließlich weder eine Krankheit noch eine Persönlichkeitsstörung und infolgedessen auch nicht von den Krankenkassen anerkannt. Wenn Sie lernen wollen, mit dieser Veranlagung umzugehen, werden Sie keine finanzielle Unterstützung von medizinischer Seite erwarten können. Manches kann und sollte man aber nicht alleine machen. Es braucht oft ein wenig professionelle Unterstützung von einem Coach, einer psychologischen Beraterin oder einer auf Hochsensibilität spezialisierten Fachperson, um neue Impulse zu bekommen. Diese Unterstützungsangebote müssen aber privat bezahlt werden. Ich beobachte mit Bedauern, dass nicht sehr viele Menschen dazu bereit sind, Geld in ihre eigene Entwicklung zu investieren, als ob diese von selbst kommen würde. Hier fängt in meinen Augen das Sich-selbst-Ernstnehmen schon an. Persönliche Entwicklung hat einen Wert, der sich auch in Zahlen ausdrückt und sie verlangt eine Entscheidung.

Um es vorweg zu sagen: Das eigene Potenzial auszuschöpfen und es zu leben, muss sich nicht unbedingt nur gut anfühlen. Bei allem, was wir tun oder nicht tun, gibt es Licht- und Schattenseiten. Als ich mich selbstständig machte, war es eine große Hürde für mich, öffentlich zu sagen, was ich beruflich tat. Ich fürchtete mich vor den Reaktionen, weil mir Menschen begegnet sind, die alles »Psychologische« kategorisch ablehnten. Ich hing ein Schild an meine Tür und wartete darauf, dass Klienten kamen. Das war aber nur sehr spärlich der Fall. Als mich dann viel später das Thema Hochsensibilität traf, und ich meine ersten Vorträge hielt, verging ich jedes Mal fast vor Lampenfieber. Wäre mir das Thema nicht so wichtig gewesen, hätte ich aufgegeben. Dann kam das erste Buch. Im stillen Kämmerlein zu schreiben ist ja noch angenehm, aber dann das Manuskript abzugeben und das Lektorat abzuwarten, bringt einiges an Herzklopfen mit sich. Jede einzelne Stufe der eigenen Entwicklung birgt eigene Herausforderungen. Die meisten davon fühlen sich unangenehm an, bis man durch Übung und Erfahrung lernt, den Herausforderungen nicht nur standzuhalten, sondern mitunter auch Freude dabei zu empfinden. Machen Sie sich also gefasst darauf, dass Sie mächtig aus Ihrer Komfortzone herausgewirbelt werden, wenn Sie es wagen, große Gedanken und Pläne zu haben. Dennoch: Bei allem Herzklopfen – lassen Sie sich in Ihren großen Gedanken nicht stören. Überlegen Sie, was Sie tun würden, wenn Sie keine Angst hätten. Was wäre Ihnen wirklich wichtig?

Gaben brauchen Aufgaben

Ich habe es schon mehrmals geschrieben: Nur, weil etwas vorhanden ist, wie zum Beispiel eine erhöhte Empfindsamkeit, heißt das noch lange nicht, dass daraus auch eine Gabe wird. In den meisten Büchern zum Thema Hochsensibilität wird die Veranlagung gleichgesetzt mit Begabung. Sie hat aber nur das Potenzial einer Begabung. Selbst wenn Sie es schaffen, mit Ihrer Geschichte aufzuräumen und ins Reine zu kommen, Sie Ihre Empfindsamkeit akzeptieren lernen, Ihren eigenen Rhythmus pflegen und bereit sind, die Konsequenzen zu tragen, fehlt noch ein entscheidendes Mosaiksteinchen, um Ihr Potenzial sichtbar werden zu lassen: Sie brauchen eine Aufgabe, der Sie sich mit Leidenschaft hingeben können. In seinem wunderbaren Buch *Der Klang. Vom unerhörten Sinn des Lebens* beschreibt Martin Schleske, von Beruf Geigenbauer, die Suche nach dem passenden Holz für seine Geigen und die Anstrengung, die damit verbunden ist. Dabei setzt er diese Suche in Zusammenhang mit dem Leben: »Wenn uns die Suche nach dem Sinn nichts kostet, dann haben wir uns auch nicht auf den Weg gemacht.«[103]

Die Voraussetzung dafür, dass Sie in Ihre Kraft kommen und Ihr Potenzial nutzen können, ist also der Glaube daran, dass es diese Kraft und dieses Potenzial gibt. Wenn Sie diese Hoffnung in sich pflegen und kultivieren, werden Sie nicht aufgeben und immer weitersuchen.

Meine Empfehlung: Gehen Sie mit offenen Augen durch die Welt und nehmen Sie bewusst wahr, was Sie anrührt. Welchem Thema, welcher Vision möchten Sie sich verschreiben? Ihr Herz muss ganz dabei sein, sonst werden Sie nach kurzer Zeit aufgeben und nach etwas anderem suchen. Man kann Dinge mit dem Verstand für sinnvoll halten, wie zum Beispiel die Aktionen der jungen Klimaaktivisten, aber es ist möglich, dass das Herz nicht dabei ist. Wenn Sie aber etwas finden, was Sie innerlich so bewegt, dass Sie gar nicht anders können, als dieses Thema in Ihr Leben zu lassen und etwas Sichtbares daraus zu entwickeln, dann werden Sie auch verletzlich und angreifbar sein. Das eine ist nicht zu haben ohne das andere.

Seien Sie deshalb mutig! Angst kann man bewältigen. Lassen Sie sich von jemandem begleiten, der Ihr Potenzial erkennt, glauben Sie daran, dass eine Aufgabe auf Sie wartet, die nur Sie erfüllen können, machen Sie innerlich den

Weg frei, um empfänglich für diese Aufgabe zu sein und erlauben Sie sich Stolz und Dankbarkeit für Ihr einzigartiges Leben.

Die menschliche Gesellschaft sähe anders aus, wenn empfindsame Menschen mehr wagen würden, ihre Stimme zu erheben und sichtbar zu werden. Sie haben etwas zu tun und zu sagen, also tun und sagen Sie es!

Ich wünsche Ihnen aus vollem Herzen ein gutes Gelingen dabei!

Anhang

Glossar

In diesem Glossar finden Sie Begriffe definiert, welche oft mit Empfindsamkeit oder Hochsensibilität verwechselt oder gleichgesetzt werden.

Gefühlsansteckung
Gefühlsansteckung beschreibt einen der emotionalen Empathie ähnlichen Prozess, der vor allem bei Säuglingen und Kleinkindern beobachtet werden kann. Sowohl bei Gefühlsansteckung als auch bei emotionaler Empathie übernehme ich die Gefühle eines anderen.[1044]

Impulsivität
Impulsivität bezeichnet die Neigung, unbesonnen aus dem Augenblick heraus zu handeln, die möglichen Konsequenzen außer Acht zu lassen und sich von neuen, ggf. irrelevanten Ereignissen leicht ablenken zu lassen.[1055] Impulsivität darf nicht mit Verhalten verwechselt werden, welches aus der Überstimulation heraus geschieht. In der Regel sind hochsensible Menschen nicht impulsiv, sondern reflexiv, überlegen eher viel und denken über mögliche Konsequenzen nach, bevor sie handeln.

Introversion/Extraversion
Introversion beziehungsweise Extraversion bezeichnet die beiden Pole der Persönlichkeit im Umgang mit der sozialen Umwelt. Bereits Carl Gustav Jung beschrieb diese beiden Ausprägungen in seiner »Typologie«. Nach Jung sind Introvertierte eher »subjektbezogen«, also nach innen gerichtet, während Extravertierte eher »objektbezogen«, nach außen gerichtet, sind.[1066]

Irritierbarkeit
Irritierbarkeit bedeutet einerseits auf kleinste Reize zu reagieren und andererseits auf Unstimmigkeiten in den Handlungen anderer oder auf plötzliche Veränderungen stark anzusprechen.

Reizbarkeit
Reizbarkeit bezeichnet eine labile emotionale Stimmung, in der bereits geringe äußere Reize negative Verhaltensreaktionen auslösen.[1077]

Schüchternheit
»Schüchternheit ist die Angst vor sozialem Urteil und die ist nicht angeboren, sondern erworben und nur in bestimmten Situationen vor-

handen. (…) Schüchternheit und Hochsensibilität lassen sich voneinander unterscheiden, wenn man die Häufigkeit des Auftretens und die Ursachen betrachtet«.[1088]

Selbstempathie
Selbstempathie bezeichnet das Erkennen von dem, was in einem selbst vorgeht.[109]

Selbstmitgefühl
Selbstmitgefühl (engl.: Self-Compassion) ist die Ausweitung des Mitgefühls auf sich selbst in Fällen von wahrgenommener Unzulänglichkeit, Versagen oder allgemeinem Leiden.[110]

Literaturverzeichnis

Allport, G. W.: *Persönlichkeit. Struktur, Entwicklung und Erfassung der menschlichen Eigenart,* Meisenheim 1959.

Aristoteles: *Nikomachische Ethik,* Reinbek 2015.

Aron, E. N.: *Hochsensible Menschen in der Psychotherapie*, Paderborn, 2014.

Aurel, M.: *Selbstbetrachtungen,* Frankfurt/Main, 2016.

Aurel, M.: *Wege zu sich selbst*, München 2018.

Boyce, W. T.: *Orchidee oder Löwenzahn?,* München 2019.

Brown, B.: *Verletzlichkeit macht stark,* München 2017.

Cain, S.: Still. *Die Bedeutung von Introvertierten in einer lauten Welt,* München 2011.

Cohn, R. C.: *Gelebte Geschichte der Psychotherapie*, Stuttgart 1984.

Enders, G.: *Darm mit Charme,* Berlin 2016.

Epiktet: *Das Buch vom geglückten Leben,* München 2017.

Epikur: *Philosophie der Freude,* Frankfurt/Main 1988.

Epikur: *Philosophie des Glücks*, München 2017.

Erikson, E. H.: *Identität und Lebenszyklus*, Frankfurt/Main 2015.

Falkenstein, T.: *Hochsensible Männer,* München 2017.

Fröhlich, W. D.: *Wörterbuch Psychologie,* München 1998.

Gelb, M. J.: *Das Leonardo-Prinzip,* München 1998.

Goleman, D.: *EQ. Emotionale Intelligenz,* München 2018.

Grüber, I.: *Was der Körper zu sagen hat,* München 2013.

Hammel, S.: *Der Grashalm in der Wüste,* Mainz 2006.

Hensel, Ulrike: *Hochsensible Menschen im Coaching,* Paderborn 2015.

Holbein, U.: *Der belauschte Lärm,* Frankfurt/Main 1991.

Jung, C. G.: *Typologie,* München 2008.

Kandel, E.: *Das Zeitalter der Erkenntnis,* München 2012.

Kaiser, M. R.: *Hildegard von Bingen.*

Die mächtigste Nonne des Mittelalters, Freiburg 2018.
Kierkegaard, S.: *Die Wiederholung*, München 2017.
Knapper, C. et al.: *Lifelong learning in higher education*, London 2000.
Landgrebe, C.: *Zurück zur Natur? Das wilde Leben des Jean-Jacques Rousseau*, Weinheim 2012.
Maslow, A. H.: *Motivation und Persönlichkeit*, Reinbek 1978.
Miller, A.: *Am Anfang war Erziehung*, Frankfurt/Main 1983.
Miller, M.: *Das wahre »Drama des begabten Kindes«*, Freiburg im Breisgau 2016.
Platon: *Symposion*, München 2013.
Porges, S. W.: *Die Polyvagal-Theorie*, Paderborn 2010.
Reichhart, T.: *Das Prinzip Selbstfürsorge*, München 2019.
Rousseau, J.-J.: *Abhandlung über den Ursprung und die Grundlagen der Ungleichheit unter den Menschen*, Stuttgart 2010.
Sachse, R.: *Manipulation und Selbsttäuschung*, Berlin / Heidelberg 2014.
Schleske, M.: *Der Klang. Vom unerhörten Sinn des Lebens*, München 2010.
Schorr, B.: *Hochsensible im Beruf*, Holzgerlingen 2018.
Selye, H.: *Stress. The Physiology and Pathology of Exposure to Stress*, Montreal 1950
Seneca: *Vom glücklichen Leben*, Frankfurt/Main 2016.
Sohst, K.: *Hochsensibilität im Beruf*, Offenbach 2017.
Sohst, K.: *Zart im Nehmen*, Offenbach 2016.
Theophrast: *Charaktere*, übersetzt von Wilhelm Plankl, München, 1944.
Walker, W.: *Die Obstlehre der Griechen und Römer*, Reutlingen 1845.
Weiser Cornell, A.: *Focusing. Der Stimme des Körpers folgen*, Reinbek 2005.

Internetquellen

www.nzz.ch
www.planet-wissen.de
www.ped-zu.ch
www.patricewyrsch.ch
www.uni-bielefeld.de
www.spiegel.de
www.hochsensibel.org
www.thework.com
www.traumahealing.ch
www.kurse.fh-regensburg.de
www.klaus-grawe-institut.ch
www.n-tv.de
www.empathie-lernen.de
www.gedankenwelt.de
www.hogrefe.ch
www.marianne.com
www.flexikon.doccheck.com
www.psylex.de

Anmerkungen

1. Lütkehaus, Ludger: »›Ich akzeptiere prinzipiell keine Niederlage‹ – das atemberaubend abenteuerliche Leben der Alexandra David-Néel«, in: *Neue Zürcher Zeitung, 2.7.2019, https://www.nzz.ch/feuilleton/tibet-das-atemberaubende-leben-der-alexandra-david-neel-ld.1431949,* abgerufen am 16.12.2019
2. Aurel, Marc: *Selbstbetrachtungen, Berlin,* 11. Aufl. 2016, S. 15
3. Aurel, Marc: *Selbstbetrachtungen,* Berlin, 11. Aufl. 2016, S. 15
4. Theophrast: *Charaktere,* 3. Aufl. 1944
5. Platon: *Symposion,* München, 2. Aufl. 2013, S. 38
6. Walker, Wilhelm: *Die Obstlehre der Griechen und Römer,* Reutlingen 1845, S. 10
7. Sih, Andrew / Bell, Alison M.: »Insights for behavioral ecology from behavioral syndromes«, in: *Advances in the study of behavior* 38, 2008, S. 227 f.
8. Sih, Andrew / Bell, Alison M.: »Insights for behavioral ecology from behavioral syndromes«, in: *Advances in the study of behavior 38,* 2008, S. 227 f.
9. Wilson, David S. / Coleman, Kristine / Clark, Anne B. / Biederman, Laurence: »Shy-bold continuum in pumpkinseed sunfish. An ecological study of a psychological trait«, in: *Journal of comparative psychology* 107, 1993, S. 250–260
10. Wolff, Max / Van Doorn, Sander / Weissing, Franz J.: »Evolutionary emergence of responsive and unresponsive personalities«, in: *Proceedings of the National Academy of Sciences* 105/41, 2008, S. 15 825–15 830
11. Aristoteles: *Nikomachische Ethik, Reinbek,* 5. Aufl. 2015, S. 123
12. Eberhorn, Johannes: »Leben im Mittelalter«, *www.planet-wissen.de,* abgerufen am 4.12.2018
13. Kaiser, Maria Regina: *Hildegard von Bingen. Die mächtigste Nonne des Mittelalters,* Freiburg 2018
14. Gelb, Michael J.: *Das Leonardo-Prinzip. Die sieben Schritte zum Erfolg,* München, 2. Aufl. 2004, S. 46
15. Gelb, Michael J.: *Das Leonardo-Prinzip. Die sieben Schritte zum Erfolg,* München, 2. Aufl. 2004, S. 80 f.
16. Schorr, Brigitte: *Hochsensible im Beruf,* Holzgerlingen, 2018, S. 132
17. Zum Beispiel auf www.pinterest.ch: Stichwort »Bullet journal«
18. Gelb, Michael, J.: *Das Leonardo-*

Prinzip. Die sieben Schritte zum Erfolg, München, 2. Aufl. 2004, S. 215 f.

19. Platon: *Symposion,* München, 2. Aufl. 2013, S. 38 ff.
20. Gelb, Michael J.: *Das Leonardo-Prinzip. Die sieben Schritte zum Erfolg,* München, 2. Aufl. 2004, S. 242
21. Landgrebe, Christiane: *Zurück zur Natur? Das wilde Leben des Jean-Jacques Rousseau,* Weinheim 2012, S. 79 f.
22. Landgrebe, Christiane: *Zurück zur Natur? Das wilde Leben des Jean-Jacques Rousseau,* Weinheim 2012, S. 309
23. Rousseau, J.-J.: *Abhandlung über den Ursprung und die Grundlagen der Ungleichheit unter den Menschen,* Stuttgart 2010, S. 7–20
24. Enders, Giulia: *Darm mit Charme,* Berlin 2016, S. 134 ff.
25. *www.ped-zu.ch,* abgerufen am 8.4.2019
26. Greven, Corinna U. et al.: *Sensory Processing Sensitivity in the context of Environmental Sensitivity: a critical review and development of research agenda,* University of Plymouth, 2019
27. *www.patricewyrsch.ch/blog-zweck-neurosensitivität-wissenschaft-praxis-innovation,* abgerufen am 10.12.2019
28. *www.patricewyrsch.ch/blog-neurosensitivität-wissenschaft-praxis-innovation,* abgerufen am 10.12.2019
29. Pluess, Michael 2015, zit. in: Pluess, Michael et al.: *Environmental sensitivity in children: Development of the highly sensitive child scale and identification of sensitivity groups,* 2018, S. 52
30. Pluess, Michael: »Individual Differences in Environmental Sensitivity«, in: *Child Development Perspectives,* Vol.9, Issue 3, 2015
31. *www.patricewyrsch.ch/blog-zweck-neurosensitivität-wissenschaft-praxis-innovation,* abgerufen am 10.12.2019
32. Pluess, Michael: »Individual Differences in Environmental Sensitivity«, in: *Child Development Perspectives,* Vol.9, Issue 3, 2015.
33. Boyce, W. Thomas: *Orchidee oder Löwenzahn,* München 2019
34. Boyce, W. Thomas: *Orchidee oder Löwenzahn,* München 2019, S. 12
35. Boyce, W. Thomas: *Orchidee oder Löwenzahn,* München 2019, S. 32 f.
36. Wyrsch, Patrice: »Über die Sensitivitätstypen zur Erleuchtung«, *https://www.patricewyrsch.ch/sensitivitaetstypen-erleuchtung-vantage-sensitivitaet-neurosensitivitaet-innovationen,* abgerufen am 5.7.2019
37. Borries, Franziska / Ostendorf, Fritz: »Gibt es ›die Hochsensiblen‹? – Sensory-processing Sensitivity: Dimension oder Klassenvariable? Eine taxome-

trische Untersuchung«, *https://www.uni-bielefeld.de/psychologie/abteilung/arbeitseinheiten/04//HOMEPAGE/ostendorf/Abstracts/Talks/Borries+Ostendorf(2012).Gibt%20es%20die%20Hochsensiblen%20-%20SPS-Poster-deutsch.pdf*, abgerufen am 16.12.2019

38. *www.patricewyrsch.ch/neurodiversitaet-psychopathie-alexithymie-hoechstsensitivitaet-diversity-management*, abgerufen am 10.12.2019
39. Lionetti, Francesca et al.: »Dandelions, tulips and orchids: evidence for the existence of low-sensitive, medium-sensitive and high-sensitive individuals«, in: *Translational Psychiatry* 8, 2018, Article number: 24.
40. ebd.
41. Pluess, Michael: »Individual Differences in Environmental Sensitivity«, in: *Child development Perspectives*, Vol. 9, Issue 3, S. 141.
42. *www.patricewyrsch.ch/sensitivitaetstypen-erleuchtung-vantage-sensitivitaet-neurosensitivitaet-innovationen*, abgerufen am 10.12.2019
43. Pluess, Michael / Belsky, Jay: »Vantage sensitivity: Individual differences in response to positive experiences«, in *Psychological Bulletin*, 2013, 139(4), 901–916.
44. *www.patricewyrsch.ch/neurodiversitaet-psychopathie-alexithymie-hoechstsensitivitaet-diversity-management*, abgerufen am 5.7.2019
45. Acevedo, Bianca P. et al.: »The functional highly sensitive brain: a review of the brain circuits underlying sensory processing sensitivity and seemingly related disorders«, in: *US national library of medicine*, 2018
46. Homberg, Judith et al.: »Sensory processing sensitivity and serotonin gene variance: Insights into mechanisms shaping environmental sensitivity«, in: *Neuroscience and biobehavioral Reviews*, Vol. 71, 2016, 472–483
47. Aron, Elaine: *Hochsensible Menschen in der Psychotherapie*, Paderborn 2014, S. 46
48. Parlow, Georg: *Zart besaitet. Selbstverständnis, Selbstachtung und Selbsthilfe für hochsensible Menschen*, Wien 2003, S. 53
49. Aron, Elaine: *Hochsensible Menschen in der Psychotherapie*, Paderborn 2014, S. 51
50. Boyce, W. Thomas: *Orchidee und Löwenzahn, München 2019, S. 54*
51. McEwen, Bruce S.: »Brain on stress: How the environment gets under the skin«, in: *PNAS*, 2012
52. Boyce, W. Thomas: *Orchidee und Löwenzahn*, München 2019, S. 54
53. Yerkes, Robert M. / Dodson,

John D.: »The relation of strength of stimulus to rapidity of habit-formation«, in: *Journal of Comparative Neurology and Psychology* 18, 1908, S. 459–482
54. Aron, Elaine: *Hochsensible Menschen in der Psychotherapie,* Paderborn 2014, S. 50
55. Aron, Elaine: *Hochsensible Menschen in der Psychotherapie,* Paderborn 2014, S. 80
56. Die kursiv gedruckten Begriffe finden Sie im Glossar im Anhang definiert.
57. Eine ausführliche Darstellung der Studien von Jerome Kagan findet sich in: Cain, Susan: *Still. Die Bedeutung von Introvertierten in einer lauten Welt,* München, 2. Aufl. 2011, S. 155 ff.
58. Shafy, Samiha: »›Stellen Sie sich Ihren Ängsten‹«, *Spiegel Online 11.10.2010, https://www.spiegel.de/wissenschaft/mensch/psychologie-stellen-sie-sich-ihren-aengsten-a-721984.html,* abgerufen am 16.12.2019
59. Hensel, Ulrike: *Hochsensible Menschen im Coaching,* Paderborn 2015, S. 36
60. Pluess, Michael: »Individual Differences in Environmental Sensitivity«, in: *Child Development Perspectives,* 9, 2015, S. 1–6
61. ebd. S. 57 f.
62. Nin, Anaïs, zit. in: *Happinez, Jahrgang 10, Nr. 6,* 2019, S. 66
63. Sohst, Kathrin: *Hochsensibilität im Beruf,* Offenbach 2017, S. 12
64. Falkenstein, Tom: *Hochsensible Männer,* Paderborn 2017, S. 61 f.
65. ebd.
66. *http://www.hochsensibel.org/startseite/regelmaessig-gestellte-fragen.php*, abgerufen am 16.12.2019
67. Schmid, Hans Bernhard: *Moralische Integrität. Kritik eines Konstrukts,* Berlin 2011
68. Reichhart, Tatjana: *Das Prinzip Selbstfürsorge,* München 2019, S. 19 ff.
69. Aristoteles: *Nikomachische Ethik,* Reinbek 5. Aufl. 2015, S. 90
70. Hammel, Stefan: *Der Grashalm in der Wüste,* Mainz 2006
71. Selye, Hans: *Stress. The Physiology and Pathology of Exposure to Stress*, Montreal 1950
72. *https://thework.com/wp-content/uploads/2019/11/jyn_de_14jul2019_a4_form.pdf,* abgerufen am 10.12.2019
73. Kohler, Sarah: »Vom Verlust der inneren Sicherheit«, *https://www.traumahealing.ch/somatic-experiencing-dokumente/Somatic-Experiencing-SE-Urs-Honauer-Artikel-Cigar-2011.pdf,* abgerufen am 16.12.2019
74. Porges, Steven W.: *Die Polyvagal-Theorie,* Paderborn 2010
75. Fröhlich, Werner D.: *Wörterbuch Psychologie,* München, 22. Aufl. 1998, S. 243
76. Bengel, Jürgen / Strittmatter, Regine / Willmann, Hildegard: »Was erhält Menschen gesund? Antonovskys Modell der Saluto-

genese – Diskussionsstand und Stellenwert«, *http://kurse.fh-regensburg.de/kurs_20/kursdateien/L/SalutogeneseBZgA.pdf,* abgerufen am 16.12.2019

77. Bengel, Jürgen / Strittmatter, Regine / Willmann, Hildegard: »Was erhält Menschen gesund? Antonovskys Modell der Salutogenese – Diskussionsstand und Stellenwert«, *http://kurse.fh-regensburg.de/kurs_20/kursdateien/L/SalutogeneseBZgA.pdf,* abgerufen am 16.12.2019, mit Ergänzungen der Autorin.
78. Knapper, Christopher K. et al.: *Lifelong learning in higher Education*, London 2000
79. Reichhart, Tatjana: *Das Prinzip Selbstfürsorge,* München, 2019, S. 18
80. Sachse, Rainer.: *Manipulation und Selbsttäuschung,* Berlin / Heidelberg 2014, S. 8
81. Fröhlich, Werner D.: *Wörterbuch Psychologie,* München, 22. Aufl. 1998, S. 131
82. *www.klaus-grawe-institut.ch,* abgerufen am 8.4.2019
83. ebd.
84. Reichhart, Tatjana: *Das Prinzip Selbstfürsorge,* München 2019, S. 14
85. Brown, Brené: *Verletzlichkeit macht stark,* München, 4. Aufl. 2017, S. 89
86. Erikson, Erik H.: *Identität und Lebenszyklus,* Berlin, 27. Aufl. 2015, S. 79 f.
87. Zeh, Jana: »Wenn ein anderer peinlich ist. Fremdschämen kann wehtun«, *https://www.n-tv.de/wissen/Fremdschaemen-kann-wehtun-article3 098 111.html,* abgerufen am 12.12.2019
88. Acevedo, Bianca P. et al.: »The highly sensitive brain: an fMRI study of sensory processing sensitivity and response to others' emotions«, in: *brain and behavior*, 2014, 4, S. 580–594
89. Falkenstein, Tom: *Hochsensible Männer,* Paderborn 2017, S. 62
90. *www.empathie-lernen.de,* abgerufen am 29.10.2018
91. *http://www.empathie-lernen.de/empathie-definition,* abgerufen am 22.9.2019
92. Susan Cain: *Still. Die Bedeutung von Introvertierten in einer lauten Welt*, München 2013
93. Weinert, Franz E.: »Vergleichende Leistungsmessung in Schulen – eine umstrittene Selbstverständlichkeit«, in: Weinert, Franz E. (Hrsg.): *Leistungsmessung in Schulen,* Weinheim 2001
94. *www.gedankenwelt.de,* abgerufen am 16.8.2019
95. Petermann, Franz / Wiedebusch, Silvia: »Emotionale Kompetenz bei Kindern«, *https://www.hogrefe.ch/themen/schule-und-entwicklung/artikeldetailansicht/Emotionale%20Kompetenzen-83,* abgerufen am 16.8.2019
96. Weiser Cornell, Ann: *Focusing. Der Stimme des Körpers folgen,* Reinbek, 7. Aufl. 2005

97. Grüber, Isa: *Was der Körper zu sagen hat,* München 2013
98. Maslow, Abraham H.: *Motivation und Persönlichkeit,* Reinbek 2002, S. 127
99. Allport, Gordon W.: *Persönlichkeit. Struktur, Entwicklung und Erfassung der menschlichen Eigenart,* Meisenheim/Glan 1959, S. 49
100. Fröhlich, Werner D.: *Wörterbuch Psychologie,* München 1998, S. 306
101. © Brigitte Küster
102. *www.marianne.com/a-return-to-love,* abgerufen am 11.12.2019
103. Schleske, Martin: *Der Klang. Vom unerhörten Sinn des Lebens,* München 2010, S. 18
104. *http://www.empathie-lernen.de/empathie-definition,* abgerufen am 11.12.2019
105. Fröhlich, Werner D.: *Wörterbuch Psychologie,* München 1997, S. 222
106. Jung, C. G.: *Typologie,* München 2008, S. 71
107. *https://flexikon.doccheck.com,* abgerufen am 11.12.2019
108. Aron, Elaine: *Hochsensible Menschen in der Psychotherapie,* Paderborn 2014, S. 64
109. Düllings, Carlo: »Empathie-Definition – was bedeutet Empathie eigentlich genau?«, *http://www.empathie-lernen.de/empathie-definition,* abgerufen am 11.12.2019
110. *https://psylex.de/psychologie-lexikon/persoenlichkeit/selbstmitgefuehl.html,* abgerufen am 11.12.2019

Über die Autorin

Brigitte Küster, geb. 1965, ist Dipl. psych. Beraterin, Erwachsenenbildnerin FA und Autorin. Sie leitet das Institut für Hochsensibilität IFHS in Altstätten in der Schweiz und ist seit mehr als 15 Jahren in eigener psychologischer Beratungspraxis tätig. Brigitte Küster ist auf die Begleitung und Beratung hochsensibler Menschen spezialisiert und hält regelmäßig Kurse, Seminare, Vorträge und Workshops in der Schweiz, Deutschland und Liechtenstein. Sie hat bereits mehrere Bücher zum Thema Sensibilität veröffentlicht, die unter dem Namen Brigitte Schorr erschienen sind.

www.brigitte-kuester.com
www.ifhs.ch